W0389427

SAUVÉE PAR L'AMOUR

DIANE & BERNIE LIEROW

avec Kay West

SAUVÉE PAR L'AMOUR

traduit de l'anglais
par Maryline Beury

ARCHIPOCHE

Ce livre a été publié sous le titre
Dani's Story
par John Wiley & Sons, Inc., Hoboken, 2011.

Une première édition de ce livre a été publiée
par France Loisirs sous le titre
L'Histoire de Dani, en 2013.

Notre catalogue est consultable à l'adresse suivante :
www.archipoche.com

Éditions Archipoche,
34, rue des Bourdonnais
75001 Paris.

ISBN 978-2-35287-717-2

© Diane et Bernie Lierow, 2011.
© L'Archipel, 2013, pour la traduction française.
© Archipoche, 2015, pour la présente édition.

Introduction

Cinq minutes avant l'arrivée du car qui ramène mes enfants de l'école, j'emprunte la longue allée de notre vieille ferme du Tennessee jusqu'au portail qui clôture notre terrain, en compagnie d'une petite troupe de chiens bruyants et excités. Là, le car s'arrête, sa porte s'ouvre, et je vois Dani, notre fille de douze ans, prête à débarquer. Après un rapide coup d'œil vers les marches, elle choisit plutôt de descendre en glissant sur les fesses le long de la rampe de métal. Lorsqu'elle atteint le sol, je la prends dans mes bras, elle me sourit, et, une fois que son grand frère William a refermé la grille derrière nous, nous marchons ensemble jusqu'à la maison, en naviguant entre les dizaines de poules qui picorent çà et là, tels des pigeons sur une place italienne.

Dani ouvre la porte, jette son sac à dos dans l'entrée et caresse la tête des chiens restés à l'intérieur. Un sourire illumine son visage quand le perroquet de William l'accueille d'un cri strident ; après un bref détour par les toilettes, elle se dirige vers la cuisine pour reprendre des forces après une longue journée de classe. Tandis que le chat se frotte contre ses jambes, Dani ouvre le réfrigérateur et en contemple le contenu sans rien y trouver d'intéressant ; elle se rabat alors sur le garde-manger, où elle s'empare d'un paquet de biscuits au beurre de cacahuètes. Elle choisit un verre dans le placard, se rend jusqu'à l'évier, tourne le robinet, et remplit son verre d'eau. Puis, elle s'assoit à table et entame son goûter. Tel est le rituel de retour de l'école, comme il se déroule dans des millions de foyers américains.

Après le goûter, nous nous rendons à la grange pour nous occuper de notre troupeau de chèvres, qui ne cesse de s'agrandir. Pendant que William et moi commençons à disposer nourriture et eau fraîche pour les bêtes dans la cour, Dani entre dans la grange pour retrouver les jeunes mamans et leurs petits dans l'endroit qui leur sert de nurserie.

Une fois ces tâches effectuées, nous rentrons à la maison pour que les enfants fassent leurs devoirs, pendant que je commence à préparer le dîner. Lorsque Bernie rentre du travail, il ébouriffe les cheveux de William, chatouille Dani jusqu'à ce qu'elle pousse de petits cris, et prend ensuite une douche avant que nous ne passions tous à table. Après le dîner, s'il fait encore jour, il aime jouer dans la cour avec les enfants – c'est lui-même un grand enfant. Tous trois font enfin un petit tour dans le pré pour rendre visite à nos quatre poneys. Bains, pyjamas, lecture d'histoires, prières, bisous de bonne nuit, extinction des feux, et ça y est, les enfants sont couchés. Bernie et moi nous laissons tomber sur le canapé du salon, discutons de nos journées respectives, regardons le journal télévisé si nous ne tombons pas déjà de sommeil, et allons lancer un dernier regard dans les chambres de

William et Dani avant de terminer cette longue journée. Le lendemain matin, le réveil sonne à 5 heures, et c'est reparti !

Telle est notre routine quotidienne. Notre ordinaire.

Toutefois, dans notre famille, même la routine est imprévisible. L'ordinaire y est souvent extraordinaire, et les tâches les plus banales représentent des réussites marquantes pour notre jolie blondinette aux yeux noisette et aux longues jambes.

La première fois que Bernie et moi avons rencontré Dani, dans le fond d'une classe de l'école de Land O'Lakes, en Floride, elle venait juste d'avoir huit ans. Elle bavait, la langue sortie d'un côté de la bouche, la tête penchée du même côté. Elle portait une couche et buvait – si l'on peut dire – dans un gobelet à bec attaché au pied d'une table, afin que celui-ci ne tombe et ne roule pas au loin chaque fois qu'elle avait fini de s'en servir. Elle se mordait les bras et les mains, se tirait les cheveux et se frappait les côtés de la tête de ses poings serrés. Elle ne regardait personne dans les yeux, ne communiquait pas, n'appréciait pas d'être touchée. Elle ne souriait pas, ne riait pas, ne parlait pas. Elle possédait cependant un répertoire de bruits assez impressionnants : un grondement guttural prolongé, un gémissement haut perché, parfois un bref cri perçant, et un « wou-wou-wou-wou » lancinant qui ressemblait beaucoup à une sirène d'ambulance – au point que Bernie fit remarquer qu'en cas d'urgence elle pouvait elle-même lancer l'alerte !

Dani séjournait en famille d'accueil depuis sa sortie du Tampa General Hospital, quinze mois auparavant, où elle avait passé quatre semaines après avoir été retirée du taudis où elle vivait avec sa mère et ses deux grands demi-frères. Elle avait été confinée jour et nuit, comme un animal, dans une minuscule chambre sombre et sale, complètement nue en dehors de la couche qu'elle portait. Un matelas crasseux, sans couverture, y était posé à même le sol, au beau milieu des cafards. De temps à autre, on lui donnait une boîte de conserve à manger. On la baignait très rarement. Elle ne fut jamais enlacée, embrassée ; personne ne lui lut d'histoires, ne lui chanta de chansons, ou ne joua avec elle. Jamais elle n'avait été emmenée dehors, pour ressentir la douceur du soleil sur sa peau. À presque sept ans, elle n'avait jamais vu un docteur ni un dentiste, n'avait jamais été vaccinée et n'était jamais allée à l'école. Son corps était couvert de piqûres d'insectes, ses bras étaient rachitiques, ses côtes saillantes sous sa peau blême, et son cuir chevelu grouillait de poux sous ses cheveux collés par la crasse.

Mais ce jour-là, à l'école, Bernie et moi ne savions rien de tout cela. Tout ce que nous savions, c'est que nous nous étions sentis irrésistiblement attirés vers cette petite fille, dont nous avions uniquement vu une photo dans une galerie présentant les enfants libres à l'adoption. Au point de ne plus pouvoir cesser de penser à elle. L'agence d'adoption nous avait d'abord recommandé de choisir un autre enfant. La première assistante sociale nous avait vivement conseillé de regarder le film *Nell*, dans lequel Jodie Foster incarne une « enfant sauvage » découverte dans les forêts de Caroline du

Nord. Elle parlait un langage que nul ne pouvait comprendre et agressait tous ceux qui essayaient de s'approcher d'elle. Nous le regardâmes avec William et un autre de nos grands fils, Paul. À un moment, alors que nous étions tous pétrifiés par l'histoire, Paul se tourna vers nous et nous demanda : « Vous êtes cinglés ? Vous avez perdu la tête, ou quoi ? » Lorsque le film fut fini, Bernie et moi échangeâmes un regard ; et, comme souvent, chacun put lire dans les pensées de l'autre.

Nous savions tous deux que nous devions rencontrer cette petite fille dont le visage s'était gravé dans nos cœurs, nos esprits et nos âmes. Le lien que nous éprouvions envers elle avant même de l'avoir rencontrée était d'une telle puissance que nous ne l'avons jamais remis en cause. C'était comme si nous la connaissions déjà, et même si nous ne savions pas ce qui nous attendait, nous n'avions d'autre choix que de suivre ce qui nous poussait vers elle.

Aussi fou que cela puisse paraître, quelque part au fond de nous, Bernie et moi pensions que la force de ce mystérieux appel signifiait peut-être qu'elle nous attendait depuis bien longtemps.

1

Les premières graines

Ce fut environ trois ans après notre mariage que j'abordai pour la première fois la question de l'adoption avec Bernie. Nous vivions encore dans le Tennessee, où nous rénovions une immense maison ancienne que nous venions d'acheter. Nous passions nos journées au travail, et nos soirées et week-ends aux travaux de la maison. Je n'avais pas un enfant particulier à l'esprit, ni même un âge ou un sexe. Je voulais seulement tâter le terrain. Face à la réponse peu enthousiaste de Bernie, je repoussai cette idée dans un coin de mon esprit.

Ma deuxième tentative eut lieu après notre déménagement en Floride, dans la première maison que nous occupâmes là-bas. Notre fils cadet, Willie, n'allait pas encore à l'école, et Paul et Steven vivaient encore avec nous. Cependant, nous n'avions que trois enfants au lieu des cinq envisagés, et l'idée avait suffisamment fait son chemin en moi pour que j'ose la remettre sur le tapis. Je dus en faire part à Bernie l'air de rien, dans une conversation du genre : « Comment s'est passée ta journée ? Qu'est-ce que tu veux manger ce soir ? Oh, tu pourras emmener Steven s'acheter un nouveau bermuda ? Au fait, as-tu réfléchi à l'idée d'adopter un enfant ? ».

Autant que je me souvienne, ses réponses furent de cette teneur : « Bien. Je peux faire un barbecue. D'accord. Non. »

Je laissai donc de nouveau l'idée de côté. Si Bernie s'était montré un partenaire coopératif au moment d'acquérir des chiens errants et des maisons délabrées, un enfant nécessitait un peu plus d'investissement qu'une caresse sur la tête et un coup de peinture.

Aussi loin que remontent mes souvenirs, j'ai toujours été attirée par l'adoption. Enfant unique, je rêvais d'avoir des frères et sœurs et une grande famille tapageuse comme on en voyait à la télévision. Mes parents étaient sensiblement plus âgés que la plupart des autres à ma naissance. Mon père avait déjà la cinquantaine, et ma mère quarante-deux ans. J'étais leur quatrième enfant, mais les trois précédents décédèrent au cours de leur première année. Je ne l'appris que tardivement, et, même alors, le sujet resta relativement tabou pour mes deux parents. Je me souviens leur avoir demandé si je pouvais avoir un frère ou une sœur ; je sais qu'ils avaient envisagé l'adoption mais, à cette période, ils étaient considérés comme étant déjà trop âgés pour cela.

Je ne peux imaginer les souffrances de ma mère en perdant ainsi un bébé après l'autre. C'est tout simplement inimaginable. Moi qui ai pleuré pendant des jours après la mort d'un petit chevreau... Peut-être a-t-elle été tellement rongée par le chagrin qu'elle ne pouvait plus s'autoriser à s'attacher à un enfant, quand les trois premiers avaient péri tour à tour. Cela expliquerait pourquoi notre relation a toujours été froide et distante. Ma mère n'était guère démonstrative, et c'était en vain que je recherchais des gestes d'affection de sa part. Elle assurait tous mes besoins basiques – alimentation, hébergement, vêtements, soins médicaux, éducation –, mais ne parvint jamais à me dire ou à me montrer qu'elle m'aimait. Mon père, lui, était différent. J'étais sa petite fille chérie, et passais autant de temps que possible en sa compagnie.

À ma connaissance, ma mère n'avait pas d'amis. Elle avait travaillé pendant des années au service comptabilité de General Motors, mais elle quitta cet emploi à ma naissance. Elle ne voyait pas ses parents. Bien qu'ils vécussent à proximité, la seule fois où je les rencontrai fut lorsqu'ils vinrent me chercher pour le week-end, et m'emmenèrent en promenade. Un parent éloigné possédait un haras, et cette visite fut un fabuleux souvenir pour moi. J'adorais les chevaux, cette impression de vie de famille, et le fait de sortir de chez moi, de cette maison trop calme et aussi dénuée de vie qu'un mausolée.

Mon père travaillait pour General Motors, lui aussi. À cette époque, tout le monde travaillait dans l'industrie automobile, dans le Michigan. Il commença comme ouvrier, puis passa cadre, mais il n'en appréciait pas le costume et demanda à revenir à l'usine. Il passa alors chef d'équipe dans une concession, poste qui ne l'enchantait guère, mais qui était tout de même mieux pour lui qu'un emploi de bureau.

Nous vivions dans une maison au bord d'un lac, et presque tous nos voisins étaient retraités. Personne n'avait d'enfants autour de nous. Je grandis donc comme une mini-adulte, n'étant entourée que de grandes personnes.

Mon père élevait des beagles quand j'étais petite, lesquels constituaient mes seuls amis. J'adorais jouer avec eux, les laisser me sauter dessus pour me lécher le visage. Hélas, au moment où je commençai à aller à l'école, je développai des allergies ; mes parents crurent que les chiens en étaient la cause, et nous dûmes nous en séparer. Je tentai de suggérer que ce symptôme pouvait être lié à l'école, mais ma mère ne se laissa pas convaincre. J'étais inconsolable. Je me sentais coupable, et bien seule sans mes chiens.

Mes parents n'étaient pas non plus des exemples du mariage parfait. Ils vivaient des existences séparées. Mon père adorait pêcher, chasser, bricoler, et les animaux. Ma mère restait à la maison. Je ne saurais dire ce qu'elle aimait, ou même ce qu'elle pouvait faire de ses journées. La maison ne devait pas se salir bien vite avec seulement trois occupants – et pas un seul animal. Et combien de temps fallait-il pour préparer un repas pour trois personnes ?

Mes parents n'avaient pas de vie sociale commune. Tous deux buvaient, mais ils ne le faisaient même pas ensemble : mon père à l'extérieur, avec ses amis, et ma mère en secret, seule à la maison.

J'étais une bonne élève dans toutes les matières, sauf en maths. Je lisais tout le temps. Je crois que c'était le cas de beaucoup d'enfants avant l'arrivée des ordinateurs. J'aimais tellement les animaux que je voulais devenir vétérinaire, mais ma mère m'en dissuada à cause de mes allergies et de mes difficultés en maths.

À l'aube de mes dix-huit ans, alors que je m'apprêtais à passer mon bac, mon père mourut dans un hôpital d'Arizona suite à une opération du cœur. Ma mère ne l'avait même pas accompagné, ce qui en dit long sur l'histoire de leur mariage et le genre de personne qu'elle était. Il est mort seul dans une chambre d'hôpital, à des centaines de kilomètres de nous. Je lui avais parlé au téléphone ce soir-là, et fus d'autant plus choquée lorsque le téléphone retentit au milieu de la nuit pour nous apprendre la triste nouvelle. Son corps nous fut envoyé par avion pour les funérailles. J'étais effondrée, et n'avais personne auprès de qui trouver du réconfort – certainement pas ma mère. L'enterrement, mon bac… je ne garde qu'un souvenir flou de cette difficile période.

Il ne restait donc plus que ma mère et moi, qui étions comme deux étrangères. Elle lisait des magazines et regardait des feuilletons à l'eau de rose. Quant à moi, je n'avais qu'une idée en tête : partir.

J'avais gagné une bourse d'études et souhaitais entrer dans une université publique, mais ma mère argua que je ne pouvais pas partir : je devais rester à la maison avec elle et m'inscrire dans un institut local pour devenir hygiéniste dentaire. Elle prétendait que j'aurais terminé ces études en deux ans, et devait supposer que, étant donné que personne ne possédait plus de trente-deux dents, mon niveau en maths ne serait pas un problème.

Je n'avais jamais exprimé le moindre désir de devenir hygiéniste dentaire, et j'ignore totalement comment cette idée lui est venue, mais je n'étais pas du genre à me rebeller. Je n'ai jamais contesté ce que mes parents estimaient être bon pour moi. Au lieu de quoi, j'ai adopté l'attitude passive-agressive : deux semaines avant le diplôme, j'ai laissé tomber. Je ne pouvais plus supporter de mettre mes doigts dans la bouche des gens, surtout à une époque où le port de gants n'était pas encore généralisé. Je n'ai pas de problème à mettre mes doigts dans la gueule d'un chien ou la bouche d'un cheval – et même dans d'autres endroits de l'anatomie animale –, mais je ne supportais plus de toucher l'intérieur d'une bouche humaine. Ma brillante carrière d'hygiéniste dentaire fut donc finie avant même de commencer.

Je n'avais pas de plan B, à part quitter ma mère, et fis donc ce que faisaient tant de jeunes filles à l'époque : j'épousai mon petit ami de lycée. Il avait rejoint l'armée après ses études ; après notre modeste mariage, je partis à Hawaï, où il était en mission. Cet endroit est encore plus beau que ce que les photos laissent paraître… à l'exception de la zone où nous vivions. Nous louions un appartement miteux dans un complexe sordide rempli de jeunes couples de militaires, au milieu de fêtes bruyantes et de cafards. Je ne possédais pas de moyen de transport, ce qui ne m'aidait pas à trouver un emploi.

Le logement n'était pas le seul à décevoir mes attentes. Mon mari était d'un tempérament renfermé, travaillait à des heures indues, et nous étions constamment à découvert. Naïve comme je l'étais, il me fallut plusieurs mois pour me rendre compte qu'il se droguait, beaucoup. J'ai toujours été très hostile aux stupéfiants, et je lui demandai clairement d'arrêter. Il refusa. Je rassemblai alors mes économies, achetai un billet d'avion et rentrai dans le Michigan, en espérant que cela le contraigne à se sevrer. Voyant que ma décision n'était suivie d'aucun effet, je fis une demande de divorce et me retrouvai de nouveau coincée avec ma mère.

Je trouvai un travail dans un centre commercial, ainsi qu'un autre comme surveillante dans l'école primaire où j'avais été élève. Mais je sentais bien que tout cela ne me menait nulle part. Je ne savais pas vraiment ce que je voulais faire, à part m'enfuir loin de ma mère. Et même avec mes deux emplois, faiblement rémunérés, je ne gagnais pas assez d'argent. Je me mariai donc une nouvelle fois – avec le garçon d'honneur de mon premier mariage.

Paul et moi nous connaissions depuis l'école primaire, et nous entretenions des rapports paisibles et familiers. Notre union fut conclue au palais de justice, en une rapide cérémonie civile. J'emménageai alors chez lui, dans un lotissement de mobile homes. Un mois plus tard, j'étais enceinte. J'avais vingt-deux ans, et je compris très vite que ma vie venait de changer : plus de grasse matinée, de sortie improvisée au restaurant ou au cinéma, de week-ends au bord du lac. Je devais maintenant être responsable.

Je repris le travail juste après la naissance de Paul Junior, déterminée à ce que mes enfants ne grandissent pas dans un mobile home. Ma mère proposa de garder le bébé pendant que nous étions au travail. Je trouvai un emploi de vendeuse dans un magasin de meubles, puis commençai à y faire de la décoration, et finis par décrocher un poste d'acheteuse. Je devais régulièrement me rendre à New York pour des salons, et j'adorais cela. J'éprouvais un grand enthousiasme à me retrouver dans cette grande ville, à faire quelque chose par moi-même. Mais c'est à cette période que je tombai enceinte de Steven, et je décidai alors de cesser de travailler à plein temps pour pouvoir profiter un peu de mes enfants à la maison. Mon mari Paul avait obtenu sa licence en bâtiment et gagnait bien sa vie. Nous achetâmes une maison dans une petite ferme, où nous eûmes bientôt deux poneys, des poules et des lapins. Ma manie de monter des ménageries venait de commencer.

Nous n'avions pas particulièrement l'intention de déménager dans le Tennessee ; nous savions simplement que nous voulions vivre dans un endroit plus chaud que le Michigan. Les hivers y étaient vraiment rigoureux. Les conditions climatiques impactaient le travail de Paul, et les garçons, en grandissant, avaient envie de passer davantage de temps dehors. Ce qui n'est pas très agréable en dessous de zéro degré !

Paul songeait à l'un des deux États de Caroline, mais il avait étudié dans une école de Nashville, et avait également apprécié cet endroit. Nous vendîmes donc notre maison et mîmes le cap sur Nashville d'abord, avec l'idée d'aller voir ensuite vers la Caroline du Nord et du Sud. Nous avions contacté un agent immobilier du Middle Tennessee, car nous souhaitions voir s'il était possible d'y trouver de petites fermes. L'homme nous dit qu'il existait plusieurs propriétés correspondant à nos critères dans un lieu appelé Lebanon. Après quelques visites peu concluantes, nous étions prêts à continuer notre route vers l'est, mais il nous demanda de rester un peu et nous invita à dîner chez lui en compagnie de sa femme. Pendant le repas, il s'absenta et convainquit un de ses voisins de vendre sa ferme. Force est de reconnaître son talent commercial. Nous allâmes visiter le bâtiment en question et conclûmes l'affaire.

Paul Junior avait presque six ans, et Steven deux, lorsque nous nous installâmes dans le Tennessee. Je restais à la maison avec les enfants, et Paul travaillait dans le bâtiment. Nous avions de nouveau des lapins et des poules, et achetâmes bientôt notre première chèvre. Je n'étais certes pas le vétérinaire que j'avais souhaité devenir étant enfant, mais je vivais parmi les animaux que j'aimais.

La vie était agréable, du moins le pensais-je ; mais Paul travaillait beaucoup, il avait des soucis qu'il ne voulait pas partager avec moi, et nous commençâmes à évoluer dans des directions différentes. Il finit par quitter la maison, et nous divorçâmes alors que Steven avait quatre ans et Paul Junior pas encore huit. À cette période, Paul (senior) traversait une sorte de deuxième enfance, et je me retrouvai seule à élever mes deux enfants dans cette ferme. Sans pension alimentaire, je me débrouillai en vendant des œufs, des chèvres, et en consommant les produits de la ferme. Nous possédions une immense pommeraie et mangions donc énormément de produits à base de pommes :

muffins, compote, tartes, pommes poêlées ou au four. Bizarrement, nous n'avons plus jamais mangé ce fruit depuis cette époque !

Avec tant d'animaux, il y avait un si grand nombre de tâches à effectuer que les garçons durent me prêter main-forte. Nous n'avions pas le choix. Ils devinrent donc vite de petits hommes, très responsables pour leur âge. Nous ne pouvions pas nous permettre d'avoir la télévision câblée, mais cela importait peu. Les animaux constituaient notre divertissement ; nous pouvions passer des heures à les regarder jouer, en riant de leurs cabrioles. Ils étaient en même temps notre travail, notre joie de vivre, et un formidable moyen d'éducation pour les garçons. Paul et Steven virent des bébés naître, et comment leurs mères s'en occupaient. Ils virent d'où venait la nourriture, c'est-à-dire pas du grand magasin ou du fast-food du coin, mais de la terre. Ils comprirent qu'un hamburger provient d'une vache, un hot-dog d'un cochon, que le poulet frit provient d'une poule elle-même issue d'un œuf, et qui aurait pu arpenter notre basse-cour deux jours auparavant. Notre existence était dénuée de superflu. Nous travaillions dur, mais je garde un souvenir heureux de cette période, qui nous rapprocha énormément.

Il est amusant de constater comme Bernie et moi avions des vies relativement semblables avant de nous rencontrer. Il était également fils unique, même s'il était plus entouré que moi, et probablement beaucoup moins isolé et solitaire que je ne l'étais. Nous étions tous deux issus de la classe moyenne traditionnelle : nos parents travaillaient dur et nous donnaient une éducation assez stricte. La fessée était une forme de punition tout à fait tolérée à cette époque, et les méthodes d'éducation nouvelles étaient encore regardées de travers, surtout chez les parents de Bernie, qui étaient nés et avaient grandi en Allemagne. Bernie y est né, également, mais sa famille et lui ont déménagé aux États-Unis avant ses trois ans. Ils s'installèrent au nord d'Hollywood, en Californie, dans un endroit qui n'avait rien à voir avec l'image idyllique renvoyée par les films.

Son père était charpentier et possédait sa propre affaire. Sa mère travaillait comme experte en sinistres dans un cabinet d'assurances ; lorsque l'entreprise de son mari se développa, elle prit alors la responsabilité de tout l'administratif. Le père de Bernie ne voulait pas qu'on parle allemand à la maison, afin de s'assurer que son fils parle un anglais parfait. Il lui enseigna aussi la charpenterie, en l'incitant à le regarder faire et à travailler avec lui. L'été, son père confiait Bernie à des sous-traitants, de sorte qu'il apprenne également la plomberie et l'électricité. Il voulait aller à l'université, mais son père souffrait alors d'une arthrite aiguë et comptait beaucoup sur son fils. Il n'était guère dans leur culture de se rebeller contre ses parents ; alors, comme moi, Bernie fit ce que ses géniteurs voulaient, et passa rapidement du travail du soir et des week-ends, après l'école, à un emploi à plein temps.

Il se maria une première fois à vingt ans, avec une jeune fille qui n'en avait que seize. Pour elle aussi, le mariage était le meilleur moyen de quitter le domicile parental. Dès qu'elle eut passé son bac, elle tomba enceinte et donna naissance à leur premier fils, Shawn, puis à Ryan, un peu plus d'un an après. Elle-même n'était encore qu'une enfant, et son cadet n'avait pas encore atteint ses huit mois quand elle les laissa tous tomber.

À vingt-deux ans, Bernie se retrouva donc père isolé. La situation était très difficile pour lui. Pendant les trois années qui s'écoulèrent avant que sa mère ne cesse de travailler pour s'occuper des enfants, il vit défiler pas moins de dix-neuf baby-sitters. Je l'admire énormément d'avoir su endosser une telle responsabilité à un si jeune âge. Cela illustre parfaitement son caractère. Son ex-femme ne voyait que très rarement ses enfants et ne lui versait pas la moindre pension – ce qui ne l'empêchait pas de le harceler par pure méchanceté, en appelant régulièrement les services sociaux sous prétexte qu'il traitait mal les garçons. Un inspecteur venait alors au mobile home, trouvait les lieux impeccablement propres et rangés, le repas servi, et Bernie en train de plier le linge pendant que les enfants prenaient leur bain. Bernie était à la fois une mère et un père pour eux, autant que faire se peut.

De son propre aveu, il reconnaît que certaines des rencontres qu'il fit à cette période étaient plus axées sur l'idée de trouver une maman pour ses fils qu'une compagne, ce qui eut le résultat qu'on peut imaginer. Il épousa une femme un peu plus âgée que lui, qu'il avait rencontrée à l'église. Elle voulait avoir des enfants, et ils essayèrent pendant un moment, mais cela n'arriva pas ; je suis sûre qu'elle dut très mal le vivre.

Ils déménagèrent à Nashville, après avoir vu une émission de télé où l'on vantait « Cinquante endroits merveilleux où élever sa famille ». Nashville et Phoenix furent les deux villes qui attirèrent le plus sa femme, mais Bernie ne voulait pas vivre à Phoenix ; ce fut donc Nashville, presque au même moment que celui auquel Paul et moi y emménagions.

Mais la deuxième épouse de Bernie ne trouva pas la vie là-bas si merveilleuse que prévu. Au bout de quatre ans mariage, elle le quitta, le laissant de nouveau seul avec ses fils.

De mon côté, je travaillais pour mon ex-mari, Paul, qui avait alors une entreprise spécialisée dans les finitions de l'habitat. Je m'occupais des poignées de portes. J'ignore totalement lesquelles de mes compétences ont pu me servir dans ce domaine, mais je faisais du bon boulot. Tous les bâtiments ont besoin de portes, et toutes les portes ont besoin d'une poignée. Je me levais avant l'aube tous les matins, commençais par les tâches de la ferme, levais les enfants, les préparais pour l'école et les amenais au bus, courais au travail, faisais ma demi-journée, me précipitais à la maison pour être présente à leur retour, surveillais les devoirs, préparais le dîner, liquidais les tâches ménagères et m'écroulais dans mon lit. Avant de me lever pour refaire la même chose le lendemain.

C'est au travail que je fis la connaissance de Bernie, dans un contexte dénué de tout romantisme. Nous avions tous deux une autre personne dans notre vie à ce moment-là, et il était fumeur, ce qui est rédhibitoire pour moi. Cela nous donna l'occasion de devenir amis pour commencer, puis nous devînmes vraiment très proches. C'était une grande première, pour lui comme pour moi. Il me parlait de ses soucis avec ses petites amies ou avec ses enfants, et je faisais de même. Nous nous voyions tous les jours au travail, puis parlions pendant des heures au téléphone quand les enfants étaient couchés.

Au fil du temps, je crois que nous avons tous deux commencé à envisager la possibilité d'une vraie relation entre nous – même si j'étais certainement plus hésitante que lui. Il y avait ses enfants, tout d'abord. Peut-être était-ce parce qu'ils étaient élevés par un papa célibataire, mais je n'appréciais pas certains de leurs comportements. Les fils de Bernie étaient plus grands que les miens, et j'avais peur qu'ils aient une influence négative sur eux.

Mais finalement Bernie parvint à me conquérir. Il arrêta de fumer pour me prouver son engagement, et nous nous mariâmes le 31 mars 1997 à l'église baptiste que Bernie fréquentait à Franklin. Ce fut très simple ; il n'y avait que les quatre garçons et quelques amis. Ce soir-là, l'église offrait de la nourriture aux sans-abri du quartier, et nous prîmes notre repas de noce avec eux. Cela ne nous dérangea pas. Nous n'avions pas d'argent pour une lune de miel, alors nous rentrâmes chez nous après ce « festin ». Au moins, nous, nous avions un toit.

Je pense que je tombai enceinte dès cette nuit-là. Ce n'était absolument pas prévu – nous avions déjà notre content d'enfants, et ne ressentions pas un besoin impérieux d'en faire un ensemble. Suite aux visites médicales que Bernie et son ex-femme avaient faites, il croyait ses jours de fertilité derrière lui. Du moins fût-ce ce qu'il me dit. Surprise ! Mais nous accueillîmes la nouvelle comme un don de Dieu, et ce fut la semaine avant Noël que William fit son arrivée parmi nous.

La cohabitation des deux familles fut un véritable défi, que probablement nous aurions dû un peu mieux préparer. Les garçons s'entendaient bien jusqu'à notre mariage, mais, lorsque mes fils et moi emménageâmes dans le petit trois pièces de Bernie, la situation devint plus tendue. Steven et Paul étaient habitués à partager, alors que Shawn et Ryan avaient toujours eu leur chambre à eux. À seize ans, le premier avait pris beaucoup de responsabilités dans l'entretien de la maison. Avec le recul, on peut comprendre qu'il ait été perturbé par l'arrivée d'une relative inconnue chez lui, qui effectuait son travail en plus de le forcer à partager son père et sa chambre. La tension était réelle. Lorsque nous emménageâmes dans une maison plus grande, Shawn put bénéficier de l'intégralité du sous-sol, et chacun essaya d'abord de croiser l'autre le moins possible. Heureusement, nos incompréhensions mutuelles s'atténuèrent lorsqu'il partit vivre avec sa mère, qui venait de s'installer à Atlanta.

Nous déménageâmes une nouvelle fois, dans une immense maison ancienne qui avait été reconvertie en petits logements à louer. Elle comportait six appartements, six salles de bains et six cuisines. Notre budget étant un peu serré, nous fîmes tous les aménagements nous-mêmes pour la transformer de nouveau en une seule maison familiale. Il nous fallut presque quatre ans de travaux éreintants, le soir et le week-end, pour terminer cette maison. Elle nous accaparait totalement, et ce fut la fête lorsqu'elle fut enfin terminée.

Mais nous avions envie d'un climat plus chaud. Tous les hivers, Paul faisait des bronchites à répétition, et nous pensâmes qu'un changement de climat pourrait lui être favorable. Nous étions partis en vacances en Floride l'année précédente, et avions constaté que la côte ouest nous plaisait davantage que celle de l'est ; les eaux du golfe y étaient plus chaudes, moins profondes et plus calmes que celles de l'océan, ce qui nous semblait préférable pour Willie. Il n'avait alors que trois ans, et l'Atlantique était un peu rude pour lui. Nous trouvâmes le genre de petite ville que nous aimions à Fort Myers Beach, et, en octobre 2002, nous mîmes notre maison du Tennessee en vente, fîmes nos valises, et emménageâmes en Floride. À nous le soleil !

2

En recherche

La douceur de la vie à Fort Myers Beach nous convenait parfaitement. Nous marchions, faisions du vélo, nagions dans notre piscine ou celle des voisins, allions à la plage et jouions dans le parc. Nous avions un petit terrain en partie recouvert de graviers, qui ne requérait donc que peu d'entretien, et, par rapport aux autres chantiers que nous avions entrepris, la maison était finie. Nous passions beaucoup de temps à lézarder dehors et adorions manger sur notre terrasse, qui donnait sur un canal où nous regardions jouer les lamantins. Dès que nous le pouvions, nous profitions du plein air.

Willie était dans une bonne école, Steven approchait du bac et avait un job d'étudiant qu'il adorait, puisqu'il l'exerçait sur la plage ; Bernie avait du travail, et, de mon côté, j'étais une femme au foyer épanouie. Cependant, mon désir d'avoir un autre enfant continuait de me travailler.

De petites choses firent peu à peu évoluer Bernie à ce sujet. Nous fréquentions une église baptiste sur une plage de Floride, où un nouveau pasteur venait d'être nommé. Sa femme et lui avaient quatre enfants à eux et voulaient adopter un bébé en Chine. J'en discutais fréquemment avec son épouse. Elle savait que j'étais intéressée par l'adoption, mais que Bernie y était réticent. Lorsque j'en parlai à ce dernier, il déclara que, si nous décidions d'adopter un enfant, il y en avait déjà probablement des tas en Floride qui attendaient d'avoir un foyer. Ce « si » me redonna espoir, et je sentis qu'il se radoucissait sur le sujet.

Notre église possédait un centre de retraite sur la plage, et lorsque le bâtiment n'était pas loué par un groupe ou utilisé par le pasteur, ce dernier invitait le Foyer baptiste des enfants de Floride à y emmener nos chérubins pour le week-end. C'était un vrai moment de détente pour eux, qui rompait avec leur routine habituelle ; ils pouvaient nager dans la mer et jouer sur la plage. L'endroit, très simple, comportait une cuisine et un dortoir.

Lorsque les enfants du foyer y venaient pour le week-end, les familles fréquentant l'église leur fournissaient de la nourriture, afin que tout soit pris en charge dès leur arrivée. Habituellement, nous nous contentions d'y déposer les provisions, mais cette fois, Steven se porta volontaire pour donner des cours de skimboard. Il excelle vraiment dans ce sport, et nombre de ces enfants n'ont jamais vu l'océan, encore moins sur une planche de surf. Steven y passa une journée entière et s'éclata littéralement dans cette mission ; sur le chemin de retour, je fus frappée par le calme qui se dégageait de lui.

Lors du dîner, ce soir-là, il nous confia comme il était triste que tant d'enfants n'aient pas de famille, et comme il aurait aimé pouvoir tous les ramener avec lui à la maison. Je crois que Bernie fut très touché d'entendre des mots aussi sensibles dans la bouche d'un adolescent. Je vis les larmes lui monter aux yeux et sentis qu'une nouvelle pierre venait d'être posée à l'édifice.

Je ne voulais pas lui forcer la main, mais je ne pouvais m'empêcher de lui faire une petite piqûre de rappel de temps en temps. Les trois plus grands de nos garçons avaient déjà quitté le nid familial, et Steven ne tarderait probablement pas à en faire autant ; je fis remarquer à Bernie que ce moment venu la maison serait plongée dans un calme inhabituel. Cela ne parut pas le déranger. Mais lorsque j'ajoutai que le départ de Steven donnerait à Willie l'existence d'un enfant unique pendant au moins une décennie, je sentis que je touchais un point sensible. Bernie n'avait pas oublié sa solitude d'enfant sans frère ou sœur autour de lui.

Peu de temps après, nous rendîmes visite au pasteur et à sa femme après l'église, et celle-ci nous détailla leur démarche d'adoption. Lorsque nous les quittâmes, Bernie se tourna soudain vers moi et me demanda : « Tu veux toujours adopter un enfant ? » Je n'en croyais pas mes oreilles. Je le considérai attentivement pour voir s'il était sérieux. Il me prit par les épaules, me regarda dans les yeux et m'annonça alors qu'il était prêt.

J'étais donc prête, il était prêt, et Willie adorait l'idée d'avoir un frère ou une sœur proche de son âge avec qui jouer.

Nous étions peut-être prêts, mais nous avions beaucoup de choses à apprendre. Sachant le nombre d'enfants qui attendent d'être adoptés dans le monde, beaucoup de gens pensent qu'une fois que vous avez décidé d'adopter, vous n'avez qu'à appeler une agence et les orphelins se bousculent à votre portillon. Rien que dans le comté de Miami-Dade, il y avait environ quatre cents garçons et quatre cents filles disponibles à l'adoption. Dans un seul comté ! Ce chiffre n'englobe pas les enfants placés en famille d'accueil, et qui, pour diverses raisons, n'étaient pas disponibles à l'adoption.

Nous avons tout fait à l'envers. Nous avons commencé par chercher un enfant, avant de découvrir que nous ne pouvions même pas y prétendre sans avoir obtenu un agrément officiel, qui comportait une étude approfondie de la famille et du domicile, ainsi que des cours obligatoires sur la parentalité.

Nous voulions déménager rapidement, et je ne voulais pas fournir à Bernie d'occasion de changer d'avis ; nous passâmes donc par une agence privée pour obtenir notre dossier d'agrément. Si nous étions passés par les services du comté, cela aurait pu prendre deux ou trois ans. Au lieu de quoi, nous déboursâmes 1 200 dollars pour l'obtenir via le secteur privé, et l'affaire fut bouclée en trois mois.

En attendant l'agrément, nous commençâmes les cours obligatoires, appelés MAPP[1], qui s'étalaient sur dix semaines. Les postulants à l'adoption se découragent souvent parce qu'ils ne veulent pas attendre trois ans, n'ont pas forcément 1 200 dollars à dépenser, ou parce qu'ils ont du mal à caser les heures du MAPP dans leurs agendas. C'est en effet

1. Model Approach to Partnership & Parenting. *(N.d.T.)*

un parcours difficile, mais cela en vaut vraiment la peine sur le long terme. Bernie et moi avons appris beaucoup de choses pendant ces cours. Avant d'y aller, nous pensions déjà tout connaître, après avoir élevé nos cinq enfants.

L'agrément résulte d'une enquête approfondie, comme il se doit. L'État vous confie la responsabilité d'une vie, il ne suffit pas de dire que vous adoptez par bonté de cœur, que vous êtes stable, possédez un domicile approprié, et êtes financièrement apte à élever un enfant. On peut même regretter que de tels critères ne soient pas recommandés avant toute grossesse.

Nos casiers judiciaires furent passés à la loupe. Heureusement, ils étaient vierges pour chacun de nous, et l'administration ne trouva aucun squelette dans nos placards, hormis les erreurs de nos précédents mariages. Nous dûmes fournir des lettres de référence de voisins, de connaissances, et de notre pasteur. On nous demanda les papiers de nos divorces, ce qui posa problème à Bernie, puisqu'il les avait brûlés. Il dut donc contacter l'administration de Californie pour obtenir un double et prouver ainsi qu'il n'était pas bigame.

Les services d'adoption vinrent visiter notre maison, appelèrent nos employeurs, vérifièrent nos relevés de banque et interrogèrent tous les enfants à de nombreuses reprises, ainsi que leurs professeurs, employeurs, et toutes les personnes qui s'étaient portées garantes de nous. Les plus grands de nos fils s'en irritèrent, mais Willie devint de plus en plus enthousiaste à mesure que les choses devenaient plus concrètes pour lui. Steven était le plus proche de lui en âge, mais il avait tout de même dix ans de plus. Willie pensait qu'il allait avoir un camarade de jeux, quelqu'un avec qui il pourrait faire du vélo dans le quartier, aller à la plage et jouer à des jeux de société.

Lorsque les cours de MAPP sont finis, l'agrément accordé, et que vous êtes prêt à commencer l'aventure, quelques questions doivent clairement être posées. Avez-vous envie d'adopter un enfant afro-américain, aveugle, métis, handicapé, un enfant plus âgé ? Ceux-là sont hélas plus difficiles à placer que les autres. En ce qui nous concernait, nous savions que nous voulions un enfant plus âgé, et la couleur de sa peau ne serait rien par rapport aux épreuves que la plupart de ces enfants avaient traversées.

Les services d'adoption avaient attiré notre attention sur l'importance de l'ordre de naissance des enfants. On nous déconseillait de prendre un enfant plus âgé que Willie. Nous ne désirions pas de bébé. Nous voulions un enfant déjà propre, et qui faisait ses nuits. Nous ne voulions pas d'un enfant qui ait été victime d'abus sexuels ou avec un problème mental sévère. En fait, notre choix se basait principalement sur la façon dont Willie pourrait interagir avec cet enfant, et sur l'impact que cela pourrait avoir sur lui.

Je me mis à rechercher les enfants libres à l'adoption sur Internet, avec une assiduité proche de l'obsession. La méthode semble un peu bizarre – on a l'impression de chercher un enfant comme on chercherait une voiture, un bateau ou un chien. Mais c'est devenu la norme, et il faut bien reconnaître que cet outil est très pratique. Beaucoup d'enfants nous plaisaient, mais, après nous être renseignés davantage, nous découvrions qu'ils ne pouvaient être placés en présence d'autres enfants ou d'animaux. Nous demandâmes des informations sur une petite fille – qui avait un visage d'ange –, et apprîmes qu'elle avait entraîné plusieurs ruptures d'adoption, parce qu'elle agressait systématiquement la mère de chaque foyer. Elle avait un problème avec les femmes. Nous trouvâmes des frères et sœurs – de sept et huit ans – dont le profil nous paraissait prometteur, mais découvrîmes qu'ils avaient été envoyés dans des foyers et s'en étaient enfuis à cinq reprises. Il y avait aussi cette petite fille qui urinait sur les meubles chaque fois qu'elle était contrariée. D'autres enfants pouvaient quant à eux maltraiter, voire torturer les animaux.

Certains avaient déjà été internés en hôpital psychiatrique. D'autres avaient vécu tant d'horreurs qu'ils ne pourraient jamais s'intégrer normalement à la société. C'est un crève-cœur, mais l'on doit bien protéger sa famille avant tout.

Nous commencions à nous décourager et nous ouvrîmes à d'autres conditions pour renoncer à certaines. Sur notre liste de préférences, quelques réponses passèrent de « non » à « peut-être », et vice versa. Quelques « oui » devinrent des « peut-être ».

C'est alors que nous reçûmes un appel de la femme qui nous avait fait passer l'agrément. Elle nous parla d'un concept d'adoption mis en place à Tampa, appelé Heart Gallery, et nous proposa de venir y rencontrer les enfants en direct. Nous décidâmes de tenter le coup.

3

La petite fille de la photo

Deux cent cinquante kilomètres séparent notre paisible commune de Fort Myers Beach d'Ybor City. Mais, en cette fin de matinée d'automne 2006, Bernie et moi avions l'impression que la distance pour relier ces deux points était interminable. Ces trois heures de trajet furent pourtant le moment le plus paisible de la journée qui nous attendait.

Willie s'ennuyait ferme à l'arrière, tandis que le stress nous envahissait. Il n'était déjà pas aisé de se repérer dans les rues étroites de ce secteur inconnu, mais c'était surtout l'idée de débarquer dans un univers totalement nouveau pour nous qui mettait nos nerfs à rude épreuve. Le rendez-vous était en effet fixé au GameWorks local, un immense complexe de jeux vidéo.

Nous connaissions la Heart Gallery de Tampa Bay par l'intermédiaire de son site Internet, où sont présentés les enfants disponibles à l'adoption. Ceux sélectionnés pour le projet sont photographiés par un professionnel, et leur portrait est mis en ligne sur le site avec un paragraphe de présentation, parfois même avec un enregistrement de l'enfant : « Je m'appelle Ian, j'ai douze ans. J'ai de bonnes notes à l'école, mes matières préférées sont les sciences, je joue au base-ball et j'espère passer en première division ».

La journée organisée à Ybor City allait nous confronter à la réalité de ce qui était présenté sur le site. Des enfants en famille d'accueil cherchant à rencontrer de potentiels parents adoptifs seraient présents, afin de pouvoir passer un peu de temps avec nous. Nous pourrions obtenir davantage d'informations sur ceux qui nous intéressaient. Tout cela dans une ambiance censée être décontractée – ce que nous ne ressentions pas encore.

Notre famille n'était pas très versée dans les jeux vidéo. Mes fils n'avaient guère de temps pour cela quand ils étaient petits et que nous vivions tous trois à la campagne. Il y avait bien trop de choses à faire après l'école, entre les devoirs, le dîner et l'heure de se coucher. Par la suite, lorsque Bernie et moi nous étions mariés et vivions encore dans le Tennessee, nous avions toujours quelque projet d'envergure en cours, et nous demandions aux enfants de s'y impliquer.

De mon point de vue, une salle de jeux vidéo est un genre de casino pour enfants. Artificiel, cacophonique, frénétique, accoutumant et ruineux. On y quitte la lumière du jour pour pénétrer dans une pièce immense remplie de machines bruyantes, d'éclairages clignotants, d'armes virtuelles et de malbouffe ; là, les visages de dizaines de gosses entre deux et vingt ans témoignent des effets que cet environnement produit sur eux : lavage de cerveau.

Mais, dans le cas de la Heart Gallery, toute cette frénésie est mise au service d'une méthode. Là, cet environnement délirant permet de prendre de la distance vis-à-vis de la réalité de l'événement ; car il s'agit d'enfants dont la plupart ont été abusés sexuellement, négligés, rejetés, voire littéralement abandonnés. Ils sont en représentation, jouant des coudes pour attirer l'attention et sortir du nombre, comme pour une audition dont l'objectif serait de décrocher le rôle dans ce que l'on appelle « une famille pour toujours » au sein du petit monde de l'adoption. Cela me laissait l'impression d'un mauvais mélange entre une séance de *speed dating* et *Survivor*[1].

Tout le monde aime les bébés. Comment pourrait-il en être autrement quand, sous leurs douces couvertures aux couleurs pastel, on les voit babiller, avec leurs joues rondes, leurs adorables gencives roses, leur tête recouverte de duvet, leurs doigts de pieds à croquer et leurs petites mains qui se tendent vers vous ? Un peu comme de jeunes chatons ou de petits chiots – les poils, les crocs et les griffes en moins.

Seulement, ici, même les petits de quatre ans nous paraissaient grands. Bernie et moi ne sommes pas des grands formats – il mesure un mètre soixante-dix, et je rentre encore dans mes jeans de jeune fille. Étant donné son héritage génétique, Willie est logiquement assez petit pour son âge, et il le restera sûrement toujours. Certains enfants de huit ans ou moins le dépassaient très largement, en

1. Jeu américain de téléréalité comparable au Koh-Lanta français. *(N.d.T.)*

taille comme en poids. Nous ne pouvions pas faire entrer un géant dans le monde miniature de Willie.

Et que de cris autour de nous ! Si notre fils peut me rebattre les oreilles pendant des heures au sujet d'une abeille vue sur la terrasse ou sur l'éventualité qu'une mangue de l'arbre du voisin lui tombe sur la tête, il était d'une nature calme, peu encline aux cris et au chahut.

Mais nous avions fait trois heures de route, nous nous trouvions là, et étions bien décidés à faire le tour de la question. Familles et enfants étaient divisés en groupes. Pendant l'événement, les groupes alternaient, afin que chacun ait la possibilité, même brièvement, de rencontrer tous les autres. C'était aussi l'occasion de les voir interagir entre eux et dans un contexte de détente. Les enfants portaient des badges avec leur nom, et les adultes étaient munis d'un carton. Si l'on était intéressé par un enfant ou une fratrie, on notait leurs noms sur le carton et l'on se rendait à une table tenue par des employés de l'agence, qui nous donnaient alors des informations sur ces enfants.

Les plus jeunes d'entre eux s'amusaient beaucoup. Ils étaient ravis d'avoir un accès illimité aux jeux, de manger de la pizza et de courir partout comme des fous. Mais les plus vieux connaissaient l'enjeu. Ils marchaient directement vers vous, se présentaient, vous disaient dans quelle école ils allaient, dans quelle classe ils se trouvaient, comment ils se débrouillaient, et quels étaient leurs centres d'intérêt. De toute évidence, ils cherchaient désespérément à rejoindre un foyer sain et aimant.

Ils avaient tous besoin d'une famille, et ils en méritaient tous une ; dans un monde parfait, ils sortiraient tous un jour de GameWorks main dans la main avec une famille définitive, auprès de laquelle ils vivraient heureux.

En même temps, tout cela était assez oppressant. Au bout de deux heures, Bernie commença à manifester des signes de mauvaise humeur – sans doute songeait-il au bonheur d'avoir une maison paisible, avec un seul enfant. Willie paraissait mal à l'aise, et j'avais la tête farcie. Nous avions inscrit deux noms sur notre carton : un garçon de dix-sept ans, dont nous apprîmes ensuite qu'il venait d'être adopté par un couple plus âgé, et une fille de quatorze ans que nous finîmes par rayer de notre liste lorsqu'elle fut rejointe par son petit frère, visiblement hyperactif. Cette jeune fille était adorable, et son frère très mignon ; mais on venait juste de diagnostiquer un trouble de déficit de l'attention avec hyperactivité (TDAH) chez Willie, et nous pensâmes qu'ajouter un petit garçon hyperactif à notre environnement familial pourrait ne pas l'aider. Nous commencions donc quelque peu à nous décourager.

Nous nous apprêtions à partir, mais je décidai avant cela de passer au comptoir de la Heart Gallery pour voir si nous pouvions emporter une brochure ou de la documentation. C'est alors que je vis la photo d'une petite fille sur un panneau, derrière le bureau. Ce cliché ne ressemblait pas aux autres portraits de la Heart Gallery, en couleurs et pris en extérieur, sous des arbres, près d'un massif de fleurs ou d'un étang. Certains enfants tenaient une poupée, un ballon de football ou des livres. Tous affichaient un grand sourire et étaient sur leur trente et un.

La photo de la petite fille était en noir et blanc, d'un grain épais, légèrement floue. Pas de charmant décor derrière elle, pas d'objet fétiche, pas de tenue du dimanche. Je n'aurais même pas su dire ce qu'elle portait. Les cheveux sombres qui encadraient son joli visage ne semblaient pas peignés, pas vraiment propres, avec des mèches hirsutes et coupés n'importe comment. Elle ne souriait pas. Son regard était distant, presque absent. Mais, même ainsi, elle avait une beauté fragile, où se dessinait une jolie bouche. Ce furent surtout ses yeux qui attirèrent mon attention et ravirent mon cœur. Je ne l'avais pas vue parmi les enfants présents et me demandai pourquoi. Était-elle malade ?

Je cherchai Bernie du regard et le trouvai devant un jeu aux côtés de Willie, dormant pratiquement debout malgré tout le raffut environnant. Je le pris par le bras et lui déclarai que je pensais avoir trouvé un enfant. Il balaya la pièce du regard.

— Où ça ? Un garçon ou une fille ?

Je lui répondis qu'il s'agissait d'une petite fille. Il me demanda de nouveau où elle se trouvait. Je lui expliquai que je ne l'avais vue qu'en photo. Il me dévisagca comme si j'avais perdu la tête.

— Il y a des tas d'enfants en chair et en os, ici. Pourquoi veux-tu celle qui est en photo ?

Je l'entraînai vers le bureau et lui désignai le portrait de la petite fille. Il me sembla curieux, voire un peu ému, mais surtout sceptique. Je ne pouvais guère lui en vouloir.

Je pris place dans la file d'attente pendant qu'il allait chercher Willie, qui ne comprenait plus rien à ce qui se passait. Lorsque ce fut mon tour, je montrai du doigt la photo et demandai pourquoi cette petite fille n'était pas présente. La femme jeta un regard par-dessus son épaule et répondit :

— Danielle ? Oh, elle ne supporterait pas ce genre d'événement. Elle n'a pas l'habitude d'être parmi tant de monde.

Elle regarda alors derrière nous et invita d'un geste le couple suivant à lui donner leur carton. Notre tour était passé.

Je pris la main de Bernie, et nous retournâmes faire la queue. Quand ce fut de nouveau à nous, je posai davantage de questions. Les employés étaient gentils, mais se montrèrent un peu agacés par ma démarche. On nous expliqua que cette fille avait vécu des choses horribles, et que les souffrances qu'elle avait subies avant d'être prise en charge par les services sociaux risquaient d'avoir laissé des séquelles irréversibles. Plus le personnel essayait de nous aiguiller vers d'autres enfants, plus j'avais envie d'en savoir sur cette petite Danielle.

Finalement, une femme me regarda droit dans les yeux et déclara :

— Croyez-moi : élever cette enfant serait une bataille de tous les jours, et de toute une vie. Ce n'est pas pour vous.

Pour la première fois de la journée, je sentis l'espoir renaître en moi. Il suffit de nous dire, à Bernie et moi, que quelque chose n'est pas faisable, pour que nous mettions tout en œuvre afin de prouver le contraire. Après avoir entendu ces paroles, je savais que Bernie allait monter au créneau. Comment cette petite fille allait-elle pouvoir trouver un foyer décent si l'on disait cela à tout le monde ? Je regardai mon mari et lui affirmai :

— Bernie, elle a besoin de nous.

— Je sais, me répondit-il.

Nous le savions tous deux. Ce n'était pas un coup de tonnerre ou une révélation soudaine. Nous étions loin de crier « Euréka, j'ai trouvé ! ». Non. C'était un moment calme et serein, celui d'une réponse à notre prière – même si cette réponse n'était pas tout à fait ce pour quoi nous avions prié.

4

L'enfant sauvage

Pendant tout le trajet du retour, Bernie et moi discutâmes de Danielle. Dès le lundi, j'appelai l'agence d'adoption. On ne nous dit pas grand-chose sur son passé, seulement qu'après avoir été retirée du domicile de sa mère, un an auparavant, elle avait passé trois semaines à l'hôpital puis avait été placée en foyer thérapeutique. La mère avait fait appel pour conserver son droit parental, mais personne ne croyait qu'elle gagnerait, et l'agence poursuivait donc la procédure d'adoption et l'avait ajoutée à la Heart Gallery.

Le personnel de l'agence déclara qu'ils allaient examiner notre agrément et s'assurer que nous étions éligibles pour adopter Danielle, le moment venu. Nous étions heureux de ce petit pas en avant, mais l'examen de nos qualifications par l'agence traînait en longueur. Bernie commença à les harceler en les appelant régulièrement pour leur demander ce qui se passait, et pourquoi les choses allaient si lentement.

Alors que nous étions en vacances à Saint Augustine, nous reçûmes un appel d'une femme nommée Garet White, qui était la gestionnaire de cas pour l'adoption responsable de Danielle. Elle était présente au GameWorks le jour où nous y étions allés, mais ni Bernie ni moi ne nous souvenions d'elle. À l'inverse, je suis sûre que tous les employés se souvenaient de nous, le couple d'enquiquineurs qui voulait rencontrer Danielle ! Garet nous expliqua qu'elle serait l'intermédiaire entre nous, Danielle et l'agence, et que la prochaine étape – si nous le souhaitions – serait une rencontre en tête à tête avec la fillette. Cela se passerait à l'école Sanders Memorial Elementary, à Land O'Lakes, où elle était scolarisée. Notre seule question était quand la rencontre pourrait avoir lieu.

Garet nous demanda, au préalable, de louer le film *Nell*, le regarder, puis la rappeler pour lui dire si nous étions toujours intéressés par Danielle. J'avais entendu parler de ce film, mais nous ne l'avions pas vu. J'appelai Paul sur-le-champ et lui demandai d'aller louer ce film au magasin le plus proche, puis de rentrer pour le regarder avec nous. Je préparai un grand bac de pop-corn, et nous prîmes tous place devant la télévision.

Les scènes d'ouverture montrant les montagnes de Caroline du Nord étaient époustouflantes. Nous n'étions jamais allés en montagne, et Bernie fit remarquer que nous devrions un jour y prendre nos vacances. Au début du film, un garçon à vélo emprunte un chemin de terre pour se rendre dans une cabane, où il apporte une caisse de provisions. *Quel bel endroit pour vivre*, me disais-je. *Si calme.* L'ambiance changea brusquement dans notre salon lorsque la caméra découvrit le corps sans vie d'une vieille femme gisant à terre, deux fleurs fraîches posées sur les yeux. L'image effraya les enfants et nous surprit. Nous ne savions plus du tout à quoi nous attendre.

Pas plus que le médecin et le shérif qui arrivent ensuite à la cabane. Ce dernier connaît vaguement cette femme, qui a vécu en ermite pendant des années dans cette forêt reculée, sans eau courante ni électricité. Mais, alors qu'ils sont dans la cabane, ils découvrent que la vieille dame n'a finalement pas vécu seule : une jeune femme leur saute soudain dessus, tel un animal sauvage, avant de s'enfuir dans les bois. On apprend qu'elle est en fait la fille de la femme, qui a eu des jumelles ; sa sœur est morte lorsqu'elles étaient petites. Plus tard, lorsque Nell montre au médecin le squelette de sa sœur dans un trou – avec des fleurs sur les yeux, lui aussi –, nous avons tous fondu en larmes sur notre canapé.

Le docteur revient encore et encore pour essayer de gagner la confiance de Nell. Elle n'a jamais été en contact avec le monde extérieur, se débat dès qu'on essaie de l'approcher, hurle comme une bête, et, lorsqu'elle parle, c'est dans un étrange langage acquis uniquement en écoutant sa mère, laquelle souffrait d'un trouble de l'élocution dû à une attaque.

À la fin du film, nous restâmes tous assis sans mot dire, sidérés. Le pop-corn n'avait été mangé qu'à moitié. Paul se tourna alors vers Bernie et moi et formula tout haut ce que Steven et Willie devaient penser tout bas : « Vous êtes cinglés ? Vous avez perdu la tête, ou quoi ? »

Dans le film, le médecin amène une psychiatre voir Nell, et lorsque celle-ci rapporte le cas à ses collègues, ils la décrivent comme une « enfant sauvage ». Cette découverte paraît les enthousiasmer, tant ce genre de cas est rare et peu étudié. Quant à moi, j'avais déjà entendu ce terme, mais je n'étais pas certaine de ce qu'il recouvrait. Le simple mot « sauvage » me semblait affreux.

Je me levai donc et allumai l'ordinateur pour taper les mots « enfant sauvage » sur Google. Il y avait plus de cinquante mille entrées, et aucune n'était encourageante. Farouche, inapprivoisé, coupé du contact humain, avec peu ou pas d'expérience de soin, d'amour, de comportement social ou de langage humain. Certains enfants ont réellement été abandonnés puis élevés par des animaux, quand d'autres ont été séquestrés par leurs parents en étant privés de tout rapport avec autrui. Il existe des récits célèbres d'enfants sauvages, assez anciens, et des fictions comme celle de *Tarzan, le roi de la jungle*. Plus perturbantes encore sont les histoires d'enfants encore vivants, comme Genie, attachée à un pot de bébé pendant dix ans, et Oxana, parquée dans une niche derrière la maison de ses parents depuis l'âge de trois ans, et qui a grandi avec des chiens.

La tête me tournait. Qu'essayait de nous dire Garet ? Lorsque j'éteignis enfin l'ordinateur, Paul était sorti et tous les autres étaient allés se coucher. Je vérifiai rapidement que Steven dormait, remontai la couverture sur les épaules de Willie et embrassai son front. Je me glissai dans le lit auprès de Bernie et le réveillai doucement.

— Chéri ! chuchotai-je. Qu'est-ce qu'on va faire ?

Il ouvrit un œil et me regarda.

— Demain, nous appellerons Garet et nous lui dirons que nous voulons rencontrer Danielle. Pour l'instant, je me rendors.

Ce qu'il ne tarda pas à faire. Quant à moi, je restai longtemps éveillée, à essayer de me rappeler le visage de Danielle sur la photo, à me demander s'il était vraiment pertinent de s'engager dans cette direction, et à prier pour que le ciel nous vienne en aide. Il faisait presque jour quand je trouvai enfin le sommeil. Avant de partir travailler, Bernie appela Garet et lui demanda de fixer une date pour notre visite.

5

Rencontre avec Danielle

Une semaine plus tard, Garet nous annonça qu'elle s'était arrangée pour nous permettre de rencontrer Danielle dans sa classe. Willie voulait être de la partie, mais Bernie et moi estimâmes qu'il était préférable que nous nous rendions seulement tous les deux à ce premier rendez-vous. Tout d'abord, nous ne voulions pas que Danielle se sente envahie. Ensuite, même si nous ne l'avouâmes pas ouvertement, nous pensions tous deux qu'il n'était pas impossible que cela se passe mal.

Le sentiment que nous avions éprouvé en voyant sa photo au GameWorks serait-il toujours présent lorsque nous la verrions en personne ? Et si, en la voyant, l'un ou l'autre trouvait qu'elle était un cas trop lourd pour nous ? Et si son histoire, que nous ignorions encore, l'empêchait de s'intégrer à notre famille ? Et si elle faisait du mal à Willie ? Nous avions entendu de véritables horreurs à ce sujet depuis le début de notre recherche d'enfant. Étant donné ce que certains avaient vécu, on ne pouvait leur en vouloir de devenir des êtres violents, voire des prédateurs sexuels. Mais il était totalement exclu d'avoir ce type de personne chez nous.

Nous ne savions pas du tout à quoi nous attendre. Allait-elle être comme Nell ? Parler un étrange langage, voleter partout comme un oiseau apeuré, se cacher, danser sur une musique qu'elle était seule à entendre ? Nous étions très anxieux, et avions en même temps hâte de rencontrer Danielle. Sur la route, je ne cessais de dire à Bernie de ralentir si nous voulions arriver en un seul morceau !

Nous nous arrêtâmes d'abord au bureau de Garet, à l'agence où elle travaillait. Bernie l'avait eue plusieurs fois au téléphone, mais pas moi. Elle n'était pas du tout comme je l'imaginais, à savoir un genre de vieille fille imposante et acariâtre. Je ne m'attendais pas à rencontrer une femme si jolie, douce et sereine. Elle avait un je-ne-sais-quoi de tendre et de maternel, et je songeai qu'elle devait elle-même être maman. En effet, elle était la mère célibataire d'un jeune garçon, dont la photo décorait son bureau.

Nous étions un peu en retard ; plutôt que de s'attarder sur la documentation et la procédure, nous allâmes donc directement à l'école de Sanders Memorial que fréquentait Danielle. C'était le seul établissement proche de son foyer qui proposait une éducation adaptée et un transport scolaire. Il semblait avoir subi plusieurs agrandissements et extensions, plus ou moins harmonieux. Le bureau se trouvait dans un bâtiment décrépi, visiblement le plus ancien, aux parpaings peints en blanc et aux fenêtres bleu roi. D'autres constructions arboraient des styles architecturaux de différentes époques, mais de grands arbres centenaires couverts de lichens dominaient joliment l'ensemble.

Le lieu était très accueillant, et nous fûmes heureux de découvrir que Danielle évoluait dans un tel cadre, et non dans un endroit froid et déshumanisé.

Garet s'était rendue de nombreuses fois à l'école pour suivre la fillette, et était donc bien connue là-bas. Elle nous présenta à la directrice, Jill Middleton, avec laquelle nous échangeâmes quelques propos convenus en attendant Marisa Perez, la psychologue de l'école. Nous avions aperçu le dos de Mme Perez lorsqu'elle s'était ruée vers une porte de service en répondant à un appel sur son talkie-walkie, pour retrouver deux élèves de CM1 qui s'étaient échappés de la classe.

Mme Middleton nous expliqua que Mme Perez était très liée à Danielle, et que, lorsque cette dernière faisait une crise, elle parvenait à la calmer en la prenant sur ses genoux dans le rocking-chair. En un éclair, je me revis en train d'en faire autant avec mes fils pour la même raison – sauf qu'ils étaient bébés, à l'époque. Danielle, elle, venait d'avoir huit ans.

Mme Perez resurgit soudain dans le bureau, et nous salua comme si nous étions de vieux amis qu'elle n'avait pas vus depuis des lustres. C'était le genre de personne capable de devenir amie avec un ours ; elle débordait littéralement d'énergie positive. Nous n'avions pas encore rencontré Danielle, mais jusqu'ici nous étions très impressionnés par les gens qui s'occupaient d'elle.

La directrice nous accompagna alors jusqu'à la classe de l'enfant ; chemin faisant, nous passâmes devant d'autres employés qui nous saluèrent avec de grands sourires. Je me rendis compte plus tard que tout le monde savait que nous venions voir

Danielle, et que l'on devait nous prendre soit pour des fous, soit pour des saints. Bernie dirait que nous penchons beaucoup plus du côté des premiers que des seconds !

Tout en marchant, Mme Middleton nous indiqua que Danielle était dans la classe de Kevin O'Keefe, et qu'on la considérait comme handicapée mentale profonde. M. O'Keefe travaillait dans ce domaine depuis vingt ans, dont plus de dix à l'école Sanders, et était adoré de ses élèves comme de leurs parents.

J'écoutais tout cela d'une oreille distraite, essayant de maîtriser les signes de nervosité de mon estomac. Je n'avais jamais autant stressé à l'idée de rencontrer quelqu'un depuis l'unique fois où je m'étais rendue à une *blind date*. Et si le simple fait de nous voir déclenchait une crise chez Danielle, nécessitant l'intervention énergique de Mme Perez ?

Nous n'étions pas préparés à ce qui nous attendait lorsque Mme Middleton ouvrit la porte de la classe. À moins d'avoir un membre de sa famille extrêmement handicapé ou déficient mental, ou de travailler dans ce domaine, nul n'y est d'ailleurs préparé. On nous a toujours dit, quand nous étions petits, de ne pas fixer les gens, qu'ils aient une cicatrice ou une tache de naissance très marquée, un membre en moins, ou un handicap physique ou mental très apparent. Du coup, c'est devenu un réflexe : regarde ailleurs, détourne les yeux, ne fixe pas !

Seulement, quand vous entrez dans une classe exclusivement constituée d'enfants désavantagés, comme on dit maintenant, il n'y a rien d'autre à regarder que ce que vous avez sous les yeux. Je dus fournir un effort pour ne pas détourner le regard en pénétrant dans ce monde si différent de celui que je connaissais avec mes trois garçons, et de celui de mes propres souvenirs d'école primaire.

Dans cette classe, il n'y avait pas d'instituteur écrivant des mots au tableau pour que les élèves les recopient ; pas d'enfant se tortillant, une main en l'air, pour répondre à la question posée par le maître. Personne n'était penché sur un livre, en train de dessiner ou de bavarder en chuchotant avec son voisin. Ici, il y avait des enfants en fauteuil roulant et d'autres attachés à des chaises reliées à la table. Un petit garçon était sanglé à une planche droite inclinée dans un angle. Deux enfants étaient allongés sur des tapis de sol, l'un allongé sur le dos avec les bras légèrement écartés de ses flancs, l'autre sur le côté, calé par un traversin. Aucun d'entre eux ne prononçait un mot, et il était difficile de dire s'ils remarquaient seulement notre présence.

La pièce était grande, divisée en différentes zones où se trouvaient des meubles et un équipement adaptés. Les murs étaient peints de couleurs vives, et l'on n'y trouvait aucun angle aigu. Des auxiliaires de vie scolaire montraient des images à certains enfants ou leur faisaient la lecture. L'une d'entre elles aidait une petite fille à se laver les mains devant un évier, pendant que l'enfant dodelinait de la tête.

Nous cherchâmes Danielle du regard. Après l'événement à Tampa, la Heart Gallery avait mis une nouvelle photo d'elle sur le site Internet. Elle portait un T-shirt blanc et ses cheveux étaient bien coiffés, en un carré qui lui arrivait un peu sous les oreilles, avec une frange jusqu'aux sourcils. Garet était un jour allée la prendre à la sortie de l'école et l'avait emmenée chez un photographe, où elle avait fait des grimaces jusqu'à ce qu'ils lui arrachent un petit sourire.

Mais, même sans cette nouvelle photo, il eût été facile de repérer Danielle dans cette salle. Elle était l'une des rares à être mobile, et elle l'était excessivement. En fait, elle n'arrêtait jamais de bouger. Mince et élancée, elle sautillait sur la pointe des pieds, les bras raides, mais s'agitant d'avant en arrière à ses côtés. Elle se rendait dans un coin de la pièce, jouait avec quelque chose, le reposait, allait vers les cubes, en portait un à sa bouche, le reposait, en prenait un autre, ramassait un ballon, le reposait, repartait vers une table, prenait une gorgée à son gobelet à bec et le laissait tomber – ce qui expliquait pourquoi il était noué à un pied de la table.

Apparemment, elle ne nous avait pas remarqués ; elle avait pourtant regardé Garet et Mme Perez lorsqu'elles l'avaient appelée par son nom, et elle laissa la première lui donner une petite accolade.

Nous lui adressâmes un bonjour, mais elle se détourna et s'éloigna sur-le-champ. À la voir bondir ainsi dans la pièce, elle me fit penser au Tigrou de Winnie l'Ourson.

Le soleil autour duquel gravitait tout ce petit monde était Kevin O'Keefe. Grand, mince, barbu, avec une voix posée, des yeux doux et une attitude réservée, il nous adressa un sourire timide lorsque nous lui fûmes présentés. Il semblait quelque peu se méfier de nous, mais je compris tout de suite que ce n'était là qu'une forme de protection envers Danielle. Il avait un réel souci du bien-être de ses élèves, et, comme nous l'apprîmes plus tard, il reste en contact avec leurs familles longtemps après que ceux-ci ont quitté sa classe.

Garet lui demanda s'il voulait bien s'asseoir avec nous et Mme Perez pour nous parler de Danielle : de ce qu'elle faisait en classe, ce qu'elle apprenait à faire, et quels étaient leurs objectifs pour elle. M. O'Keefe nous parla de son besoin de bouger – ce que nous avions déjà remarqué –, et nous expliqua que tant qu'elle ne se sentait pas contrainte ou enfermée, elle était généralement contente. Il nous dit qu'à son arrivée elle buvait uniquement au biberon, et qu'elle avait bien progressé puisqu'elle parvenait maintenant à se servir d'un gobelet à bec. Il rit en nous racontant le nombre de fois où ils avaient cherché ce gobelet, jusqu'à ce qu'une auxiliaire ait l'idée d'en accrocher la poignée au pied de la table. Elle faisait aussi des progrès à table, où elle apprenait à ne pas prendre la nourriture des autres. Je notai dans un coin dans ma tête : la maintenir à distance de l'assiette de Willie. À son âge, il a besoin de prendre autant de forces que possible.

Voici ce que nous raconta M. O'Keefe :

« Lorsque Danielle est arrivée dans ma classe, l'année dernière, c'était la première fois qu'elle se rendait dans un environnement scolaire, et même dans une pièce avec d'autres enfants. On nous avait indiqué qu'elle n'était jamais allée en garderie, au catéchisme ou à tout autre programme pour enfants. L'année scolaire avait déjà débuté, mais elle dut recevoir des vaccins avant de pouvoir venir, n'en ayant jamais eu aucun. Son évaluation nous a révélé qu'elle était profondément handicapée mentalement, et c'est pourquoi elle a rejoint ma classe. J'étais heureux de l'accueillir.

Les premiers temps, elle était toujours très agitée, toujours en mouvement. Nous essayions de la faire sortir aussi souvent que possible, pour qu'elle ait le maximum d'occasions de bouger. Elle faisait de grosses crises de nerfs. La première fois, nous avons cru qu'elle allait très mal ou qu'il lui était arrivé quelque chose de grave, et nous avons appelé la femme qui s'occupait d'elle en famille d'accueil ; elle nous a déclaré que c'était simplement sa façon d'exprimer ses émotions.

Elle était avide de nourriture, c'est l'une des premières choses que j'ai remarquées chez elle. Elle mangeait tout ce qui lui tombait sous la main. Nous avons dû être extrêmement vigilants, parce qu'elle portait à sa bouche tout ce qu'elle trouvait. Elle prenait la nourriture des autres enfants, tout ce qui était à sa portée. Il a fallu un certain temps pour lui faire arrêter ça. Elle mangeait avec les mains, attrapait les aliments et les poussait en entier dans sa bouche.

La première fois que je l'ai emmenée dehors, elle ne savait pas monter les marches qui mènent à la cour de récréation. Nous avons vraiment dû l'aider. Plus tard, nous sommes allés au toboggan et l'avons aidée à y monter. Elle n'avait pas du tout peur de le descendre, et le refit encore et encore. Elle a compris le système très rapidement, ce qui m'a beaucoup étonné. Je me suis dit que cela démontrait un niveau d'intelligence plus élevé que nous ne l'avions pensé.

Elle a aussi fait beaucoup de progrès au niveau de l'équilibre. Comme vous pouvez le voir, certains enfants de ma classe sont allongés sur des tapis, et elle a réussi à marcher autour d'eux sans perdre son équilibre ni les déranger, ce que beaucoup d'enfants d'ici ne peuvent accomplir. Elle adore grimper et monter sur des meubles.

Ça n'a jamais été une enfant agressive. Elle n'a jamais frappé ou mordu un de ses camarades. J'avais d'autres élèves dans ma classe qui faisaient ce genre de choses, mais elle ne rend jamais les coups. Il y a une vraie douceur en elle. »

Pendant que M. O'Keefe parlait et que les auxiliaires s'occupaient des autres enfants, Bernie vit une occasion de tenter sa chance avec Danielle – ou peut-être simplement de s'échapper. Il n'a jamais été particulièrement à l'aise dans les discussions de groupe, et, même si les propos de M. O'Keefe devaient l'intéresser, il préfère largement les actes aux paroles. Il commença donc à suivre la fillette dans ses rondes autour de la pièce, tout en gardant ses distances. Il ne voulait pas risquer de l'effrayer, mais elle semblait ne pas le remarquer du tout. À un moment, elle ramassa un Slinky[1] et prit place dans la balançoire accrochée au plafond, au milieu de la pièce. Bernie mit un genou à terre devant elle et lui sourit.

1. Jouet en métal ou en plastique, en forme de ressort. *(N.d.T.)*

— Tu veux jouer ? lui demanda-t-il en tirant doucement un côté du Slinky qu'elle tenait, ce qui la fit se balancer en avant.

Lorsqu'il relâcha le jouet, la balançoire recula. Il tira de nouveau le Slinky pour la faire avancer ; puis relâcha, imprimant de nouveau un mouvement à la balançoire.

Tous les adultes s'étaient tus pour les regarder, et nous vîmes alors le moment où Danielle rentra en contact avec Bernie pour la première fois. Comme il lui souriait, elle le regarda droit dans les yeux et étira le Slinky dont il tenait encore une extrémité. Il tira à son tour, et elle en retour. Danielle jouait avec Bernie.

M. O'Keefe et Mme Perez échangèrent un sourire, les auxiliaires sourirent à Bernie, tandis que Garet et moi contemplions la scène les larmes aux yeux. C'était une chose toute simple, infime, mais un petit miracle venait de se produire dans cette salle de classe. Jamais Danielle n'avait accepté quelqu'un si facilement et si rapidement, nous dirent-ils. Il ne nous en fallut pas davantage pour sentir l'espoir gagner nos cœurs.

À l'heure du déjeuner, une des auxiliaires nous demanda si nous serions d'accord pour donner à manger à Danielle. Bernie et moi nous étonnâmes qu'elle ne soit pas encore capable de manger toute seule. Nous découpâmes son sandwich en petites bouchées pour éviter qu'elle ne le mette en entier dans sa bouche. Même chose avec les morceaux de carottes et d'oranges. Nous devions nous assurer qu'elle n'en prenne pas un nouveau morceau avant d'avoir avalé le précédent. Parfois, elle prenait de la nourriture et la portait elle-même à sa bouche, et d'autres, nous placions une bouchée devant son visage et elle ouvrait la bouche tel un petit oiseau prenant la becquée. Cependant, elle ne mangeait pas d'aliments pour bébés comme tant d'autres des enfants présents, et elle avait bon appétit.

Après le déjeuner, les enfants devaient être changés ; lorsque l'auxiliaire vint s'occuper d'elle, je proposai de m'en charger. Tous mes fils étaient devenus propres assez tôt, je n'avais donc pas changé une couche depuis environ cinq ans. Je soulevai Danielle, l'allongeai sur une grande table à langer et remontai sa jupe. Cela ne parut pas l'émouvoir le moins du monde, ce qui me laissa une drôle d'impression. Elle aurait dû être gênée de porter une couche et de se faire changer par une totale inconnue. Je m'emparai d'une lingette, et la réalité de la situation me frappa soudainement : j'étais en train de changer la couche d'une petite fille de huit ans. Cela me sembla horrible, et les larmes me montèrent de nouveau aux yeux.

Ressentit-elle mon désarroi et mon anxiété ? En tout cas, dès que je retirai sa couche souillée, elle commença à hurler comme si j'essayais de l'assassiner. C'était terrifiant. Je me figeai une seconde, puis songeai : *Quelqu'un lui a fait ce geste d'une manière ou d'une autre pendant toute sa vie. Elle s'y est habituée, ce n'est pas un traumatisme pour elle. Alors, continuons.*

— Je suis désolée de t'embêter, Danielle, expliquai-je, mais il faut bien changer cette couche.

Elle cessa de hurler. J'utilisai la lingette, lui mis une couche propre et redescendis sa jupe. Elle balança alors ses jambes pour retrouver le sol. Là, elle marcha sur la pointe des pieds pour reprendre son Slinky. Je pris une grande inspiration, me retournai, et vis Bernie qui me souriait depuis l'autre côté de la pièce. Il arborait une mine réjouie, et je ne savais pas trop si j'avais envie de lui mettre une claque ou de le serrer dans mes bras. Mais son expression me disait : « Ne t'en fais pas autant, Diane. Ça va aller. Nous pouvons le faire. »

J'avais vu ce regard de nombreuses fois depuis notre mariage, et il ne s'était jamais trompé.

6

Le dossier

Avant de quitter la salle, nous dîmes à Danielle que nous la reverrions bientôt, ce qui parut la laisser totalement indifférente. Nous prîmes ensuite congé de M. O'Keefe et de Mme Perez en leur affirmant également que nous reviendrions prochainement, sans être sûrs qu'ils nous croient vraiment.

Nous étions fatigués, affamés, et avions un long trajet à parcourir. Notre amie Evie Barnes avait récupéré Willie à l'école et s'occupait de ses devoirs ; mais je savais qu'il mourait d'envie d'entendre le compte-rendu de notre journée et qu'il ne se coucherait pas avant notre arrivée.

Idéalement, nous aurions donc aimé faire tous ces kilomètres d'une traite. Seulement, nous avions encore des formalités à accomplir avec l'agence. La prochaine étape de la procédure pour Garet était « l'accès au dossier », qui nous permettrait de connaître toutes les informations que possédait l'agence au sujet de Danielle.

Le moment avait quelque chose d'officiel, et me faisait un peu peur. D'un côté, nous avions très envie de tout savoir, et, de l'autre, nous aurions presque aimé pouvoir brûler ce dossier et repartir de zéro. Nous avions vaguement entendu parler de piqûres d'insectes et de l'état de la maison où elle vivait, mais n'en savions guère plus. Nous pensions seulement que les choses avaient dû être suffisamment graves pour qu'elle soit retirée de son foyer familial.

Nous roulâmes jusqu'à un restaurant chilien, prîmes place, passâmes commande, et commençâmes à évoquer la visite. Garet trouvait qu'elle s'était bien déroulée, ce qui était également notre avis. Cependant, il nous semblait que ce bavardage ne faisait que retarder l'incontournable, et ce fut Bernie, toujours aussi direct, qui en vint bientôt à l'essentiel.

— Bien, voyons ce dossier.

Garet déposa alors sur la table deux liasses de documents agrafés. Elle nous en donna un jeu et en conserva un pour elle. La première page s'intitulait : « Étude du cas de l'enfant Danielle Ann Crockett. » Je restai bouche bée devant la photo qui l'accompagnait : celle que j'avais vue lors de la journée au GameWorks. La différence avec la Danielle que nous venions de voir, un an plus tard, était frappante. La tristesse m'envahit en revoyant ce cliché ; elle y semblait si vulnérable et perdue...

Garet posa un petit magnétophone enregistreur sur la table – c'était la procédure –, l'alluma, et commença à lire à haute voix. Ainsi, les parents potentiels ne pouvaient dire qu'ils avaient été induits en erreur ou qu'on leur avait dissimulé quoi que ce soit. Je lus notre exemplaire pendant que Bernie écoutait Garet.

Le rapport commençait par la famille biologique, la mère, en l'occurrence : une femme blanche de quarante-neuf ans qui avait eu deux fils avec son mari, à Las Vegas, avant de devenir veuve en 1997. Peu de temps après le décès, Danielle fut conçue lors d'une « brève aventure », si brève que la mère ne connaissait même pas le nom du père.

Je relus cette phrase. Avant même d'être née, il manquait une pièce cruciale à l'histoire de cette enfant, une pièce que l'on ne pourrait jamais retrouver. Elle ne connaîtrait jamais le nom de son père, la couleur de ses yeux, ne saurait jamais s'il était grand ou petit, quel métier il exerçait. « L'aventure » ayant eu lieu à Las Vegas, il était fort probable qu'il vienne d'ailleurs ; peut-être était-il juste de passage, ou en ville pour un événement professionnel. Il ne saurait jamais que Danielle existait.

Je me demandai ce que l'on devait éprouver en découvrant que l'on était enceinte d'un quasi-inconnu, envolé depuis longtemps. La mère avait-elle songé à avorter ou à donner son enfant à l'adoption ? Pour quelle raison avait-elle décidé de garder Danielle ? Personne d'autre qu'elle ne le saurait jamais ; toutefois, Bernie et moi apprîmes beaucoup de choses sur elle dans ce rapport, à l'exception de son prénom. On la mentionnait simplement comme « la mère » tout au long du rapport, terme qui me semblait à peine adapté. Elle était née à Syracuse, dans l'État de New York, où elle eut son baccalauréat. Puis, sa mère, ses deux sœurs et elle déménagèrent en Floride. Elle déclarait avoir fait trois ans d'études à l'université de

Tampa, mais on n'y trouva aucune preuve de son inscription. Elle prétendait également avoir obtenu un DEUG de droit, mais les médecins qui la reçurent pensaient cette déclaration mensongère, car les tests qu'ils lui firent passer révélèrent qu'elle était à la limite de la normalité intellectuelle.

« Limite de la normalité intellectuelle. » Ces termes m'inquiétèrent. Que signifiaient-ils vraiment, et comment cela impactait-il Danielle ?

La mère avait eu deux fils de son premier mariage. Thomas devait avoir seize ans à la naissance de Danielle, et le second, David, treize[1]. Il fut établi que le cadet avait un trouble de l'apprentissage ; d'après sa mère, il était « lent », et on le plaça dans une école spécialisée. Thomas était d'une intelligence moyenne, mais ne passa pas son bac. Comme la « mère », tous deux travaillaient à temps partiel, de temps en temps, ici ou là, et bénéficiaient de l'aide sociale. David avait un élément à charge dans son casier judiciaire, pour agression présumée d'un chauffeur de bus.

J'avais l'impression qu'ils étaient comme ces milliers de famille aux États-Unis, qui vivotent sur l'aide sociale et leur maigre salaire, habitent dans des logements de fortune, n'ont que les transports en commun pour se déplacer et le service des urgences pour se faire soigner. Ils paient leurs factures en espèces ou en mandats-cash. N'ayant ni compte en banque, ni carte de crédit et ne possédant aucun bien de valeur, ils ne laissent que peu de

1. Les prénoms des fils de Michelle Crockett ont été modifiés.

traces de leur activité. Ils vivent sous le niveau des radars.

Mais, de temps à autre, une activité est repérée, et c'est ce qui se produisit en février 2002. Avant d'entamer la lecture du deuxième volet, Garet s'arrêta, but un peu d'eau, et nous demanda si nous voulions faire une pause. Bernie regarda sa montre et répondit par la négative. Je sentis que quelque chose de perturbant allait venir. Le visage de Garet était maintenant teinté d'un mélange de colère et de tristesse.

Elle prit une grande inspiration et entama la lecture du volet suivant du rapport : « Historique des services sociaux. » En février 2002, le numéro d'urgence du Department of Children and Families (DCF) de Floride reçut un appel anonyme. L'appelant déclarait qu'« actuellement, la mère ne nettoie pas la maison, qui est très sale. La moquette est pleine de crasse. Il y a des vêtements partout. Il y a des excréments sur le fauteuil où l'enfant s'assoit, et les plans de travail sont recouverts de fouillis et d'ordures. L'enfant n'a jamais été vue habillée. Elle est toujours nue, ou avec une simple couche. »

Ce genre de détail indiquait que cette personne avait dû pouvoir pénétrer dans la maison – peut-être quelqu'un venant pour l'entretien, ou pour la gestion locative. En tout cas, son appel visait à intervenir en faveur de Danielle.

Le DCF décida de transmettre le cas aux services de protection de l'enfance. Dans le premier rapport, les victimes identifiées étaient David Crockett, seize ans à l'époque, et Danielle, trois ans et demi. Les allégations portaient sur des conditions de vie compromettant la santé de l'enfant, et des actes de négligence.

Lors de la première visite, David et Danielle étaient seuls à la maison. L'adolescent déclara que sa mère était au travail, et qu'elle reviendrait plus tard. Lorsque l'enquêteur put parler avec celle-ci, elle prétendit que Danielle n'aimait pas porter de vêtements, mais qu'elle la forçait à en mettre pour sortir, ce qu'elle faisait, affirmait-elle, au moins une fois par semaine. Elle expliqua que ses fils fréquentaient une école voisine pour adultes, et qu'elle ne partait jamais travailler sans que l'un ou l'autre soit présent pour veiller sur la petite. Elle reconnut que l'enfant n'avait pas de pédiatre, mais soutint que ses vaccins étaient à jour, même si elle n'en avait pas conservé les traces.

Une dizaine de jours plus tard, lors de la visite de suivi, la maison était dans un état pire et empestait la cigarette. Deux jours après, pour la troisième visite, tout avait été nettoyé et les vêtements rangés.

Finalement, on se contenta de recommander à la mère de moins fumer en présence de son enfant. Elle refusa l'offre des services sociaux, qui lui proposaient des aides de garde et d'activités périscolaires ; le risque pour l'enfant fut estimé faible, et on referma le dossier.

Neuf mois plus tard, le DCF reçut un autre appel, plus alarmant que le premier. L'appelant disait qu'à quatre ans l'enfant portait encore des couches et buvait toujours au biberon ; on ne la voyait jamais en dehors de la maison. Le rapport mentionnait que la mère laissait fréquemment seuls son plus jeune fils et Danielle pendant qu'elle travaillait et passait ses nuits avec son nouvel « amant », chez lui.

Un enquêteur effectua une visite le jour suivant. D'après le rapport joint à l'« Étude du cas de l'enfant », Danielle n'avait pas de marques ou de bleus sur le corps, et dormait sous des couvertures. Cet enquêteur avait-il seulement écarté celles-ci pour examiner le corps de la fillette, ou a-t-il fait une simple supposition ? A-t-il vraiment pris la peine de faire son travail ? Les garçons prétendaient qu'il y avait toujours quelqu'un pour garder la petite. La mère reconnaissait qu'elle laissait les enfants seuls une fois par semaine, mais reconnaissait aussi qu'elle était sur le point de se séparer de son « amant ». Elle justifia la couche par le fait que Danielle avait encore des accidents de pipi la nuit, mais personne ne lui demanda pourquoi elle en portait aussi le jour. La mère déclara encore que sa fille prenait parfois un biberon le soir, mais seulement quand elle « faisait une crise » pour l'obtenir. Elle avoua ne toujours pas l'avoir emmenée chez un pédiatre, mais assura qu'elle n'hésiterait pas à la conduire à l'hôpital si elle tombait malade. La cuisinière était couverte de nourriture ; l'enquêteur souligna que cela risquait d'attirer des insectes.

Les autres témoins indiquèrent aux enquêteurs qu'ils ne pensaient pas que cette femme fût « une bonne mère » ; ils avaient remarqué que Danielle était toujours nue ou affublée d'une couche, et qu'elle et son demi-frère manquaient cruellement de surveillance.

Mais la maltraitance supposée fut de nouveau qualifiée de simple « négligence », avec « surveillance et soins à améliorer » et « habillement inadéquat ».

Une fois de plus, on conclut à un risque « faible, puisque les enfants sont visibles par la communauté des voisins ». Visibles, comment ? Par la fenêtre ? Il avait déjà été mentionné que personne n'avait jamais vu Danielle dehors. Là encore, la mère refusa les aides proposées. Là encore, on referma le dossier en l'absence d'indicateurs de défaut de surveillance avéré. On estima donc que la surveillance assurée par un jeune frère attardé mentalement, laissé seul chez lui avec sa petite sœur toute nue, était suffisante. Là encore, le DCF ne voulut pas regarder la situation en face.

À ce stade, j'étais en larmes. Bernie avait arrêté de manger. Les conditions dans lesquelles Danielle avait vécu étaient horribles, et, même lorsqu'on avait tenté de l'aider, elle avait été laissée entre les mains de cette mère indigne. Je ne pouvais tout simplement pas concevoir comment une femme pouvait posséder aussi peu d'instinct maternel envers son propre enfant.

Je m'inquiétais – trop, disait toujours Bernie – lorsqu'un de mes garçons avait de la fièvre ou mal au ventre. S'ils faisaient un cauchemar et pleuraient dans leur lit, je me levais pour aller les réconforter. À coup sûr, Danielle avait aussi dû se réveiller malade ou en pleurant. Qui était venu pendre sa température ? Qui l'avait bercée, cajolée, en lui murmurant des mots apaisants jusqu'à ce qu'elle retombe dans les bras de Morphée ?

Je regardai Garet et lui demandai comment le DCF avait pu laisser Danielle dans cette situation, surtout suite au deuxième appel en moins d'un an.

— Quelqu'un a merdé, déclara-t-elle simplement.

Je songeai aux enfants qui font la une des journaux lorsqu'on les découvre morts, assassinés des mains de leurs propres parents. Dans ce genre de cas, il y a toujours un voisin pour déclarer à un journaliste : « On n'aurait jamais cru ça. » Un autre reconnaît : « Le petit n'avait jamais l'air très bien. » Les gens se demandent comment de telles choses peuvent se produire. L'indignation monte, se transforme en scandale, les politiques promettent des actions, quelqu'un se fait suspendre quand une enquête commence, puis on le transfère dans un autre département quelques semaines plus tard…

J'avais l'horrible sentiment que tous les enfants adoptables que Bernie et moi avions vus sur Internet avaient vécu des scénarios de ce type. Pas étonnant qu'ils soient si cabossés. D'abord, leurs parents les laissaient tomber. Puis, le système qui était censé les sauver échouait à le faire.

Garet reprit sa lecture.

— Le DCF a de nouveau entendu parler de Danielle dans le rapport 2005-415132, reçu le 12 juillet 2005 à 12 h 34.

Bernie et moi nous regardâmes avant de considérer notre interlocutrice avec effarement. Trois ans s'étaient écoulés entre ces appels. Qu'était-il arrivé à cette pauvre enfant pendant ce laps de temps ?

7

L'enfant de nulle part

La partie suivante du dossier relatait avec force détails comment Danielle avait fini par être prise en charge par les services sociaux. Bernie et moi étions effarés de constater à quel stade il avait fallu arriver avant que le DCF ne prenne cette décision.

La troisième plainte était assez proche de celles enregistrées trois ans auparavant. Un appel arriva dans leurs bureaux le 12 juillet 2005, à 12 h 34. Il rapportait que la mère laissait régulièrement Danielle sous la surveillance de son frère David, qu'elle portait toujours des couches et n'était pas propre, qu'elle poussait des cris et des gémissements, mais ne savait pas parler, qu'elle était sûrement handicapée mentale, probablement à l'instar de David lui-même.

Une fois encore, je pensai que la personne qui avait appelé avait dû pouvoir pénétrer dans la maison pour savoir tout cela. S'agissait-il d'un nouvel amant de la mère ? D'une copine d'un des fils ? Habitaient-ils toujours dans le même immeuble ? Pour moi, les éléments de ce rapport soulevaient plus de questions qu'ils n'apportaient de réponses.

Le jour suivant cet appel, un enquêteur du DCF et une voiture de police furent envoyés sur place. Tandis que Garet poursuivait sa lecture, je me heurtai aux mêmes mots. Sauf que la situation était bien pire que les deux premières fois où le DCF était venu enquêter. On trouva Danielle couchée dans une chambre répugnante qui ne contenait qu'un matelas souillé, à même le sol, couvert de détritus et de couches sales. D'innombrables araignées et cafards y avaient élu domicile. L'enfant était d'une maigreur extrême, avec les côtes saillantes. Elle était sale, avait les cheveux collés, et de nombreuses piqûres d'insectes et écorchures maculaient sa peau. Elle ne portait qu'une couche usagée et ne savait pas parler ; seuls des cris ou des grognements sortaient de sa bouche.

La mère déclara que sa fille était attardée mentalement, mais elle ne l'avait jamais emmenée voir un spécialiste afin d'établir un diagnostic, ni même chez un pédiatre ou un généraliste pour le moindre suivi médical. Elle n'était pas déclarée au Medicaid[1], et, d'après la mère, elle n'avait pas droit au Florida Kidcare.

Il s'agit d'un programme local qui propose une assurance-maladie aux enfants jusqu'à leurs dix-huit ans. Pour y accéder, il faut remplir un formulaire relativement détaillé et suivre une procédure assez fastidieuse. Il n'y avait aucune raison pour que Danielle n'y ait pas droit. Le plus probable était que sa mère n'avait jamais essayé, parce

---

1. Aux États-Unis, ce programme permet de fournir une assurance-maladie aux citoyens ayant de faibles ressources. *(N.d.T.)*

qu'elle ne voulait rien faire qui risquât d'attirer l'attention sur sa fille et les conditions dans lesquelles elle vivait.

La mère déclara que la petite mangeait tout le temps, et qu'elle aimait particulièrement la nourriture en conserve, comme les raviolis. Elle prétendit également lui donner un bain environ quatre fois par semaine. Le reste de la maison fut estimé être dans un état « déplorable ». Des chats et des chiens y déambulaient, laissant leurs excréments partout. Des blattes couraient sur les plats, les murs et le sol de la cuisine. Le réfrigérateur contenait de la nourriture, mais aussi des cafards morts dans les tiroirs et la porte du congélateur. « La maison était infestée de cafards. Elle semblait ne pas avoir été nettoyée depuis longtemps, et sentait la fumée de cigarette et l'urine de chat. »

Puis, le rapport expliquait que Danielle avait été vue par l'équipe de protection de l'enfance « en raison de l'inquiétude suscitée par son retard mental et ses nombreuses piqûres d'insectes ».

J'interrompis Garet pour clarifier les choses. Quand et où avait-elle été vue ? Heureusement, notre interlocutrice détenait bien plus d'informations sur Danielle qu'il n'y en avait dans son « étude de cas ». Elle nous apprit que c'était l'agent chargé de l'enquête, Mark Holste, qui avait appelé depuis le poste de police de Plant City. Avec son équipier, ils avaient vu l'employée du DCF à côté de sa voiture, dans la cour, en train de pleurer. Elle était rentrée pour voir l'enfant et avait déclaré aux agents que c'était le pire cas qu'elle eût jamais rencontré. Ils étaient alors entrés dans la maison pour questionner la mère et voir la petite fille. C'était Holste qui avait pris cette dernière dans ses bras pour la sortir de la maison ; il avait dit à l'employée du DCF d'avertir sa hiérarchie du fait qu'il l'emmenait directement à l'hôpital.

Garet nous expliqua que les photos de la police utilisées comme preuves lors de l'audition montraient une maison minuscule, sale et délabrée, à la peinture écaillée et au toit de tôle rouillé. À l'intérieur, dans le petit salon qui faisait office de pièce à vivre, la moquette était tellement recouverte de blattes qu'elles explosaient littéralement à chaque pas sous les pieds de l'agent Holste. Partout, des cendriers débordaient de cendres et de mégots, et d'autres jonchaient le sol. La cuisine et la salle de bains étaient répugnantes de crasse, avec des cadavres de cafards, des plats incrustés de nourriture séchée, des casseroles sales, une litière pour chat remplie de déjections, et du moisi sur toutes les surfaces de la salle de bains.

Mais, d'après Garet, ce furent les photos de la chambre de Danielle qui choquèrent le plus ceux qui les virent. La pièce se trouvait à l'arrière de la maison ; elle était sombre, avec une vitre condamnée et l'autre à moitié cassée. Un bout de verre tranchant se dressait à mi-hauteur de l'encadrement. Sur le sol était posé le matelas où l'enfant passait ses jours et ses nuits – souillé, taché, moisi, les bords déchirés, laissant la garniture se répandre à terre. Des piles de linge et des tas de détritus étaient posés sur un autre matelas chevauchant celui où Danielle vivait. À l'exception d'une table avec une petite télévision, il n'y avait aucun autre meuble dans le réduit, guère plus grand qu'un placard.

Lorsque Holste sortit Danielle de la maison, elle ne portait qu'une couche dégoulinante, et les quelques vêtements présents dans la maison étaient si sales et moisis qu'ils ne pouvaient être portés. Il l'enveloppa dans une couverture, lui donna l'un des animaux en peluche qu'il gardait dans le coffre de sa voiture de patrouille pour réconforter les enfants apeurés, et l'emmena à l'hôpital avec l'assistante sociale.

Dans ma tête, je voyais l'agent comme le super-héros qui avait sauvé Danielle des griffes de sa méchante belle-mère, de ce taudis infâme, des colonies de cafards, des piqûres d'insectes, de l'urine des chats et des crottes de chiens, de la fumée de cigarette, des cheveux emmêlés infestés de poux, du manque de vêtements, de jouets et de nourriture convenable. Elle était alors une petite fille de presque sept ans, qui ne parlait pas, ne portait qu'une couche sale et vivait recluse dans un placard répugnant et sur un matelas souillé.

Il avait fallu tout ce malheur, l'agent Holste et la personne qui avait passé ce dernier coup de fil au numéro vert avant qu'une décision appropriée fût prise et que Danielle fût enfin extirpée du trou infernal où elle souffrait depuis bientôt sept ans.

L'indifférence de cette mère au bien-être de sa fille et son habileté à tromper le système s'étaient additionnées aux dysfonctionnements du DCF de Floride ; on avait failli créer un nouveau cas d'enfant retrouvé mort après être passé entre les mailles du filet.

Mais Danielle n'était pas *passée* entre les mailles du filet. On l'y avait précipitée : sa mère, ses frères et l'agence chargée de la protection de l'enfance. Pendant les sept premières années de sa vie, cette petite fille n'existait nulle part que dans son propre monde. Et sûrement celui-ci était-il préférable à celui dans lequel sa mère l'avait emprisonnée.

8

Dans le système

Nous en étions à la huitième page du dossier, qui en comportait quatorze. J'avais l'appétit coupé, et m'excusai pour me rendre aux toilettes afin de faire une petite pause.

Je me passai de l'eau sur le visage et me regardai dans le miroir, au-dessus des lavabos. L'idée me vint alors que, si nous adoptions Danielle, elle serait la seule personne de notre famille à avoir les yeux marron. Bernie, William et moi avons les yeux bleus, ainsi que Paul et Steven.

Je ris doucement de moi. Avec tous les défis que nous aurions à relever en faisant cela, tous les obstacles à surmonter, je m'inquiétais que cette enfant puisse se sentir exclue de la famille juste parce qu'elle n'avait pas les yeux bleus ? Je m'essuyai le visage, pris une grande inspiration et retournai à table.

Bernie et Garet bavardaient comme de vieux amis, ce qui est typique de mon mari. Il sait établir des liens naturels et rapides avec les autres, que ce soit avec le vendeur du rayon peinture du magasin du coin, la caissière du supermarché, le nouveau pasteur d'une église ou une petite fille sur une balançoire, même plongée dans son monde.

Il était en train de cuisiner Garet – dans le bon sens du terme – sur la façon dont elle avait été conduite à s'impliquer pour cette enfant. Il voulait connaître plus de détails : où se trouvait-elle lorsqu'elle avait vu Danielle pour la première fois, qu'avait fait Danielle, qu'avait fait Garet, Danielle avait-elle eu peur, avait-elle pleuré ? Garet avait-elle rencontré l'agent Holste, pouvions-nous le rencontrer ? Comment la photo de Danielle avait-elle atterri à la Heart Gallery ? Quand pourrions-nous l'emmener chez nous ? Il se comportait comme Willie quand il est au téléphone. Tel père, tel fils. J'avais envie de poser les mêmes questions, mais je savais aussi que nous ne devions pas tarder à rentrer à Fort Myers Beach, sinon notre fils passerait la nuit debout à nous attendre.

Garet paraissait un peu dépassée par ce flot de questions ; j'en profitai pour prendre mon exemplaire du dossier et lui demander :

— Alors, où en étions-nous ?

Elle reprit sa lecture à la page huit, et nous eûmes droit à un résumé des procédures judiciaires qui avaient eu lieu depuis le moment où Danielle avait été retirée de son foyer, le 13 juillet 2005. Une audience relative à la nécessité d'un placement fut organisée dès le lendemain, conformément à la loi, comme nous l'expliqua Garet. La demande de placement fut accordée, et un tuteur *ad litem* – c'est-à-dire une personne détentrice de l'autorité légale pour veiller au bien-être d'une autre – fut désigné. Pour la première fois de sa vie, un adulte allait défendre la cause de Danielle. Je murmurai une prière de remerciement envers le système de tutelle.

En plus d'un tuteur légal, un avocat fut commis d'office à la cause de Danielle afin d'exécuter toutes les procédures juridiques à venir. Ce fut le 14 juillet que Garet eut connaissance de l'affaire pour la première fois. Elle se trouvait dans la salle d'audience pour un autre dossier, et était restée avec des employés d'autres services pour entendre parler du fameux cas dont tout le monde discutait.

Lors de l'audience suivante, le 9 août, le juge ordonna que Danielle passât une batterie de tests pour évaluer son audition, son langage, son handicap, et tout ce qui pourrait compléter son dossier. Il interdit également toute visite de l'enfant à la mère jusqu'à nouvel ordre de la Cour. Il me semblait, à moi aussi, totalement inconcevable que cette femme puisse un jour approcher Danielle à moins d'un kilomètre.

Le 27 septembre, l'agence Hillsborough Kids Inc. (HKI) et le procureur général remplirent une demande de déchéance de l'autorité parentale. Garet nous expliqua que cela signifiait que le HKI ne mettrait rien en œuvre pour tenter de réunir les deux parties de la famille. Personne, nous assura-t-elle, n'estimait que le rapprochement de Danielle avec sa mère et ses frères fût faisable.

La commission consultative fut fixée au 3 novembre, puis repoussée au 6 ; on programma le procès en février 2006, afin de donner le temps à la mère d'être suivie par un thérapeute.

Un frisson de dégoût me parcourut en lisant le dernier paragraphe de la page. Il s'agissait de la retranscription littérale (avec les fautes) d'une lettre écrite à la main par la mère et envoyée au North Care Center, le 23 mars :

« Au personnes concerné : Ma fille Danielle est une joli petite demoiselle. Je m'occupais d'elle depuis six ans quand vous me l'avez enlever. Personne dans la famille lui a fait de mal. Elle était aimer, on s'occupait bien d'elle. Elle était bien nourri et heureuse et en bonne santé. Je lui lisais des livres, je l'emmenée au parc, faire du shopping avec moi, à la bibliotèque. Je n'ai pas pu m'occupée de la maison quand j'ai commencer mon nouveau travail et j'ai été malade trois mois de bronchite. Maintenant tout est redevenu en ordre et je veux récupéré ma fille. C'est l'amour de ma vie et je pleure tout les jours quand je pense à Danielle. S'il vous plait laissez moi la revoir. J'ai besoin de savoir si elle va bien ou l'entendre au téléphone. Merci. »

Bernie leva les yeux vers Garet et prononça exactement les mots auxquels je pensais :

— Dans quel monde vit cette femme ? Comment peut-elle imaginer que quelqu'un puisse la croire ?

Heureusement, les magistrats ne la crurent pas. Je suis sûre que ce n'était pas la première fois qu'une personne sur le point de perdre son enfant se livrait à de tels mensonges. Le procès pour la déchéance de l'autorité parentale se tint entre le 21 et le 26 août. La mère, ses fils, le département de police de Plant City, le HKI, le tuteur légal et le Dr Kathleen Armstrong furent appelés à témoigner.

La demande fut acceptée à l'issue du procès, et la juge Martha Cook déchut la mère et le père de tous leurs droits parentaux en un compte-rendu de seize pages, le 21 septembre 2006. J'imaginai le marteau du juge tombant sur le bloc de bois lorsqu'elle prononça sa décision.

Cette date me rappela quelque chose. Je revins à la page de garde du rapport. Juste sous son nom complet, Danielle Ann Crockett, et à côté de sa photo, il était écrit : « Date de naissance : 21 septembre 1998. » Et en dessous : « Date du jugement : 21 septembre 2006. » Je montrai la page à Bernie, et ses yeux se remplirent de larmes, comme les miens. De toute évidence, c'était une simple coïncidence. Mais nous y vîmes le signe que Dieu envoyait à cette enfant le plus beau des cadeaux d'anniversaire, en lui ouvrant ainsi la voie vers une nouvelle vie.

9

Vérité et conséquences

Si la décision du tribunal avait libéré Danielle de sa mère, sur le plan légal, pour son huitième anniversaire, cela ne signifiait pas pour autant qu'elle se libérerait jamais des conséquences désastreuses engendrées par l'emprise de cette femme pendant toutes ces années.

La partie suivante de l'« Étude du cas de l'enfant » s'intitulait « Informations médicales et développementales ». Je sentis mon ventre se nouer et ma gorge se serrer ; nous allions maintenant être confrontés à la dure réalité de l'état physique et intellectuel de Danielle, depuis sa mise sous tutelle jusqu'à ce jour. Nous avions déjà été témoins de certains aspects de son comportement aujourd'hui même.

Les premières personnes à tester la fillette furent des membres de l'équipe de protection de l'enfance de l'hôpital de Tampa, peu après qu'elle fut retirée de son foyer. Même si cela constituait une étape décisive vers son bien-être, l'événement avait dû être très effrayant pour elle. Après avoir été arrachée à l'unique environnement qu'elle ait jamais connu, aux seules personnes qu'elle ait jamais côtoyées, après avoir vécu seule jour et nuit dans une chambre sombre et sale, Danielle fut transportée dans l'atmosphère bruyante, agitée, ultrahygiéniste et vivement éclairée d'un hôpital pour enfants. Elle y fut baignée, changée, examinée par des étrangers ; on lui donna une nourriture nouvelle et on la fit dormir dans un lit non moins inconnu. Garet nous expliqua qu'on l'avait placée dans un lit d'enfant de grande taille, avec des barreaux si hauts qu'elle ne pouvait les escalader. Je songeai avec tristesse qu'elle avait dû se sentir pour le moins perdue et désorientée, voire complètement terrifiée.

Qu'elle en ait eu conscience ou non, probablement la seule chose que souhaitait Danielle était-elle d'être prise sur les genoux de quelqu'un, comme un enfant avec sa mère, protégée, sécurisée et aimée. Au lieu de quoi, on l'interpellait, on l'aiguillonnait, on la testait. J'espérai que, pendant toute cette période d'évaluation, quelqu'un avait pris le temps de lui faire un câlin, de lui caresser les cheveux, d'embrasser son front, de lui prendre la main et de lui murmurer des mots rassurants.

Elle en avait certainement grand besoin. « Agressivité, automutilation et comportements répétitifs ont été notés par le personnel. » Son regard était fuyant. Elle n'avait pas acquis la propreté. Ses poumons, son cœur, ses mains, ses pieds et ses ongles étaient normaux. Pas de scoliose. Des bleus et des piqûres d'insectes aux extrémités. Le médecin releva un léger dysmorphisme, ainsi qu'une macrocéphalie avec grand front et un hypertélorisme apparent. Si je n'étais pas certaine de la façon de prononcer ces mots, je savais encore moins ce qu'ils signifiaient. Mais Garet avait bien fait son travail et avait pris des notes sur son exemplaire du dossier. Je fis la même chose sur le mien, même si je comptais bien me renseigner sur Internet dès que nous serions rentrés à la maison.

Le dysmorphisme consiste en une vision irréaliste de son propre corps, comme lorsque des jeunes filles maigres se voient vraiment grosses et se font jeûner pour y remédier. Nous ignorions comment Danielle avait pu exprimer ce genre de sentiment à un médecin, mais, selon Garet, il était possible qu'elle se considérât comme plus petite qu'elle ne l'était réellement.

La macrocéphalie désigne une tête anormalement large, et l'hypertélorisme une distance anormale entre deux organes ou parties du corps, souvent les yeux. Peut-être n'avais-je pas observé assez attentivement sa tête lorsque nous étions avec elle, mais cela ne m'avait pas frappée, et même si ses yeux étaient légèrement écartés, cela ne m'avait rien inspiré d'anormal. Alors que nous étions en route pour retrouver Garet au restaurant, Bernie et moi avions au contraire commenté le fait que Danielle était jolie, bien plus que sur la première photo d'elle que nous avions vue.

Le médecin demanda d'autres tests : chromosomique, dépistage du X fragile, génétique. Ses conclusions relataient que si les difficultés comportementales et développementales de Danielle semblaient avoir une origine héréditaire, il croyait néanmoins qu'une grande partie de son retard était due à la négligence environnementale.

Des pédiatres développementalistes virent aussi Danielle ; ils estimèrent que son développement au niveau physique – c'est-à-dire l'ensemble de ses capacités motrices –, ainsi qu'au niveau du langage et de la socialisation, accusaient un retard qui la ramenait au stade d'un enfant de quatre à six mois.

Ce fut un coup de poing dans le ventre. J'essayai de me rappeler ce que pouvait faire un bébé de quatre mois, mais des années s'étaient écoulées depuis que j'avais fait les miens, et la première passe si vite qu'on a à peine le temps d'écrire un événement marquant dans l'album de bébé qu'un autre se produit déjà. Il n'y avait eu que peu d'événements marquants à noter dans la vie de Danielle, et je suis sûre qu'aucun album de bébé ne se trouvait dans la maison de sa mère.

Ce fut la même équipe qui questionna la mère. Celle-ci leur raconta que Danielle n'avait jamais parlé, ne savait pas manger, et n'avait jamais vu un médecin. Jamais ? Je n'arrivais même pas à l'imaginer. Moi qui étais si scrupuleuse avec les vaccins et les visites de contrôle… Je gardais tous les rapports médicaux des garçons dans des dossiers, ainsi que toutes les ordonnances et comptes-rendus des inévitables visites aux services d'urgence, ce qui est le lot de tous les parents, au même titre que les coups de crayon sur les murs ou les taches de jus de fruits sur le canapé.

Nos garçons étaient en bonne santé et se développaient conformément aux moyennes de leur âge. Comment cette femme avait-elle pu ne pas emmener sa fille chez un médecin en voyant qu'elle ne prononçait pas un mot à deux ans ? Et Danielle n'était-elle jamais tombée malade ? Jamais de mal de gorge, d'otite ou de mal de ventre ? Apparemment, la mère avait déclaré ne jamais s'être inquiétée pour la santé de sa fille.

Elle avoua qu'elle préférait ne pas la faire sortir parce qu'elle craignait d'avoir des ennuis, en rapport avec son inadaptation au système scolaire. Elle prétendit également que Danielle marchait à un an et demi, et qu'elle était alors capable de prononcer trois ou quatre mots, dont « maman », « aime », et « frère ».

Garet nous regarda et hocha la tête. Mon sentiment était plutôt que si la fillette était capable de parler, elle l'aurait fait avec Garet, M. O'Keefe ou Mme Perez. Or, jusqu'ici, ça n'avait pas été le cas.

Plus tard, la mère contredit ses déclarations précédentes et déclara que Danielle savait manger toute seule, même si son régime se limitait à tout ce qui pouvait se manger avec les doigts, aux aliments en conserve comme des raviolis (qu'elle devait donc également manger avec les doigts), et à tout ce qu'elle pouvait boire dans son gobelet à bec.

À la fin du mois de juillet, alors qu'elle était encore à l'hôpital, le Dr Kathleen Armstrong, directrice du service de santé pédiatrique à l'Université de Floride du Sud (USF), évalua à son tour Danielle. Ce fut Garet qui emmena l'enfant à ces rendez-vous. Elle nous expliqua que normalement on faisait passer ces tests par une myriade de médecins, mais le Dr Armstrong est une experte des traumatismes sévères reconnue dans tout le pays, et l'hôpital de Tampa la recommandait pour cette mission.

Garet conduisit donc Danielle à l'USF et marcha avec elle jusqu'au bâtiment du Dr Armstrong en lui tenant la main pour éviter qu'elle ne file comme une flèche, ce qui était un de ses jeux favoris. La salle d'attente jouxtait la salle de pause, et la petite fille ne se priva pas de l'arpenter en tapant sur les machines à café, ou en déplaçant les chaises, sans jamais cesser de bouger. Une employée du Dr Armstrong prenait son déjeuner dans la salle de pause, et avait devant elle une assiette de poulet froid. Danielle se dirigea vers elle, prit une cuisse de poulet, la mit dans sa bouche, et regarda Garet, puis la dame, qui se mit en colère.

— Éloignez votre fille de mon repas ! lança-t-elle, furieuse.

Le problème avec Danielle, nous confia Garet, c'était qu'à moins de l'observer attentivement ou de la voir en pleine crise on ne remarquait pas forcément qu'elle était handicapée. Les médicaments qu'elle prenait avaient beau la faire baver et tirer la langue d'un côté de sa bouche lorsqu'elle était fatiguée, elle ne ressemblait pas à un enfant trisomique, et elle n'était pas en chaise roulante. On pouvait donc aisément la prendre pour une petite fille très mal élevée – ce que pensait certainement la dame de la salle de pause. Vous n'imagineriez pas que cette dame ait encore voulu du poulet après qu'il fut passé dans la bouche de Danielle ? Ce fut pourtant ce qui se passa. Garet reprit donc la cuisse de poulet des dents de Danielle, la rinça, et la reposa sur l'assiette de la femme.

Bernie s'étouffa quasiment de rire en entendant le récit de cette anecdote, et ce dut être la première fois que je souris depuis que nous lisions le rapport. Nous visualisions tous deux Danielle avec sa cuisse de poulet dans la bouche, probablement avec le genre d'expression qu'affichent nos chiens quand ils se sont emparés d'un objet interdit. Mais ce moment d'humour fut bref, car les informations qui suivirent n'avaient, elles, vraiment rien de drôle.

Le rapport du Dr Armstrong comportait des observations de l'hôpital ainsi que les contributions de Garet. Il indiquait que Danielle mangeait comme un bébé, qu'elle acceptait un biberon de lait et quelques autres aliments que l'on devait porter à sa bouche. Son sommeil était irrégulier, et elle faisait deux siestes par jour, entre trente et soixante minutes chacune. Ce détail me sembla positif. Les siestes de mes fils constituaient autrefois le meilleur moment de mes journées, et les petits diables avaient cessé d'en faire bien avant que j'aie moi-même renoncé à ce moment de calme.

On décrivit Danielle au Dr Armstrong comme une petite fille renfermée, qui n'initiait pas de contact. À l'hôpital, elle commença par manifester des comportements dits d'autostimulation, comme se cogner la tête, la balancer d'un côté et de l'autre, battre des mains, couplés à une aversion pour le regard et unc fuite en cas de tentative de contact. Après plusieurs jours, le personnel hospitalier remarqua qu'elle croisait brièvement le regard de certains et acceptait des accolades. Mais, disaient-ils, « elle déambule dans la salle de jeux ou dans les couloirs de l'hôpital sans but précis. Elle ne sait pas utiliser un crayon ou une cuillère. Elle ne sait pas empiler des cubes. Elle ne coopère pas au moment de s'habiller et ne sait pas se servir d'un verre. Elle rit et profère parfois des sons proches du babillage, mais reste silencieuse la plupart du temps. Elle ne suit pas les ordres, même simples ».

Le passage suivant combinait deux méthodes d'évaluation différentes afin de mesurer où en était Danielle dans certaines fonctions et capacités. Le résultat était édifiant, c'est le moins que l'on puisse dire.

Motricité globale : 20 mois
Réception visuelle : 4 mois
Motricité fine : 9 mois
Langage réceptif : 2 mois
Langage expressif : 6 mois
Âge physique : 20 mois
Âge d'autonomie : 6 mois
Âge social : 4 mois
Âge académique : 6 mois
Âge de communication : 2 mois

Je me demandai si je faisais la même tête que Bernie : un mélange de choc, de tristesse et de colère. J'avais l'impression de me faire rouer de coups.

L'évaluation suivante avait été faite presque un an après sa mise sous tutelle. Danielle vivait alors dans une famille d'accueil médicalisée depuis neuf mois, fréquentait la classe de M. O'Keefe depuis sept mois, et avait presque huit ans. Mais même alors, c'était à peu près la même chose : « Elle se met à pleurer et à crier sans raison. Elle ne sait pas manger seule. Ne sait pas parler. Marche sur la pointe des pieds. Ses fonctions cognitives, sa communication, ses interactions sociales et émotionnelles, ainsi que son niveau d'autonomie, sont sévèrement retardés. Elle se déplace dans la pièce au gré de ses stimuli, en émettant des sons proches de ceux d'un avion. »

Je cherchais désespérément une lueur d'espoir, que je trouvai dans les phrases suivantes : « Danielle se concentre brièvement sur les visages et semble distinguer ceux qui lui sont étrangers. Elle commence à reconnaître les objets. Par exemple, elle porte encore des jouets à sa bouche, mais elle n'essaie pas de les manger. Présence de certains signes évoquant l'autisme, sans délires ou hallucinations manifestes, cependant. Elle ne semble pas être psychotique. Elle ne parle pas du tout et ne paraît pas posséder les compétences nécessaires à la parole, bien que son assistante sociale ait mentionné qu'elle est capable de dire quelques mots. » Cela me parut plutôt positif, et je vis le visage de Bernie se détendre quelque peu.

Enfin, au paragraphe suivant, qui était un compte-rendu d'éducation datant de novembre 2006 – le début de la seconde année de Danielle dans la classe de M. O'Keefe –, elle était décrite comme « une petite fille joyeuse, active et affectueuse ». Même après avoir passé si peu de temps avec lui, j'aurais juré reconnaître là les mots de M. O'Keefe. Je sentais qu'il s'agissait d'un homme plein de foi et d'empathie, qui croyait que tout était possible. Il expliquait les limites de Danielle et les défis qui l'attendaient, mais d'une manière aimante et positive.

« Elle apprécie les mouvements répétitifs avec des jouets ou d'autres objets trouvés dans la salle de classe. Elle aime également utiliser des jouets sonores pour faire du bruit. Danielle ne reste pas assise naturellement pendant tout un repas, mais elle y parvient si elle est étroitement accompagnée d'un adulte de confiance qui l'y encourage verbalement. Elle peut courir, escalader… Elle a de rares épisodes de cris et de pleurs, où elle devient très agitée… Socialement, elle sourit souvent, soutient brièvement le regard et montre qu'elle reconnaît les personnes qui s'occupent d'elle. Elle semble se sentir à l'aise parmi ses pairs dans la plus grande partie de son environnement scolaire. Elle exprime ce qu'elle éprouve par des vocalisations comme les pleurs ou le rire. »

Enfin de bonnes nouvelles ! Je me sentais pleine de reconnaissance en entendant le moindre mot d'espoir.

« Conséquemment au handicap de Danielle, ses capacités cognitives sont inférieures à celles requises pour un programme d'études normal. Elle a besoin d'une surveillance permanente pour l'empêcher de se mettre dans des situations dangereuses, comme le fait de grimper partout ou de courir vers un danger potentiel… Elle a besoin d'assistance pour participer à toutes les activités scolaires, sociales ou quotidiennes. Les aptitudes de communication de Danielle, tant expressives que réceptives, sont lourdement retardées. Elle possède une compréhension limitée du vocabulaire basique. Elle a du mal à exécuter les consignes, à suivre une activité et à faire des choix. »

Les mots dansaient devant moi sur le papier, et je me rendis soudain compte que les larmes débordaient de mes yeux pour tomber sur la feuille. Cette journée m'avait fait l'effet de véritables montagnes russes émotionnelles. L'excitation de la rencontre avec cette enfant, avec ceux de sa classe, son comportement déroutant, le contact immédiat de Bernie avec elle, mon malaise en changeant sa couche, et notre soulagement de voir qu'elle était entourée de personnes comme M. O'Keefe, Mme Perez, et surtout Garet, son ange gardien. Et, pour finir, quatorze pages exténuantes de bon, de très mauvais, et d'horreur pure.

Ce qui me porta le coup le plus rude dans le rapport fut d'apprendre que le DCF avait été amené chez elle deux fois et l'avait laissée là. Outre l'évidente négligence – évidente pour tous, sauf pour le DCF, apparemment –, je me demandais s'il était arrivé quelque chose à Danielle quand elle déambulait sans défense, presque nue, sous la « surveillance » de son frère légèrement attardé.

En quoi les choses auraient-elles été différentes si le DCF avait pris Danielle en charge à l'âge de trois ou quatre ans ? Et si, au moins, la mère avait été obligée de suivre un cursus parental ou de l'emmener chez un médecin ou un orthophoniste ?

Au lieu de quoi, la fillette avait passé trois années supplémentaires sans le moindre soin médical, sans la moindre éducation. Pendant trois années de plus, elle avait été privée d'amour, d'affection, de sécurité, de protection, de confort, de nounours, de câlins, de berceuses, d'histoires pour s'endormir, de baisers au réveil, de soleil sur sa peau et du chant des oiseaux.

J'avais du mal à imaginer comment elle avait pu survivre à cela. En lisant l'étude de son cas et en entendant les informations complémentaires de Garet, nous étions sidérés qu'elle ait vécu assez longtemps pour que sa photo finisse par arriver sur le tableau du GameWorks, ce jour-là.

En voyant la tendresse de Garet à son égard, la façon dont M. O'Keefe et Mme Perez s'étaient attachés à elle, et en entendant parler de l'agent Holste, je commençai à croire que nous faisions partie d'une grande aventure. J'avais lu ces histoires de bébés qui avaient fini par mourir dans des orphelinats roumains de l'absence de contact humain. Ces enfants étaient uniquement changés, lavés et nourris, mais on ne leur avait donné ni amour, attention ou espoir, et ils s'étaient laissé dépérir. Danielle non plus n'avait pas reçu tout cela, et pourtant elle avait tenu bon. Pourquoi ? Pour nous ?

10

La liberté des papillons

La dernière page du rapport était celle des signatures : celle de la personne qui l'avait rédigé ; celle de Garet White, attestant qu'elle l'avait lu et approuvé ; celle de sa supérieure hiérarchique et du chef de cette dernière. Nous n'avions plus qu'à apposer les nôtres sous les mentions « mère adoptive potentielle » et « père adoptif potentiel ».

À ce stade, nous pouvions décider de nous retirer. Nous aurions pu payer l'addition du repas, remercier Garet du temps qu'elle nous avait accordé, lui souhaiter bonne chance dans sa recherche d'un foyer pour Danielle et rentrer dans notre maison calme et bien rangée où vivaient un garçonnet paisible, trois petits chiens et un chat paresseux qui ne se réveillait que pour suivre les rayons du soleil et rentrer avec nous, le soir venu. Personne ne nous aurait jugés ou ne nous en aurait voulu.

Lors de notre première rencontre avec Garet, à son bureau, avant de nous rendre à l'école, elle nous avait expliqué que la procédure habituelle consistait à lire le dossier de l'enfant aux parents « potentiels » en s'enregistrant, de leur en donner une copie et de recueillir leurs signatures avant la rencontre avec l'enfant. Mais elle savait bien qu'en l'occurrence les conditions n'étaient pas tout à fait habituelles. Elle avait donc parlé à ses supérieurs, qui avaient accepté, dans notre intérêt comme dans celui de Danielle, que nous la rencontrions d'abord, au vu des spécificités de son cas. Ils estimaient qu'il était impossible d'exprimer correctement les difficultés de cette fillette sur le papier, et qu'il était important pour toute famille candidate de la rencontrer et de l'observer sur le terrain. Ils pensaient que Danielle ne se rendrait pas compte que nous étions là dans l'éventualité de l'adopter, et que, par conséquent, elle ne serait pas déçue par notre éventuel renoncement. Nous ne serions que deux personnes de plus qu'elle aurait croisées au cours de sa vie.

Bernie et moi échangeâmes un regard et tendîmes la main vers le stylo en même temps. En bon gentleman, il me laissa signer la première. En réalité, nous savions que cet acte ne nous engageait pas définitivement, tout comme nous savions que l'appellation « parents potentiels » ne garantissait pas que nous aurions Danielle. Il s'agissait plutôt de s'impliquer dans la suite des étapes, et nous verrions bien ce qu'il en ressortirait. Malgré tout, j'eus la chair de poule en voyant nos signatures sur le dossier. Et je priai pour que Bernie ne me tape pas dans la main en signe de victoire.

Tandis que nous rangions les papiers, Garet nous suggéra de relire l'étude de cas et de faire des recherches sur Internet au sujet du développement du cerveau et de la parole chez les enfants. Elle nous indiqua que nous disposions de soixante-douze heures pour décider de rendre une nouvelle visite à Danielle, mais que, légalement, nous devions attendre vingt-quatre heures avant de notifier notre décision, quelle qu'elle soit. Bernie et moi regardâmes notre montre : il était 16 h 05.

Ce fut presque en courant que nous rejoignîmes notre voiture sur le parking. La circulation est infernale autour de Tampa aux heures de pointe. Nous avions hâte de rentrer à Fort Myers Beach, de nous asseoir sur notre terrasse et de regarder le soleil se coucher.

Nous discutâmes pendant tout le trajet du retour : de Danielle, de Mme Perez et de M. O'Keefe, de l'agent Holste et du DCF de Floride. Comme Garet l'avait dit, par indifférence ou par incompétence, ils avaient vraiment « merdé ». Je questionnai Bernie sur la discussion qu'il avait eue avec Garet lorsque j'étais allée reprendre mes esprits aux toilettes. Il lui avait demandé comment elle en était venue à travailler dans ce domaine et comment elle avait rencontré Danielle. Mon mari aurait fait un très bon enquêteur, s'il l'avait voulu. Il excelle dans l'art de faire parler les gens, et sait se montrer si engageant et désarmant qu'avant même de vous en rendre compte vous êtes pris dans ses filets.

Il s'avéra que Garet avait elle-même été adoptée, et qu'elle l'avait toujours su. Elle rencontra même sa mère biologique lorsqu'elle fut plus grande, et elle eut un bon contact avec cette femme, mais continua à considérer que ses parents étaient ceux qui l'avaient élevée. Elle venait de Cleveland, mais suivit sa scolarité à Bell Buckle, dans le Tennessee, puis à Philadelphie. Après le lycée, elle alla à l'université de Boston, et fit ensuite des allers et retours entre New York et Los Angeles pour tenter une carrière de comédienne. J'en fus assez surprise. Elle était si réservée que j'avais du mal à l'imaginer être le centre de l'attention de tous, sur une scène.

Finalement, elle retourna à l'université pour étudier la sociologie et la psychologie. Ses diplômes en poche, elle travailla dans divers services sociaux, mais lorsqu'elle eut son fils – qui a aujourd'hui six ans –, elle eut envie de travailler auprès d'enfants en difficulté. C'est ainsi qu'elle rejoignit l'une des trois agences privées sous l'égide de Hillsborough Kids, Inc. Le HKI reprenait beaucoup de cas du DCF, après quelques incidents fortement médiatisés durant lesquels des enfants avaient été « perdus ». Ce département était censé enquêter pour établir des rapports de maltraitance ou de négligence d'enfants, déterminer la validité de ces rapports, puis transmettre le tout à la police et aux agences privées. À en juger la façon dont ils avaient traité le cas de Danielle, j'étais surprise qu'ils aient encore le droit de remplir cette mission.

Si Garet voulait travailler auprès d'enfants en difficulté, elle en trouva une mine inépuisable dans les services de protection de l'enfance et des familles d'accueil : des petits physiquement, sexuellement ou psychologiquement maltraités par leurs parents ; négligés, comme Danielle ; ou tout simplement abandonnés.

Garet avait raconté à Bernie qu'elle se trouvait dans la salle d'audience le jour de l'instruction de

Danielle, c'est-à-dire le lendemain du jour où elle avait été emmenée à l'hôpital de Tampa. L'audience à laquelle participait Garet terminée, elle décida de rester pour voir ce qu'il allait advenir de cette petite fille. Photos de la police à l'appui, le DCF décrivit l'état de la maison et de l'enfant, à la stupeur générale. Garet demanda à l'huissier de questionner le juge sur le centre où Danielle serait accueillie, et il se révéla que c'était celui où elle-même travaillait. Elle demanda alors au juge si elle pouvait se charger du dossier, sous réserve de l'accord de son supérieur ; apparemment, ce n'était pas la façon dont les choses étaient censées se passer, et il s'agissait d'une entorse évidente au protocole. Mais, pour une raison inconnue, confia Garet à Bernie, elle se sentait attirée par cette petite fille qu'elle n'avait même pas rencontrée. Elle appela donc sa supérieure, qui appela le sien, et obtint leur accord. Cependant, elle écopa d'une réprimande de la part de son agence du DCF. Je remerciai intérieurement cette femme pour son courage en écoutant le récit de Bernie. Si elle n'avait pas pris le risque de froisser sa hiérarchie et le DCF, qui sait où Danielle aurait atterri ?

En quittant la salle d'audience, Garet fila directement à l'hôpital et trouva Danielle au bureau des infirmières, dans l'un des petits chariots destinés aux enfants. On lui faisait manger du gâteau au chocolat, et la fillette en avait partout autour de la bouche. La situation était assez délicate pour le personnel. Avec déjà beaucoup de patients à gérer, ils se retrouvaient soudain à prendre en charge cette petite fille qui ne parlait pas, ne mangeait pas toute seule, n'était pas propre et se promenait partout en poussant des cris d'animaux. Sous les piqûres d'insectes, les cheveux emmêlés, la peau blême et les yeux fuyants, on voyait malgré tout que Danielle était jolie, mais Garet avoua à Bernie qu'on avait l'impression d'être devant une personne vide. Et quand celle-ci portait son regard autour d'elle les gens semblaient invisibles à ses yeux.

Une fois que Garet eut montré ses papiers aux infirmières, elle demanda si elle pouvait emmener Danielle en promenade. L'équipe accepta avec enthousiasme, et la petite fille se retrouva bientôt dans un petit chariot, déambulant à travers l'hôpital. Le thème de la section pour enfants est la vie des poissons ; certains sont peints sur les murs et sur le sol, d'autres vivants dans de grands aquariums. Garet s'arrêta pour en montrer un à Danielle, mais elle ne parut ni l'apprécier ni même le remarquer. La gestionnaire de cas poussa alors le chariot vers une grande fresque représentant des papillons, qu'elle montra du doigt en expliquant à Danielle :

— Ce sont des papillons, et ils sont beaux, comme toi. Ils volent dehors, sous les rayons du soleil, comme tu le feras un jour.

Bernie interrompit son récit. Je levai les yeux vers lui, et vis qu'il suffoquait. Je posai une main sur son bras et lui demandai ce qui se passait. Il m'expliqua ce que Garet lui avait dit : après avoir vu les papillons, Danielle avait levé les bras en l'air pour être sortie de son chariot. Garet l'avait alors prise dans ses bras, approchée des motifs, et la petite fille avait tendu la main pour doucement toucher les papillons peints sur le mur, avant de sourire. Bernie me raconta que c'est à ce moment-là que Garet comprit qu'il y avait toujours une enfant vivante à l'intérieur de ce corps ; elle se promit alors de tout mettre en œuvre pour lui trouver une famille capable de lui fournir l'amour et le soin dont elle avait toujours manqué.

Elle confia de plus à mon mari que, au sein du service d'adoption, elle était la seule à penser que Danielle puisse un jour être adoptée ; elle demeurait étrangement persuadée que cela était faisable, et croyait déjà que quelque part un foyer l'attendait. Elle savait que ce serait dur, mais pas impossible.

Bernie rit en l'entendant. Garet reconnut qu'elle n'aurait jamais cru dénicher cette fameuse famille dans une salle GameWorks, ou que le premier lien puisse se nouer grâce à l'horrible photo prise le jour de l'admission de Danielle à l'hôpital. Tous les employés des services sociaux et de la Heart Gallery qui étaient de service ce jour-là pensaient que nous étions un peu fantasques.

En plus de l'étude du cas, Garet nous avait donné des copies des documents juridiques entre la première audience, la confirmation de procédure de déchéance de l'autorité parentale et jusqu'à ce jour, ainsi que des copies des examens médicaux et évaluations de Danielle et des membres de sa famille. D'épais traits noirs recouvraient le nom de la mère. Nous supposâmes que son nom de famille était le même que celui de Danielle, sans pouvoir toutefois en être sûrs.

Je tombai sur un exemplaire du dernier rapport de maltraitance – celui qui avait abouti à l'enlèvement de Danielle de sa famille – et sur des photocopies des photos de la maison prises par la police, ce jour-là. Ce fut la goutte d'eau qui fit déborder le vase de mes émotions, et je n'eus plus qu'une envie : rentrer et retrouver Willie.

Je me tournai vers Bernie, qui se repassait à voix haute la scène dans la classe à la façon d'une reconstitution historique. Il était épaté par le contact qu'il était parvenu à établir avec Danielle grâce au Slinky et à la balançoire, et était convaincu qu'elle avait elle aussi établi ce contact.

— Diane, elle m'a regardé dans les yeux ! Ils disent qu'elle n'avait jamais fait ça avec un inconnu avant moi. Ils en pleuraient ! C'était incroyable.

S'il croyait qu'elle avait établi un contact avec lui, alors je voulais bien le croire, moi aussi. J'étais heureuse de voir son enthousiasme ! Que de chemin il avait parcouru depuis la fois où il m'avait déclaré que j'étais folle de vouloir amener un autre enfant chez nous ! Maintenant, c'était probablement lui le plus fou des deux.

Dans notre couple, c'était moi la pragmatique. J'avais besoin de me faire une idée réaliste de la façon dont l'arrivée de cette petite fille dans notre foyer allait nous affecter, et tout particulièrement Willie, à qui l'on avait vendu l'idée de l'adoption comme la perspective d'avoir un camarade de jeux. Quels jeux Danielle pourrait-elle jamais partager avec lui ? Elle nécessiterait une attention permanente, ce qui impliquait que Willie en aurait moins. Il avait beau être d'une nature douce, attentive, patiente et généreuse, la nouvelle venue ne deviendrait-elle pas un tel fardeau qu'il finirait par lui en vouloir ?

Nous ne pouvions pas prendre une telle décision sans l'avis de notre fils. Son sentiment serait déterminant, et il devait donc être informé presque autant que nous l'étions. Certains détails étaient trop durs à entendre et presque impossibles à comprendre pour un garçon de neuf ans. Toute sa vie, Willie n'avait connu que l'amour autour de lui. Comment pourrait-il intégrer ce qui arrive à une petite fille qui n'en a jamais reçu ?

Il faisait déjà nuit, et nous étions proches de l'heure de son coucher lorsque nous allâmes le chercher chez Evie. Après lui avoir fait un bref résumé de notre journée et lui avoir promis de lui en dire plus lors du dîner du lendemain, Bernie et moi nous écroulâmes sur le lit, mais lui seul s'endormit. Je regardais le plafond, puis le réveil sur la table de nuit, puis de nouveau le plafond, en espérant que les pales tournoyantes du ventilateur allaient m'hypnotiser. Mais mon cerveau était en ébullition, et j'étais curieuse de découvrir ce qui se trouvait dans les autres documents. Finalement, vers 3 heures du matin – soit deux heures avant mon lever habituel –, je décidai que, puisque mon cerveau tournait à plein régime, mieux valait en faire bon usage. Je sortis du lit, me rendis à la cuisine, préparai un café, sortis les dossiers et m'installai devant la table.

Les documents du tribunal étaient longs et fastidieux à lire, et nous connaissions déjà les résultats de l'audience grâce à la synthèse établie dans l'étude de cas. Je les parcourus rapidement et m'arrêtai lorsque je repérai le nom de la mère : Michelle Crockett. Un si joli prénom pour une femme si monstrueuse.

Je repris la lecture et découvris qu'entre le début de la procédure et l'événement de la Heart Gallery, un an après, Garet était passée du poste d'assistante sociale à celui de responsable des adoptions. Cette évolution était une fois encore en faveur de Danielle. Garet avait été auprès d'elle pour lui faire faire ses premiers pas dans l'univers de l'hôpital, des examens, des tests, pour la procédure en déchéance des droits parentaux et l'accueil en milieu adapté, lorsqu'elle avait pu intégrer le système. Une fois la petite fille en sécurité dans son foyer d'accueil, Garet avait alors pu se consacrer à lui trouver une famille.

Les photos de la police se trouvaient dans une enveloppe à part. Je tentai de m'endurcir avant de l'ouvrir, mais rien n'aurait pu me préparer à ce que je découvris. Je les retournai, fermai les yeux et posai ma tête entre mes mains en appuyant fort, comme si cela pouvait faire disparaître ces images. Bernie entra alors dans la cuisine et mit une main sur mon épaule. Il prit une photo, en eut le souffle coupé et la retourna immédiatement.

— Diane, elle n'est plus là-bas. C'est du passé. Elle n'y retournera jamais, et sa mère ne retrouvera aucun droit sur elle. Elle ne lui fera plus rien.

Je savais tout cela, mais cette enfant avait vécu sept ans dans cet enfer, avec un monstre pour mère. Qu'est-ce que cela allait impliquer, sur le long terme ? S'en remettrait-elle un jour ? La sécurité était-elle suffisante ? Comment rattraper l'amour, les baisers, les câlins, les poupées, les petits chiens, les Noël et les Pâques manqués ?

J'entendis la porte de la chambre de Willie s'ouvrir, suivie de celle de la salle de bains. Je rangeai mes dossiers et commençai à préparer le petit-déjeuner, en mode pilotage automatique. Une heure plus tard, Bernie m'envoya un baiser et un « je t'aime » en franchissant la porte. Je criai à Willie de se dépêcher s'il ne voulait pas rater son bus. En attendant avec lui au coin de la rue, tandis qu'il jouait avec nos chiens, j'essayai de m'imaginer Danielle en train de faire de même. Peut-être étais-je folle, mais ça ne me sembla pas impossible à imaginer – pas après avoir vu la façon dont elle avait répondu à Bernie. Le bus arriva et s'arrêta devant nous. Willie monta à bord et agita sa main par la fenêtre pour me dire au revoir. Je lui rendis son geste en souriant, et, tandis que le bus partait dans une direction et moi et mes chiens dans une autre, je me demandai comment pouvait se dérouler toute une journée avec Danielle.

11

Une question de timing

Nous emménageâmes en Floride à l'automne 2002, trop heureux de fuir un nouvel hiver froid et pluvieux dans le Tennessee. Nous adorions le fait que Fort Myers Beach se trouve sur une île – celle d'Estero Island, au sud de la Floride, côté golfe du Mexique. Accessible par un pont à quatre voies au nord et un autre à deux voies au sud, nous nous y sentions agréablement à l'écart et retirés. Bien que l'endroit soit une destination de vacances assez prisée, il n'était pas pollué par le strass et les paillettes de Miami et n'était pas envahi de bars et de touristes, comme Panama Beach City.

Dans ce coin typique de la vieille Floride, on trouve des maisons de style colonial avec vérandas, ventilateurs de plafond et portes à moustiquaire, des plages bien entretenues, des rues étroites couvertes de sable et de petites entreprises familiales. Les visiteurs en quête de luxe y trouvent leur bonheur, mais la plupart des gens qui viennent à Fort Myers Beach sont des familles aspirant à passer des vacances simples et paisibles.

Là-bas, nous avions l'impression d'être en vacances toute l'année. Le temps y était presque toujours radieux. L'île est bordée d'un côté par la baie, et de l'autre par le golfe ; la distance entre les deux est si courte que nous pouvions aisément marcher d'un côté à l'autre. Plusieurs parcs avec des espaces de jeu agrémentaient le voisinage, que Willie affectionnait particulièrement. En cinq minutes, nous pouvions nous rendre à de fabuleux restaurants de fruits de mer, et il y avait toujours un festival ou un spectacle auquel assister dans les communes environnantes. Les garçons adoraient faire du surf et du jet-ski. Nous passions presque tout notre temps dehors.

Lorsque nous y emménageâmes pour la première fois, Paul rentrait au lycée, Steven était au collège, et Willie allait sur ses trois ans. Les établissements étaient bons, et il y avait une foule de petits jobs pour nos plus grands après l'école ou pendant les week-ends.

Pour moi, le Laguna Shores n'était pas une sous-division administrative, mais notre quartier. Une petite zone avec un mélange de bâtiments neufs et anciens, grands ou petits, tous avec de belles pelouses ou des allées de gravier, de magnifiques fleurs tropicales, d'immenses palmiers, des citronniers, des manguiers ou des bananiers. Nous pouvions littéralement récolter de quoi nous faire une salade de fruits frais chaque jour. Les résidents étaient fiers de leur maison et de leur quartier et veillaient les uns sur les autres. C'était le genre d'endroit où tout le monde saluait son voisin en l'appelant par son prénom. Les garçons pouvaient faire du vélo ou du scooter sans danger dans les rues, où circulaient presque autant de voiturettes de golf que de véhicules ordinaires.

Aucune maison n'était tape-à-l'œil, même parmi les résidences secondaires de célébrités, lesquelles n'étaient pas traitées différemment des autres gens, ce qui faisait partie du charme des lieux. Personne ne faisait vraiment attention à elles, à moins que leur jardin ne soit pas entretenu ou qu'une pile de journaux ne s'accumule devant leur porte.

Dans l'ensemble, la population était constituée de retraités venus du Nord, ce qui nous convenait fort bien. Je me suis toujours sentie à l'aise en compagnie des personnes âgées, et les parents de Bernie lui manquaient terriblement – ils vivaient toujours en Californie. Il n'hésitait pas à rendre service aux voisins lorsqu'ils avaient besoin qu'on leur répare une clôture ou qu'on leur fixe une étagère. Paul, Steven et Willie avaient autour d'eux tout un lot de papis et de mamies, trop heureux de les traiter comme leurs propres petits-enfants.

Nous nous rapprochâmes de deux couples en particulier. La première maison que nous achetâmes était dans la même rue que celle de Dorothy et Paul LaPiccola, qui avaient quitté le Michigan pour la Floride. Ce fut en promenant les chiens que je fis la connaissance de Dorothy. Comme le maire de Laguna Shores, elle connaissait tout le monde, toutes leurs histoires, et se chargeait chaque jour d'aller prendre le courrier ou de nourrir les animaux d'une bonne demi-douzaine de voisins lorsqu'ils étaient absents. C'était une femme sociable, responsable, déterminée, qui me plut immédiatement. Son mari était d'une nature plus calme, détendu, heureux de s'asseoir sur le canapé pour regarder le sport ou n'importe quel jeu à la télé, ou de faire des puzzles. Il y en avait toujours un en cours sur une des tables de leur maison.

Paul et Dorothy avaient une grande fille, qui leur avait donné cinq petits-enfants. Tous vivaient encore dans le Michigan, raison pour laquelle ils s'attachèrent si vite à notre famille. Ils chérissaient également leur chienne, Amber, laquelle possédait sa propre chambre avec un grand lit pour deux personnes. Tous les soirs, Dorothy préparait des blancs de poulet pour le dîner de l'animal.

Notre autre paire de parents/grands-parents de substitution se nommaient Doris et Bill Kenny, de Pennsylvanie. C'était lui le plus extraverti des deux.

Environ deux ans après notre installation en Floride, la maison en face de celle des Kenny fut mise en vente. Dorothy le sut avant tout le monde et nous conseilla de nous positionner sans tarder. Même si elle avait très envie de nous garder à proximité directe, l'autre maison était située sur la baie, et nous ne voulions pas manquer l'occasion de bénéficier d'une vue sur la mer. Là, nous pouvions voir les flots depuis la terrasse de l'étage, et notre propre ponton se trouvait à moins de quinze mètres en passant par le jardin. Une belle piscine couverte et un jacuzzi complétaient le tableau.

Bill était si enthousiaste que je crus qu'il allait commencer à déménager nos meubles lui-même. Il confia à Bernie que l'occasion de choisir ses voisins ne se présentait pas tous les jours, et qu'il ne laisserait pas n'importe qui emménager si près de chez lui.

Ce matin-là, les chiens et moi avions à peine parcouru un pâté de maisons lorsque nous tombâmes sur Dorothy, qui effectuait sa tournée habituelle pour nourrir chiens, chats, oiseaux, et ramasser les journaux. Elle me harcela de questions sur notre visite à l'école, et sur ce que nous avions appris.

Dorothy, Paul, Bill et Doris savaient depuis longtemps que nous pensions adopter, et, des quatre, Dorothy en était la plus surprise. Elle m'avoua même qu'elle pensait que nous avions « un petit vélo dans la tête » ! Son mari Paul et elle nous firent remarquer que nous avions déjà tout pour être heureux : notre Paul venait d'avoir son bac, Steven n'en était pas loin, William allait encore à l'école, et nous avions une maison de rêve avec piscine.

Avant notre première rencontre avec Danielle, Dorothy m'avait déconseillé de nous lancer dans cette aventure. Je lui rappelai qu'elle-même et Paul avaient adopté leur fille, et elle contra en arguant que Gayle était une petite fille de sept ans en parfaite santé lorsqu'ils l'avaient accueillie.

Après notre visite à Danielle, je donnai à Dorothy les premières informations à ce sujet : comment l'enfant avait joué avec Bernie ; comme Garet, M. O'Keefe et Mme Perez étaient des gens formidables ; l'amélioration de l'état de Danielle par rapport à la photo que nous avions vue, son énergie, etc. Par chance, mon téléphone portable sonna avant que mon interlocutrice ait le temps de me poser davantage de questions. Sauvée par le gong !

Je lui fis un petit signe d'au revoir et répondis à Bernie qui voulait savoir si j'avais trouvé de nouvelles infos en épluchant le dossier. Je lui expliquai que j'étais justement en route vers la maison pour le faire, afin d'avoir terminé avant que Willie ne rentre de l'école, à 15 heures. Habituellement, Bernie rentrait du travail vers 16 heures, mais il m'annonça qu'il se passerait cette fois de déjeuner afin de pouvoir rentrer plus tôt, pour que nous ayons le temps de discuter.

Assise devant ma table de cuisine, j'entamai la lecture du témoignage du Dr Kathleen Armstrong, la psychologue à laquelle Garet avait confié l'évaluation de Danielle. Elle travaillait à l'USF – là où avait eu lieu l'incident de la cuisse de poulet volée. Le Dr Armstrong avait témoigné en tant qu'« experte en psychologie de l'enfant ». Elle relatait avoir examiné Danielle en octobre 2005, et l'avoir trouvée dans un état « pitoyable ». Après un rapide examen des lignes suivantes, je compris la pertinence du terme « pitoyable », et fouillai dans le pot à crayons pour y prendre un surligneur fluo. Bernie avait tendance à survoler les choses qu'il ne voulait pas voir, et je devais m'assurer qu'il aurait une bonne vision du tableau, même si celui-ci était sinistre.

« … l'enfant déambule dans la pièce sans manifester le moindre signe de communication avec les personnes présentes, incapable d'utiliser des gestes ou des signes pour exprimer ses pensées ou ses sensations. Elle profère des sons gutturaux, ne montre aucune attitude de jeu « fonctionnel » et ne parvient à communiquer ni avec le Dr Armstrong, ni avec qui que ce soit pendant les deux heures d'examen… l'enfant ne répond pas à son nom… elle ne s'intéresse pas aux autres… est petite pour son âge… marche sur la pointe des pieds (ce qui est une forme d'immaturité neurologique), et témoigne très peu d'expression émotionnelle… elle « pique une crise » si quelqu'un essaye de la toucher… L'enfant porte une couche (à sept ans) et ne sait pas manger toute seule. Elle sait boire au biberon, mais s'étouffe quand on la fait manger. »

Bernie et moi avions vu sa curieuse façon de marcher sur la pointe des pieds, ainsi que son mouvement permanent. Nous étions au courant pour la couche et savions qu'il fallait la faire manger. Nous avions entendu ces sons gutturaux, ainsi que d'étranges couinements d'animaux. Mais nous avions aussi vu la différence entre le moment de l'examen effectué par le Dr Armstrong et celui où nous l'avions rencontrée dans la classe de M. O'Keefe. Elle avait dépassé le stade du biberon et pouvait maintenant mâcher et avaler de la nourriture solide, pour peu qu'on la lui coupât en petits morceaux. Elle n'avait pas paniqué quand j'avais commencé à changer sa couche, du moins jusqu'à ce que je panique moi-même. Elle nous semblait plutôt grande pour son âge. Et elle avait indéniablement « communiqué » avec Bernie sur la balançoire.

Tant de progrès en un an me paraissaient plutôt prometteurs. Mais, en poursuivant la lecture, j'eus l'impression que quelqu'un éteignait toutes les lumières de la pièce, jusqu'à ce que je ne voie plus que les lignes marquées au feutre vert sur les pages dactylographiées.

« L'enfant est sévèrement à profondément retardée mentalement, évaluée en-dessous du centile 1 ; compétences cognitives au niveau d'un bébé de deux mois… compétences motrices au niveau d'un enfant de vingt-sept mois… le score global de l'enfant est de 50, attestant d'un important retard de développement ; l'enfant n'est pas autiste… pas d'éléments physiques expliquant la condition de cette enfant, pas de raisons médicales… son état pourrait être le résultat d'une négligence sévère et de diverses privations. » Le Dr Armstrong estimait que 80 % du développement se produisant pendant les cinq premières années de l'existence, le manque d'interaction précoce ou de stimulation pouvait avoir contribué à l'incapacité permanente de l'enfant de communiquer avec autrui. Elle pensait que l'enfant n'apprendrait pas à parler et son pronostic était relativement pessimiste. D'après elle, si l'enfant avait bénéficié d'une intervention plus rapide, probablement s'en serait-elle mieux sortie. Elle avait maintenant presque huit ans. Le manque de stimulation dans son environnement pendant les sept dernières années était en partie responsable de la sévérité de son état.

J'eus l'impression de recevoir un coup de poing dans le ventre ; l'air quitta brutalement mes poumons, puis la rage monta d'un coup.

« Si l'enfant avait bénéficié d'une intervention plus rapide, probablement s'en serait-elle mieux sortie. »

Cette phrase m'en rappela une autre, lue dans un article du Dr Bruce Perry, un pédopsychiatre spécialisé dans les conséquences de la négligence sévère sur le développement de l'enfant. Je l'avais enregistrée dans l'ordinateur. Soudain, les quelques mots qui résumaient sa pensée s'imposèrent à moi, comme s'ils s'allumaient en lettres géantes sur le panneau de score d'un stade : « Tout est dans le timing. »

Dans son article, le Dr Perry expliquait : « Le moment de l'existence où le cerveau est le plus sensible à l'expérience – et donc le plus facile à influencer de façon positive ou négative – se situe pendant le premier âge et la petite enfance. C'est lors de ces périodes que les expériences sociales, émotionnelles, cognitives et physiques vont façonner les systèmes neuronaux, d'une manière qui influencera leur fonctionnement pour le reste de la vie. »

Côte à côte, les scanners de deux enfants de trois ans – l'un en bonne santé, l'autre victime de sévères privations sensorielles – montraient que le cerveau de l'enfant négligé était sensiblement plus petit. L'expérience joue un rôle crucial dans le « branchement » du cerveau.

Ses différentes zones se développent, s'organisent et deviennent pleinement fonctionnelles à différents moments de l'enfance, et chacune d'elles possède son propre timing. On doit profiter de certaines « fenêtres d'opportunités » ; sans quoi, elles finiront par se refermer. Contrairement à l'idée répandue, lorsqu'une porte se ferme dans le cerveau, cela ne signifie pas qu'une fenêtre va ensuite s'ouvrir.

Au cours d'une vie, la petite enfance est la période où le développement cérébral est à son maximum. Les années vraiment cruciales pour l'acquisition du langage se situent entre deux et cinq ans, même si le terrain est préparé bien en amont par l'exposition environnementale aux mots, et par les paroles adressées directement à l'enfant.

Quel que soit l'aspect du développement de l'enfant, une stimulation précoce est essentielle. Pendant la première année, le cerveau, comme le développement biologique, sont hautement influencés par l'environnement du bébé. Durant toute la petite enfance – de la naissance à l'âge de huit ans –, les enfants doivent grandir dans un contexte attentionné et réactif qui les préserve de toute négligence, désapprobation ou punition inappropriées.

L'absence de ces expériences clés au cours du développement peut constituer le type de maltraitance le plus destructeur. Plus la négligence est précoce et marquée, plus dévastateurs seront les problèmes de développement pour l'enfant ; en sus, le degré de récupération suite à une négligence sévère est inversement proportionnel à l'âge où l'enfant a été retiré des griffes des parents démissionnaires.

Tout est donc dans le timing. En quoi les choses auraient-elles été différentes si Danielle avait été emmenée de chez elle la première fois que le DCF était venu enquêter, quand elle n'avait pas encore quatre ans ? Quand toutes les fenêtres n'étaient pas encore refermées ? Au lieu de quoi, il avait encore fallu trois années avant que Danielle soit enfin retirée de la garde de Michelle Crockett.

Si seulement sa mère l'avait frappée ou si son frère l'avait mordue, me surpris-je à penser. La maltraitance est plus facile à reconnaître que la négligence. Du moins jusqu'à ce que cette dernière devienne absolument incontestable, comme ce fut le cas lorsque l'agent Holste emmena Danielle loin de la maison. Mais le mal était déjà fait. Tout est dans le timing.

Bernie et moi ne pouvions rien faire pour effacer le passé ; c'était fait, comme mon mari aimait à me le rappeler. Pourtant, le timing pouvait peut-être encore jouer en la faveur de Danielle. *Notre* timing. J'avais toujours voulu adopter, mais ce n'était jamais le bon moment. J'avais vécu en mère célibataire pendant une grande partie de l'enfance de Paul et de Steven. Puis, il y avait eu Bernie, cinq garçons dans notre maison, et à peine assez d'argent, de place ou de temps pour tous. Ce n'était pas le bon timing.

Mais alors qu'ils quittaient un à un le nid familial, mon désir d'adopter n'avait cessé de croître. Durant cette période, Bernie était passé d'une opposition totale à une moindre résistance, puis d'un vague intérêt à une ouverture, qui finit par devenir son obsession.

Peut-être tout était-il réellement dans le timing. Et, à ce stade, il allait enfin jouer en faveur de Danielle plutôt que contre elle. Sa chance venait peut-être de tourner.

12

Pas à pas

Un regard à la pendule me confirma qu'il ne restait pas beaucoup de temps avant que Willie ne rentre de l'école et Bernie du travail ; je me hâtai donc de lire le reste du compte-rendu d'audience, puisque j'en connaissais déjà la conclusion.

Je lus soigneusement le témoignage de la mère, me disant qu'elle pourrait peut-être me fournir un éclairage intéressant sur Danielle, même si ce n'était pas son but. Je présume qu'elle dut faire la même chose que tous les autres témoins : poser la main sur la Bible et jurer de dire la vérité, toute la vérité et rien que la vérité. Pourtant, au moment de répondre à certaines questions, elle revendiqua son droit au silence ou mentit carrément.

Elle déclara en effet que Danielle pouvait dire « maman », « je t'aime », « manger » et « en route ! » ; selon elle, personne ne pouvait l'entendre parce que l'enfant parlait très bas et qu'il fallait vraiment tendre l'oreille. Elle affirma avoir emmené la petite au parc, sans pouvoir dire lequel. Elle expliqua que sa fille dormait souvent avec elle, sauf lorsqu'elle avait un petit ami ; dans ce cas, Danielle était installée sur un matelas par terre, collé à celui où dormait son fils de dix-neuf ans. Elle prétendit lui avoir donné des bains quotidiens et l'avoir mise sur le pot quinze à vingt fois par jour pour essayer de lui apprendre la propreté.

Hélas pour elle, le rapport mentionnait qu'elle ne constituait pas un témoin crédible en l'espèce, et que son témoignage ne pouvait être pris au sérieux.

Je passai rapidement au dernier paragraphe, « Conclusions légales », qui allait droit au but : « En conséquence des éléments précédents, la Cour estime que le Département a apporté la preuve claire et évidente que la mère Michelle Crockett doit être déchue de son autorité parentale envers l'enfant Danielle Crockett. » Affaire pliée.

J'étais en train de rassembler tous les papiers lorsque Bernie rentra, impatient d'entendre ce que j'avais découvert. Puisqu'il avait déjà une bonne idée des conditions dans lesquelles Danielle avait vécu et des raisons pour lesquelles on l'avait retirée de son foyer, je voulus lui faire partager ce que j'avais appris au sujet de la négligence, du développement de l'enfant, et surtout discuter de la façon dont nous pouvions envisager les choses. Certes, l'histoire de Danielle chipant la cuisse de poulet dans l'assiette de la dame nous avait bien fait rire quand Garet nous l'avait racontée ; mais trouverions-nous cela aussi drôle dans un restaurant, si un inconnu nous dévisageait pendant que notre fille enfournait sa côte de porc ?

Son agitation permanente était épuisante à voir, et encore plus à contrôler. Willie souffre de trouble de déficit de l'attention avec hyperactivité (TDAH), et, lorsqu'il devient surexcité, il est vraiment difficile de l'amener à se concentrer sur une tâche. Que se passerait-il avec un petit diable de Tasmanie courant autour de lui ? Comment Willie le gérerait-il ? Et moi ? Il me tape déjà sur les nerfs quand il saute dans tous les sens en touchant à tout et en faisant des commentaires incessants, du type : « J'ai vu un chien avec cinq doigts, aujourd'hui ! » Trois heures plus tard, nous en parlons encore.

Je fis remarquer à Bernie que Willie pouvait aussi l'énerver, même si ce n'était pas lui qui s'asseyait à ses côtés pour suivre ses devoirs et qui râlait lorsque sa chambre n'était pas rangée.

— Tu ne crois pas que Danielle mettrait nos nerfs à rude épreuve ? lui demandai-je.

Il secoua la tête. Non. Pour lui, c'était aussi simple que ça : non.

À ce stade, lui et moi n'étions pas tout à fait sur la même longueur d'ondes. Il pensait « c'est bon, prenons-la », sans vraiment réfléchir à tout ce que cela impliquait.

Je lui rappelai les indicateurs développementaux de l'étude de cas, qui correspondaient presque tous à ceux d'un enfant de moins d'un an. Les pédiatres avaient conclu que son développement physique – motricité globale et fine – ainsi que son langage et ses compétences sociales étaient approximativement ceux d'un enfant de six mois.

Bernie ne broncha pas. À son tour, il me rappela que ces tests avaient été effectués juste ou peu après sa mise sous tutelle. Il me rappela également que, lors de notre trajet retour de Tampa, j'avais dédaigné ces déclarations.

— Nous l'avons vue, insista-t-il. C'est toi qui as dit qu'elle avait beaucoup progressé en seulement un an d'école. C'est toi qui t'es demandé si quelqu'un avait jamais essayé de lui apprendre à aller aux toilettes, à boire dans un verre, à manger, ou si tout le monde croyait vraiment qu'on ne pouvait plus rien y faire.

L'idée de lui apprendre la propreté était une chose. Le faire en était une autre, surtout quand l'enfant concerné avait huit ans et ne tenait pas en place. Je me demandai si les fenêtres d'opportunité concernant propreté et autoalimentation étaient déjà toutes refermées, elles aussi.

J'expliquai à mon mari que les moments clés du développement d'un enfant se situaient dans les premières années de la vie. Que ce que nous apprenons lors de cette période impacte le reste de notre existence. Que ces fenêtres d'apprentissage ont une durée limitée. Et que, dans tous les aspects du développement d'un enfant, la précocité de l'expérience est capitale.

Je sortis le compte-rendu d'audience, l'ouvris à la page du témoignage du Dr Armstrong, où tous les faits alarmants étaient surlignés en vert fluo, et lui désignai la phrase « 80 % du développement se produit pendant les cinq premières années de l'existence. L'enfant n'apprendra pas à parler. »

Bernie me regarda.

— Eh bien, la bonne nouvelle, c'est qu'elle ne nous soûlera pas de paroles, comme Willie !

Mais je ne me sentais pas d'humeur à la plaisanterie, ni au sarcasme.

Il me prit les documents des mains et commença à parcourir rapidement les passages surlignés ; soudain, il s'arrêta sur l'un d'entre eux et serra la feuille entre ses doigts. Je regardai par-dessus son épaule : il se trouvait au dernier paragraphe, celui des conclusions de la Cour. « Danielle ne sait pas parler, et, en raison de ses profonds handicaps, elle semble incapable de témoigner de l'amour à autrui… La Cour n'est pas en mesure de déterminer si Danielle est capable d'établir une véritable relation avec un substitut parental ou toute autre personne. »

Je savais exactement ce que pensait Bernie, car je ressentais la même chose. Je me remémorai le premier jour où nous avions vu sa photo dans la salle de jeux vidéo, lorsque les employés de l'agence nous avaient expliqué que ce n'était pas une enfant pour nous, et qu'il ne nous en avait pas fallu davantage pour nous engouffrer dans la brèche. Je me rappelai avoir affirmé à mon mari qu'elle avait besoin de nous, et il avait immédiatement acquiescé.

Désormais, j'étais plus assaillie par le doute que lui, mais j'essayais également de me montrer plus réaliste et pragmatique. Il travaillait tous les jours ; j'étais mère au foyer. S'occuper de Danielle représenterait une responsabilité de chaque heure, de chaque jour, et une grande partie de ce temps reposerait seulement sur *mes* épaules.

Il était maintenant l'heure d'aller chercher Willie à l'arrêt de bus. Bernie m'accompagna. Il me prit la main, et nous marchâmes sans mot dire, tous deux perdus dans nos pensées. Les mots qui lui avaient sauté aux yeux tournaient en boucle dans ma tête : « Elle semble incapable de témoigner de l'amour à autrui. »

Mais comment aurait-elle pu ? De toute sa vie, elle n'avait jamais été aimée par un père ou une mère, lesquels sont les premiers à nous apprendre ce sentiment. Elle n'avait pas la moindre idée de ce que pouvait être l'amour. Peut-être qu'en étant aimée, d'un amour sincère et inconditionnel, elle apprendrait à aimer en retour.

Lorsque le bus s'arrêta, je vis le visage de mon fils par la fenêtre, inquiet de constater que ses deux parents étaient venus le chercher. Il descendit les marches précipitamment et nous demanda si quelque chose n'allait pas. Je lui répondis que tout allait bien, et que papa était juste rentré plus tôt afin que nous puissions parler de Danielle. Pendant tout le trajet jusqu'à la maison, Willie nous assaillit de questions : « Quel âge elle a ? Elle est plus petite que moi ? Elle est gentille ? Comment est son école ? Elle habite où ? »

Nous lui répondîmes le plus honnêtement possible. Je lui expliquai d'abord que lorsque nous avions commencé à envisager d'adopter, nous espérions accueillir un enfant avec lequel il pourrait jouer et se promener ; un enfant qui ne serait pas seulement un frère ou une sœur, mais aussi un ami, un compagnon. Je lui confiai ensuite qu'actuellement Danielle ne pourrait pas être ainsi. Elle avait besoin de beaucoup d'attention, de patience et d'amour, et ce ne serait pas facile. Bernie affirma à Willie qu'il compterait pour beaucoup dans notre décision, parce que nous n'étions désormais plus que trois à la maison, et que son avis était notre priorité.

Notre fils prit l'air très pensif. C'est un garçon sérieux, parfois même trop. Il était si petit pour son âge qu'il ne se bagarrait pas avec ses camarades d'école, et avait du mal à faire ses devoirs à cause de ses troubles d'hyperactivité. D'un autre côté, il pouvait passer des heures assis à fabriquer des meubles miniatures, son hobby depuis quelques années.

Mais il possédait un cœur de géant, et avait toujours été ainsi : généreux, attentif, plein d'empathie. Il aimait les animaux autant que moi et avait toujours une attention pour les enfants plus jeunes que lui à l'église. Ce n'était pourtant qu'un petit garçon d'à peine neuf ans, et je ne connais pas beaucoup d'enfants de cet âge qui ne se sentent pas le centre du monde.

Les yeux écarquillés, il nous regarda alternativement, son père, puis moi, et demanda :

— Je dois me décider tout de suite ? Je peux la rencontrer ?

Je répondis non en même temps que Bernie disait oui. Pauvre Willie ! Il semblait complètement déboussolé. Je précisai alors que non, il n'avait pas à se décider sur l'instant, mais que oui, il pourrait la rencontrer.

Bernie et moi posâmes les yeux sur la pendule en même temps. Il était 16 h 25 ; vingt-quatre heures et vingt minutes s'étaient écoulées depuis que nous avions signé le dossier de l'étude de cas de Danielle. Vingt minutes de plus que le temps minimum à partir duquel nous pouvions décider si nous voulions la revoir.

Mon mari sortit la carte de visite de Garet de sa poche et composa son numéro en enclenchant le haut-parleur. Probablement attendait-elle notre appel, car elle décrocha immédiatement.

— Garet White à l'appareil.

— Bonjour Garet, ici Bernie Lierow. Diane et moi aimerions revoir Danielle, et nous aimerions aussi emmener notre fils Willie avec nous. J'espère que ça ne pose pas de problème.

J'entendis Garet sourire à l'autre bout du fil.

— Un problème ? Mais non, au contraire, c'est fantastique. Que diriez-vous de lundi prochain ?

— Parfait ! m'écriai-je. À lundi à l'école, alors !

13

Rencontre avec la famille

Paul vint nous rendre visite pendant le week-end, et prendre des affaires qu'il n'avait pas encore emportées dans son nouvel appartement. Steven et lui nous avaient exprimé leur soutien, et en avaient fait part à l'enquêteur qui était venu au moment de la demande d'agrément. Seulement, tous deux pensaient alors que nous accueillerions un enfant « normal » : quelqu'un qui parlait, marchait et pourrait faire de la planche avec eux ou demander à regarder les films pour enfants qu'ils aimaient encore, même s'ils étaient gênés de l'admettre.

Mais ils étaient sceptiques devant l'idée de faire entrer quelqu'un comme Danielle dans notre foyer. Le mot « sceptique » est même un euphémisme, quand on pense à la réaction que Paul avait eue le soir où nous avions regardé le film *Nell* : « Vous avez perdu la tête, ou quoi ? » Ce garçon s'exprime toujours avec beaucoup d'emphase. En outre, je pense que ce n'étaient là que des questions de pure forme, puisqu'il était déjà convaincu que nous avions perdu le sens commun.

Steven, lui, ne fit guère de commentaire, ce qui lui ressemblait tout à fait. Je devinai cependant que on avis n'était pas plus favorable. Étant donné qu'il passait le plus clair de son temps avec sa petite amie ou au travail, peut-être estimait-il ne pas avoir à donner son opinion sur ce sujet.

J'annonçai à Paul que nous allions rendre une deuxième visite à Danielle le lundi suivant, et que Willie viendrait avec nous. À ma grande surprise, il me demanda alors s'il pouvait aussi nous accompagner. Bernie appela Garet pour s'en assurer, et celle-ci se montra enchantée de notre idée.

Dès le lundi, nous partîmes donc pour Tampa. J'essayai de préparer Paul et Willie à ce qui les attendait, non seulement concernant Danielle, mais aussi par rapport aux autres enfants de la classe de M. O'Keefe. Je leur expliquai que ces enfants ne pouvaient pas parler et qu'ils ne remarqueraient peut-être même pas notre présence ; que beaucoup d'entre eux se trouvaient en fauteuil roulant, dans de grands lits à barreaux ou sur des tapis de sol.

Plus nous approchions, plus Willie se tenait calme. Je lui demandai si quelque chose n'allait pas ou l'inquiétait, et il m'avoua d'une voix tremblante :

— J'ai un peu peur. Et si elle ne m'aime pas ? Si elle commence à me crier dessus ? Si elle se met à faire des trucs trop bizarres ?

Paul releva le nez de son livre et confia à son frère que lui aussi avait peur, avant de passer son bras autour de ses épaules pour le rassurer. Je notai dans un coin de ma tête de lui préparer une fournée de brownies lorsque nous serions rentrés.

Nous pénétrâmes tous les quatre dans la petite salle d'accueil de l'école, où Garet discutait déjà avec la directrice, Mme Middleton. Elle nous accueillit tous chaleureusement, particulièrement Paul et Willie. Mme Perez sortit de son bureau et nous proposa de nous accompagner jusqu'à la salle de classe.

En traversant la cour, nous croisâmes deux élèves qui semblaient avoir l'âge de Willie. Ils s'arrêtèrent pour dire bonjour à Mme Perez, qui fit les présentations.

— Les garçons, voici M. et Mme Lierow, Paul, et William.

L'un d'entre eux demanda à Willie s'il venait dans cette école ; notre fils secoua la tête négativement.

— Nous allons dans la classe de M. O'Keefe pour voir Danielle, expliqua Mme Perez.

Les garçons sourirent.

— Vous êtes sa famille ? demanda l'un d'eux avec enthousiasme.

Silence gêné.

— Non, répondit Bernie. Nous sommes des amis, et nous sommes venus passer un moment avec elle.

Cette réponse parut les satisfaire, et nous reprîmes notre chemin, Willie regardant par-dessus son épaule, comme s'il eût préféré les suivre plutôt que nous.

Mme Perez nous demanda d'attendre dans le hall, le temps de s'assurer que M. O'Keefe n'était pas trop accaparé ou qu'il n'y avait pas une crise quelconque en cours. D'un regard par la vitre, je vis Danielle en train d'arpenter la pièce, et fis remarquer que le T-shirt qu'elle portait était bien trop petit pour elle. Garet s'approcha à son tour.

— Pas étonnant, s'exclama-t-elle. C'est l'un de ceux que je lui ai achetés lorsqu'elle est sortie de l'hôpital. Elle n'avait aucun vêtement. Elle a pas mal grandi en un an.

Mme Perez ouvrit alors la porte, et nous entrâmes en file indienne – moi, Bernie, Paul, William, et Garet fermant la marche. Nous saluâmes M. O'Keefe d'un geste de la main, car il était occupé avec un élève. Paul balaya la pièce du regard, avec une expression partagée entre le choc et la curiosité. Willie avait les yeux ronds comme des soucoupes. Bernie, Garet et moi lançâmes un « bonjour, Danielle ! » joyeux et collégial, qui la fit stopper net, bien qu'elle ne nous regardât pas. Elle laissa tomber son ballon par terre, fit le tour de la table sur la pointe des pieds, comme à l'accoutumée, et vit soudain Willie. L'air déterminé, elle avança alors droit vers lui, lui prit les deux avant-bras et le fixa pendant une bonne trentaine de secondes. Pétrifié, telle une statue, notre fils soutint son regard. Puis, aussi brusquement qu'elle l'avait approché, elle lâcha ses bras et repartit. Nous étions tous stupéfaits, sauf M. O'Keefe qui sourit à Willie.

— Je crois que tu t'es fait une copine, constata-t-il posément.

Cela dissipa instantanément toute tension. Bernie avait apporté un Slinky rose avec lui, et alla voir s'il pouvait de nouveau amener la fillette à jouer avec lui. Elle le suivit sans hésiter jusqu'à la balançoire, où il la tira d'avant en arrière avec le jouet à ressort. Se souvenait-elle avoir fait cela avec lui lors de notre première visite ? Associait-elle

Bernie au Slinky et à la balançoire ? Ou bien ce jeu était-il simplement irrésistible pour elle ?

Je m'assis avec Willie et Garet pour les regarder ; mon fils n'en perdait pas une miette. À un moment, il vit un élève valide se débattre avec un jouet, se leva pour aller l'aider, puis ils jouèrent ensemble. Paul poussa les enfants en fauteuil roulant dans la classe, puis aida à les sortir du fauteuil au moment de la pause.

M. O'Keefe me demanda si je voulais changer Danielle avant le déjeuner ; je lui fus reconnaissante de me donner cette nouvelle chance. Cette fois, tout se passa sans difficulté, même si le geste était toujours aussi déconcertant. Comment les choses se passeraient-elles si elle portait toujours des couches à l'âge de la puberté ? Porterait-elle des protections d'incontinence lorsqu'elle serait adulte ?

Au moment du déjeuner, nous nous installâmes autour d'elle : Willie d'un côté, Paul de l'autre, et Bernie et moi en face pour pouvoir lui donner à manger. Après chaque bouchée, elle faisait le tour de nous quatre et nous tapotait la main tout en mâchant. Une autre bouchée, une autre tournée de caresses. Willie, Paul et Bernie rigolaient comme des collégiens. Quant à moi, craignant de rompre le charme, je me contentai de continuer de lui donner à manger, tout en ralentissant le rythme pour faire durer le plus possible cet instant de magie autour de la table. Dès que son assiette fut finie, elle bondit sur ses pieds et détala. Nous nous regardâmes alors, incrédules, comme si nous venions de sortir d'un rêve. À la table voisine, M. O'Keefe rayonnait littéralement.

Mais, malgré notre enchantement, Bernie voulait partir avant les bus scolaires de Tampa et éviter l'heure de pointe. Le pont qui mène à Estero Island a beau avoir quatre voies, il débouche sur une route à deux voies qui parcourt l'île du nord au sud. De 16 à 18 heures, chaque jour, elle prend des allures de parking tant elle est embouteillée.

Cette fois, Garet n'eut pas besoin de nous demander si nous souhaitions revenir pour une troisième visite ; nous devions néanmoins respecter la procédure et attendre vingt-quatre heures avant d'appeler pour la programmer. Nous rassemblâmes nos affaires et saluâmes M. O'Keefe. Willie alla voir les deux élèves avec lesquels il avait joué, et Paul fit le tour des auxiliaires de la classe. Pendant ce temps, Danielle continuait à arpenter la pièce. Nous répétâmes plusieurs fois « au revoir, Danielle », mais elle nous ignora. Et, contre toute attente, lorsque Garet ouvrit la porte afin de nous laisser sortir, elle se hâta soudain vers nous, comme elle l'avait fait avec Willie le matin. Sauf que sa cible était cette fois Paul. Elle passa ses bras autour de lui pour lui donner une accolade, plongea ses yeux dans les siens, puis partit en courant. Nous éclatâmes de rire devant la mine hébétée qu'il arbora alors.

Mais une fois assis dans la voiture, ce grand garçon craqua. Il n'avait jamais vu d'enfants aussi handicapés que ceux de la classe de M. O'Keefe. Sa tête entre les mains, il commença à sangloter. Démunie, je me contentai de me retourner pour lui toucher affectueusement un genou, tandis que

Willie lui tapotait l'autre. Bernie gardait les yeux braqués sur la route, et jetait de temps en temps un coup d'œil à Paul dans le rétroviseur. Quand celui-ci parvint à se ressaisir, il releva la tête, les yeux rougis et les joues mouillées, et nous déclara :

— Je ne savais pas ! Danielle a tant de chance par rapport à ceux qui ne peuvent pas marcher ou bouger la moindre partie de leur corps.

La vérité sort de la bouche des enfants, même quand ils ont vingt et un ans. Nous restâmes tous silencieux, à méditer cette réflexion. Vu sous cet angle, il avait entièrement raison : Danielle avait de la chance.

Ce soir-là, au lit, Bernie et moi discutâmes longuement de la façon dont elle s'était comportée avec nos enfants, et dont elle avait touché nos mains une par une, pendant le déjeuner. M. O'Keefe avait affirmé ne l'avoir jamais vue faire ce genre de chose. Qu'est-ce que cela signifiait ? Peut-être Dieu veillait-il sur elle depuis le début, suggérai-je à Bernie. Il lui avait fait comprendre qu'une famille était là pour elle, et lui avait déclaré : « Ils vont venir pour s'occuper de toi, et ta vie sera bien différente. Tiens bon. » Voilà pourquoi, à la surprise générale, elle était encore en vie. Danielle savait que nous viendrions avant même notre arrivée, et lorsque nous sommes venus, elle nous connaissait déjà. Car force était de reconnaître qu'en nous rencontrant elle avait agi comme si elle nous connaissait déjà. Était-ce si différent de ma propre réaction lorsque j'avais vu sa photo pour la première fois, où je ne savais rien d'elle à part qu'elle avait besoin de nous ? Pas une famille au hasard, nous : Bernie, Willie et moi.

Lorsque le réveil sonna à 5 h 30 le lendemain matin, mon mari était déjà réveillé, assis dans le lit. Je lui demandai si quelque chose n'allait pas ; il secoua la tête.

— J'ai fait un rêve très bizarre. Tu sais, le genre de rêve si réel que, quand tu te réveilles, tu n'es pas sûr d'avoir rêvé. Je ne sais pas où j'étais, mais j'ai d'abord vu Danielle, assise sur quelque chose. Je me suis dit que c'était peut-être une grande balançoire, comme elle les aime tant. Après, il y a eu comme un travelling arrière, et je me suis rendu compte qu'elle était assise dans deux mains géantes, paumes ouvertes. Tout était noir autour des mains, mais elles avançaient vers moi en tenant Danielle. Elle ressemblait à la fée Clochette, perchée sur ces mains. Et alors j'ai entendu une voix qui disait : « Elle était à moi, maintenant elle est à vous. Prenez soin d'elle. » Les mains l'ont doucement posée et ont disparu. Et c'était fini.

J'avais la chair de poule. Dieu nous parle de nombreuses manières : par la prière, la nature, les enfants, dans des actes de sacrifice ou de bonté. Je suis certaine qu'il nous parle bien plus que nous n'en avons conscience, aveuglés que nous sommes par nos existences surmenées. Dieu avait choisi un moment de calme pour parler à Bernie, et il l'avait entendu. Ce message était d'une telle puissance que nous ne pouvions l'ignorer, même si nous l'avions voulu.

Lorsque mon mari rentra du travail, il téléphona à Garet et prit les dispositions pour la troisième visite. Le code du HKI stipule que trois rencontres au moins doivent avoir lieu avant que l'enfant puisse venir en visite chez les parents adoptifs. Nous aurions pu retrouver Danielle ailleurs qu'à son école, mais les seuls endroits qu'elle connaissait étaient ce bâtiment et la maison de sa famille d'accueil. Or, celle-ci ne voulait pas nous recevoir. Cela m'intrigua beaucoup ; ces gens nous cachaient-ils quelque chose, ou voulaient-ils simplement préserver leur intimité ? Quoi qu'il en soit, quelques jours plus tard, Bernie et moi retournâmes à l'école de Sanders Memorial pour notre troisième rencontre.

Cette fois, Danielle sembla tout de suite nous reconnaître. Elle avait rapidement accroché avec Bernie, comme tout le monde avait pu le remarquer. Il lui fallut un peu plus de temps pour venir vers moi. Garet supposa qu'elle avait peut-être un problème avec les « mères », suite à sa propre expérience. Nous n'avions aucun moyen de savoir si Michelle Crockett l'avait battue au cours de ces sept années, ou même simplement menacée. Je ne voulais pas forcer les choses. Je voulais que cette enfant se sente en sécurité et vienne vers moi lorsqu'elle serait prête. Toutefois, je dois admettre que j'étais un peu envieuse de l'aisance dont elle témoignait avec Bernie.

Pendant que celui-ci jouait avec la fillette, Garet et moi discutâmes de la façon dont se passerait la visite à la maison. Elle durerait le temps d'un week-end, dans deux semaines si tout se passait bien. Garet en parlerait à la famille d'accueil pour que tout soit bien clair. Nous viendrions la chercher à l'école le vendredi après-midi et la ramènerions à sa famille d'accueil le dimanche.

L'heure du départ arriva. Bernie la serra dans ses bras, puis je me postai devant elle pour qu'elle puisse voir mon visage ; je lui déclarai alors que la prochaine fois qu'elle nous verrait, elle viendrait avec nous dans notre maison. Nous pourrions nager dans la piscine, aller à la plage et jouer avec Willie et les chiens. J'ignore si elle saisit de quoi je lui parlais, mais elle nous suivit jusqu'à la porte, et, lorsque nous l'ouvrîmes pour nous retirer, elle essaya de venir avec nous. M. O'Keefe dut la retenir.

Bernie en fut si bouleversé qu'il ne voulait plus partir. Je l'étais, moi aussi, mais je lui rappelai les conclusions du dossier, selon lesquelles on ignorait si Danielle était capable de créer une véritable relation avec un substitut parental ou toute autre personne. Le fait qu'elle tente de partir avec nous montrait pourtant bien qu'elle commençait à établir une relation. Je n'aurais su dire à quel point c'était éloquent, mais c'était un début. Cela suffit à réconforter mon mari.

Pendant le trajet du retour, nous parlâmes de l'endroit où dormirait Danielle dans notre maison. Presque toutes les pièces se trouvaient au premier étage : le salon, la cuisine, la salle à manger, la chambre parentale avec salle de bains, une deuxième chambre avec bain, et une immense terrasse sur l'arrière. Le rez-de-chaussée comportait la plus grande chambre avec salle de bains, celle qu'avaient occupée Steven et Paul lorsque nous avions emménagé. On y trouvait également la buanderie, ainsi qu'un espace avec des baies vitrées, qui contenait des meubles sans être une pièce bien définie. La piscine couverte et le jacuzzi se trouvaient à l'extérieur des baies vitrées. Derrière la piscine se trouvait notre jardin, et, encore derrière, notre petit ponton.

Bernie et moi occupions la chambre parentale, et Willie l'autre chambre de l'étage. De toute évidence, avec toute la surveillance dont Danielle avait besoin – on nous avait dit qu'elle ne dormait pas toute la nuit –, nous ne pouvions pas la laisser seule en bas. Nous ne pouvions pas non plus nous installer au rez-de-chaussée et laisser les deux enfants seuls en haut. Mais je n'étais pas sûre que Willie apprécierait de déménager en bas.

Nous prîmes donc le temps de lui expliquer la situation. Cela le perturbait, mais il savait que c'était là la seule possibilité. Il nous proposa d'utiliser des talkies-walkies ; je tentai de le rassurer en prétendant que je pouvais ressortir les interphones pour bébé que j'avais autrefois utilisés pour lui et ses frères.

Je lui étais extrêmement reconnaissante de son effort. Bernie lui promit de repeindre la chambre de la couleur de son choix, et je tentai de le convaincre du plaisir que nous aurions à la redécorer. Le lendemain matin, nous filâmes aux magasins pour acheter de la peinture, des talkies-walkies et des draps neufs pour les lits jumeaux de la pièce. Je préférais attendre que Willie soit à l'école pour acheter les éléments de la chambre de Danielle.

En faisant la queue pour passer à la caisse, nous vîmes un grand stand de bonbons de Saint-Valentin. Je demandai à Bernie et Willie d'avancer sans moi afin de pouvoir choisir quelques articles pour Danielle et notre fils. Ce serait la première Saint-Valentin de la fillette, et je voulais que ce jour soit inoubliable.

De retour à la maison, mes deux hommes s'attelèrent à repeindre la chambre du bas. Assise sur le sol de celle de Willie, je songeai : *Si j'étais une petite fille de huit ans, à quoi aimerais-je que ma chambre ressemble ?* J'étais habituée aux chambres de garçons et ne connaissais pas de petite fille de cet âge, à part les camarades d'école et d'église de Willie. Elles se chuchotaient des secrets à l'oreille ou poussaient soudainement des cris aigus, et sentaient une odeur fruitée. Pour tout dire, ces petites filles au maintien parfait me faisaient un peu peur.

Bernie entra soudain dans la chambre, le téléphone collé à l'oreille et l'air soucieux. Je n'entendais que son côté de la conversation.

— Pourquoi ? Ils ont le droit de faire ça ? Pourquoi attendent-ils jusqu'à maintenant ? Qu'est-ce qu'on peut faire ? Quand est-ce qu'on le saura ? Je comprends. Non, nous savons que vous faites tout ce que vous pouvez. D'accord, merci. Appelez-nous quand vous en saurez davantage. Au revoir, Garet.

Garet ? Ce n'était pas bon signe. J'avais cru qu'il parlait travail avec un sous-traitant. Bernie était visiblement retourné ; pas spécialement en colère, mais il avait l'air affligé.

— Elle vient de me faire part de certains problèmes. Il semble que ça prendra plus de temps que prévu avant que Danielle puisse venir ici.

Je tentai de garder mon calme en lui demandant de quel genre de problème il s'agissait.

Juste après que Michelle Crockett avait été déchue de son autorité parentale, en septembre 2006, un avocat avait été désigné pour lui permettre de faire appel de la décision. Rien ne s'était passé pendant de longs mois, puis, au même moment que notre première visite à Danielle, l'appelant avait lancé la requête et obtenu une extension de soixante jours.

Même si cela nous semblait totalement absurde – comme beaucoup de péripéties dans cette affaire –, la suspension des visites avait été demandée en attendant d'en savoir plus sur l'appel. Je n'arrivais pas à croire que Michelle Crockett ait eu le droit de lancer une telle démarche, et ne comprenais pas davantage pourquoi elle le faisait. Elle avait traité sa fille pire qu'un chien. Pourquoi voudrait-elle la reprendre ?

Par-dessus le marché, la mère de la famille d'accueil où Danielle vivait actuellement ne se montrait guère coopérative dans l'organisation du week-end de visite.

En résumé, Garet allait continuer à faire tout son possible, mais elle ne pouvait pas dire quand nous pourrions prendre la fillette pour ces deux jours à la maison. Elle avait assuré à Bernie qu'elle savait pertinemment que la place de cette enfant était auprès de nous, que nous étions faits pour elle, et qu'elle ferait tout ce qui était en son pouvoir pour que les choses se fassent. Mais elle ne pouvait hélas pas nous garantir que tout cela n'était qu'une formalité juridique, et que l'affaire se résoudrait en faveur de Danielle.

Nous savions combien Garet aimait cette petite fille et à quel point elle en avait fait une affaire personnelle. Elle nous avait avoué que, depuis le départ, avant même que nous ayons vu la photo, elle avait eu le pressentiment que Danielle trouverait une famille. Et nous nous étions montrés si insistants ce jour-là, au GameWorks, qu'elle s'était demandé si ce n'était pas nous, cette famille. En observant l'attitude de Danielle envers Bernie, dans la classe, elle avait compris qu'elle avait vu juste. Pour elle, cela devait se faire, et avec nous.

Je tentai de rassurer mon mari en lui rappelant que tout ce qui s'était passé jusqu'ici nous avait rapprochés de Danielle, et que la prochaine étape était sûrement de la faire venir chez nous. Cela prendrait peut-être un peu plus longtemps que nous le souhaitions, nous aurions peut-être des obstacles à surmonter, mais je ne pouvais pas croire que Dieu ait frappé à notre porte pour nous laisser tomber en chemin si nous devions réellement être ensemble. Nous ne devions pas nous décourager, il fallait garder la foi.

Le lundi matin, lorsque Bernie fut parti au travail et Willie monté dans le bus, je me rendis directement au supermarché. Et, pour la première fois dans ma carrière de maman, je poussai mon chariot dans le rayon des filles ; un monde inconnu rempli de rose, de paillettes, de rubans et d'odeurs sucrées et fruitées.

14

Hello Kitty

Quand Bernie veut quelque chose, il sera votre pire cauchemar jusqu'à ce qu'il l'ait obtenu. Pauvre Garet ! Je m'étonne encore qu'elle n'ait pas bloqué notre numéro sur son téléphone. Mon mari l'appela plusieurs fois par semaine pour s'enquérir de l'avancement de la venue de Danielle chez nous, mais elle était aussi impuissante que nous.

Avoir affaire au DCF était un peu comme lancer une voiture droit dans un mur de parpaings, reculer, puis le percuter de nouveau, encore et encore. Il n'est pas étonnant que tant d'enfants attendent d'être adoptés et que beaucoup finissent par dépasser l'âge d'être accueillis sans jamais avoir trouvé de famille. Si nous apprécions les efforts de ce département pour s'assurer que les enfants sont placés dans des familles stables et aimantes, nous comprenons aussi maintenant pourquoi des personnes qualifiées et pleines de bonne volonté finissent par jeter l'éponge.

Nous étions frustrés, Garet était frustrée, et, au milieu de tout ça, une petite fille était perdue dans les rouages du système. Lors de notre dernière visite, nous lui avions déclaré que la prochaine fois que nous nous verrions, ce serait pour passer un moment dans notre maison ; mais des mois entiers s'écoulèrent pendant lesquels il nous fut interdit de la revoir.

J'ai lu quelque part que les chiens n'ont pas de notion du temps ; leurs maîtres peuvent s'absenter dix minutes, dix jours ou dix semaines, c'est à peu près la même chose pour eux. Probablement Danielle ne faisait-elle pas vraiment la différence entre dix jours et dix semaines. Mais elle savait probablement que les gens qui lui avaient affirmé qu'ils reviendraient pour l'emmener à la plage n'avaient pas tenu leur promesse. Nous étions atterrés de ne même pas pouvoir lui envoyer un message.

Au cours de la procédure d'adoption, on nous avait demandé de constituer un album photo montrant notre famille, notre maison, nos animaux, nos centres d'intérêt. Nous devions le donner aux services sociaux afin que l'enfant le regarde avant notre première rencontre. Il était censé lui présenter la famille avant le premier rendez-vous en face à face. J'avais donc élaboré un album montrant plusieurs vues de la maison, sur l'avant et sur l'arrière ; une très belle photo de Willie et de Bernie bien habillés, sur le chemin de l'église ; notre gros chien Spice avec moi dans le jardin ; la piscine et le jacuzzi ; deux de nos petits chiens dans l'escalier de la terrasse ; le ponton sur le canal ; notre église ; l'école de Willie ; et Willie en train de jouer sur la plage.

Mais la procédure habituelle n'était pas adaptée au cas de Danielle, et, en l'occurrence, il n'eût servi à rien de lui montrer cet album avant notre rencontre. Elle n'aurait pas compris ce qu'elle voyait. Cependant, nous l'avions apporté lors de notre première visite, et l'avions laissé à Garet. Peut-être l'avait-elle montré à la fillette en notre absence. À moins qu'elle n'ait estimé préférable de s'en abstenir pour éviter tout faux espoir, étant donné le nombre de murs de parpaings que nous rencontrâmes pendant ces quelques mois.

Avec notre éternel optimisme – pour ne pas dire notre extraordinaire naïveté –, nous avions continué notre projet d'échange de chambres. Nous ne voulions pas admettre l'éventualité que l'adoption ne se fasse pas. Nous savions que l'appel nous informant que la visite était approuvée pouvait survenir à n'importe quel moment, et ce fut exactement ce qui se passa.

Garet appela Bernie la dernière semaine de mars et lui expliqua que Danielle serait en vacances de printemps la semaine suivante, et qu'elle était autorisée à venir chez nous pendant trois jours. Étions-nous d'accord ? Mon mari se trouvait alors au travail, et, comme il me le confia plus tard, il craignit que l'administration ne change d'avis si jamais il leur demandait cinq minutes de réflexion pour m'appeler. Il accepta donc immédiatement, et attendit de rentrer à la maison pour m'en faire part, juste pour le plaisir de voir ma tête quand il m'annoncerait la nouvelle. Mais son visage le trahit dès qu'il eut passé la porte : il arborait un sourire jusqu'aux oreilles.

— Garet a appelé ?

— Oui.

— Quand est-ce qu'on l'a ?
— Vendredi.
— Le prochain ou celui de la semaine suivante ?
— Dans deux jours !

Ce qui ne me laissait qu'une journée pour faire les courses et constituer un stock de couches-culottes.

La chambre de Danielle était prête depuis des semaines. Bernie, Willie et moi l'avions décorée tous ensemble, selon notre idée de ce que devait être une chambre de petite fille : avec beaucoup de rose. J'avais acheté une couette Hello Kitty, des coussins Hello Kitty et des draps Hello Kitty pour le lit gigogne qu'elle héritait de Willie. Ce motif était si joyeux que je ne pouvais m'empêcher de sourire chaque fois que je le contemplais. J'accrochai de petits cadres au mur et posai quelques tapis sur le sol carrelé. La chambre comportait deux fenêtres : l'une donnait sur la rue, à l'avant de la maison, décorée du sommet d'un palmier ; l'autre offrait une vue dégagée sur la maison de Bill et Doris et leur piscine. À cette période, un lapin gonflable de presque deux mètres de hauteur portant un œuf de Pâques géant occupait leur jardin. J'avais un peu peur que cela effraie Danielle, aussi décidai-je de baisser le store. Nous ne connaissions pas encore ses habitudes de sommeil, aussi posai-je également des rideaux afin de mieux occulter la lumière vive du soleil de Floride.

Nous montâmes dans la pièce une commode du rez-de-chaussée et y rangeâmes la robe (rose), les sandales (roses) et les barrettes (roses) que je lui avais achetées. Willie nous aida à disposer une demi-douzaine d'animaux en peluche sur l'étagère du haut d'une petite bibliothèque blanche – certains provenant de sa collection personnelle, d'autres achetés pour l'occasion. Il installa les plus grosses sur le lit, à côté des coussins Hello Kitty. Dans l'étagère du bas, nous déposâmes des livres pour enfants, ceux que mon fils avait préférés étant petit.

— Maman, tu te souviens du *Petit ours brun* ? Et de *Bonne nuit, la lune* ? Je les lirai à Danielle quand elle sera là !

Bernie ajouta la touche finale : un Slinky grand format en plastique rose, qu'il posa sur sa table de nuit. Je me surpris à rentrer dans la chambre une douzaine de fois dans la journée, tant j'avais hâte qu'elle la découvre.

Nous décidâmes que Willie n'irait pas à l'école ce jour-là, afin qu'il puisse venir avec nous chercher Danielle à Land O'Lakes. Il y avait presque trois heures de route de son établissement à notre maison, et elle aurait besoin de compagnie à l'arrière de la voiture. Je fis donc un mot à l'intention de la maîtresse pour l'informer que mon fils ne serait pas présent le lendemain.

Je décidai d'appeler Garet pour lui demander s'il y avait d'autres choses à prévoir dans la maison, auxquelles nous n'aurions pas pensé. Elle m'expliqua qu'elle avait déjà parlé à Mme Middleton, la directrice, et à M. O'Keefe. Tous deux étaient ravis que la visite puisse enfin avoir lieu. Elle avait également parlé à la mère de la famille d'accueil pour recueillir toute suggestion sur le confort que nous pouvions lui offrir. Naturellement, Danielle n'avait jamais passé de nuit chez des « amis » auparavant.

Je restai abasourdie en entendant la conclusion de cette enquête : la mère de la famille d'accueil préconisait que nous débarrassions la chambre de la fillette de tout autre objet que le matelas – lequel devait être posé par terre – et les couvertures. Selon elle, s'il y avait tout autre meuble, Danielle monterait dessus. S'il y avait des rideaux, elle les arracherait. Et s'il y avait des cadres aux murs, elle les ferait tomber.

J'en restai à la fois muette, attristée et en colère.

— Diane, vous êtes toujours là ? s'inquiéta Garet au bout de quelques instants.

Je lui demandai en quoi cet agencement était meilleur que celui de la maison de Michelle Crockett. Elle objecta que la maison de la famille d'accueil était propre, que la chambre de Danielle ne grouillait pas d'insectes, d'ordures et de déjections animales, qu'elle allait à l'école et qu'on prenait soin d'elle. Certes, pas de la façon dont nous souhaitions le faire, mais ce n'était pas une enfant facile à placer. Elle n'était pas handicapée au point de devoir rester en centre spécialisé, mais elle avait tant de besoins spécifiques qu'on ne pouvait la confier à une famille d'accueil « normale ». La seule alternative aurait été une institution.

Je savais que Garet faisait de son mieux, et je ne voulais pas avoir l'air d'une ingrate. Je la remerciai donc de nouveau pour tout ce qu'elle avait fait et lui donnai rendez-vous à l'école le lendemain après-midi.

Lorsque Bernie rentra du travail, Willie faisait ses devoirs dans la cuisine et j'étais assise sur le lit de Danielle avec les chiens Cece, Bebe et Inky sur mes genoux, en essayant de retenir mes larmes. Je fis part à mon mari des informations données par Garet au sujet de la chambre, et vis un éclair de colère traverser son visage.

— C'est ridicule ! Tu as décoré cette chambre pour elle, on la laisse telle qu'elle est. Si elle fait tomber les cadres ou arrache les rideaux, nous nous en arrangerons. Sinon, on mange quoi, ce soir ?

Le lendemain matin, avant notre départ, Willie déposa sur la banquette arrière quelques-uns des jouets et peluches qu'il avait choisis pour Danielle. J'emportai pour ma part un sac rempli de couches, de lingettes, de serviettes, de biscuits, et une glacière avec des jus de fruits frais. J'avais l'impression de préparer l'équipement d'un bébé plus que d'une petite fille de huit ans.

Cette fois encore, nous rencontrâmes Garet dans le bureau avant de nous rendre à la classe de M. O'Keefe. Nous appréhendions tous la réaction de Danielle. Allait-elle se souvenir de nous ? Quand nous entrâmes dans la classe, elle ne courut pas vers nous pour nous accueillir, mais elle regarda brièvement Willie et lui adressa un petit sourire. J'avançai vers elle et lui demandai si elle voulait se balancer un peu avec moi. Nous allâmes alors jusqu'au rocking-chair, et, pour la première fois, je la tins dans mes bras comme ma propre petite fille.

— Balance, balance, balance, Danielle, lui murmurai-je à l'oreille.

— Bah, répéta-t-elle alors doucement.

Ou était-ce juste ce que j'avais envie d'entendre ?

Garet nous communiqua ensuite les instructions relatives aux médicaments à lui donner et à ses habitudes de sommeil. Nous savions qu'elle prenait un traitement, d'où sa façon de tirer la langue d'un côté de la bouche en bavant, à tel point que l'avant de son T-shirt était toujours mouillé. Il s'agissait d'antipsychotiques, la dose maximale normalement donnée à un adulte, deux fois par jour. Je me demandai si elle était encore plus agitée lorsqu'elle n'en prenait pas, ou si le traitement facilitait juste la tâche de sa famille d'accueil. M. O'Keefe nous indiqua qu'à cause des médicaments Danielle avait la bouche sèche et besoin de boire beaucoup d'eau. Ce qui impliquait aussi beaucoup de couches à changer.

La mère de la famille d'accueil avait déclaré à Garet que Danielle avait un sommeil extrêmement haché ; elle ne dormait pas plus de quelques heures d'affilée et pouvait alors devenir violente. Violente contre qui, contre quoi ? Elle était seule dans une chambre ne comportant qu'un matelas et des draps. Nous apprîmes également que la porte de sa chambre – fermée lorsqu'elle se trouvait à l'intérieur – était équipée d'une alarme afin que la famille sache si elle se levait pour déambuler dans la maison au milieu de la nuit.

Garet nous tendit le sac de la fillette, où se trouvaient quelques vêtements. Je lui mis une couche propre, et nous étions prêts à partir. M. O'Keefe, Mme Perez et Garet étaient alignés dans le hall, comme des parents regardant leur enfant partir pour l'université. Les yeux mouillés, ils sourirent et agitèrent la main en tentant de se montrer courageux.

— Au revoir, Danielle ! Amuse-toi bien ! Joyeuses Pâques !

Celle-ci regarda furtivement derrière elle, puis nous accompagna de bonne grâce jusqu'au bureau où il ne nous restait plus qu'à signer le document de sortie avant de nous rendre à la voiture. Là, Willie et les animaux en peluche l'attirèrent facilement sur la banquette arrière. Bernie l'attacha, et nous mîmes le moteur en route. Je me sentais aussi libre et excitée qu'une ado partant en week-end avec la voiture et la carte de crédit de son père.

Nous ignorions comment Danielle allait réagir à ce long trajet. Willie faisait un bon voyageur ; il lisait des livres, jouait avec son écran magique ou assemblait des puzzles. Nous n'avions pas de lecteur DVD dans la voiture : je pense que les enfants ont besoin de vivre un peu sans écran de temps en temps, et il y a plein de choses à voir par la fenêtre. Si vraiment il s'ennuyait, je sortais alors l'un des livres de jeux en voiture que nous emmenions toujours, et nous jouions tous ensemble.

Danielle avait pris plusieurs animaux en peluche dans ses bras, et semblait heureuse de regarder par la vitre. Je voyais Bernie l'observer dans son rétroviseur, et lui donnai un petit coup de coude.

— Regarde donc devant toi, mon chéri !

Il sourit. Je l'imitai. C'était une parfaite journée de printemps, Pâques approchait, et j'avais l'impression que nous vivions une sorte de renaissance, un cadeau des dieux. Nous étions tellement heureux que cette enfant soit avec nous, d'être enfin tous les quatre, loin de tous les autres.

Garet nous avait précisé que Danielle adorait les frites McDonald's. Nous fîmes donc une pause à Venice, à environ mi-chemin de la maison. En aidant la fillette à descendre, je m'aperçus qu'elle avait fait pipi à travers sa couche, son jean, la serviette que j'avais mise sous elle, et qu'il y avait de l'urine jusque sur le siège. Willie eut l'air gêné, Bernie sidéré, Danielle indifférente et moi perplexe. Devais-je la changer dans la voiture ? Le parking était extrêmement fréquenté. D'un autre côté, je ne me voyais pas l'emmener manger avec un pantalon détrempé. Je demandai à Bernie de prendre un short dans son sac de vêtements. Il m'en tendit un qui était visiblement trop grand, ce que je lui fis remarquer avec un peu d'agacement. Il me montra le sac.

— Il n'y a pas grand-chose là-dedans, et tout ce qu'il y a est du même acabit.

Je choisis un autre short et quelques hauts. Tout était trop grand, et rafistolé avec des épingles à nourrice. Je devinai qu'il s'agissait de vêtements d'occasion, peut-être ceux d'un autre enfant de la maison ; en tout cas, ils n'avaient clairement pas été achetés pour Danielle. Mon irritation grandit, non seulement en raison de la faible quantité de rechange, mais surtout à cause des épingles à nourrice. Si l'une d'entre elles s'ouvrait et la piquait, Danielle n'avait aucun moyen de nous en avertir. Je pris le short le plus proche de sa taille, nouai mon propre sweat-shirt autour de ses hanches, attrapai le sac de couches et de lingettes, et nous marchâmes jusqu'au McDonald's. Bernie et William allèrent commander pendant que je filais aux toilettes changer mon bébé de vingt-sept kilos.

Bernie choisit une table à l'intérieur, dans le fond de la salle, où il étala frites et hamburgers. Danielle était à peine assise qu'elle commença à enfourner les frites jusqu'à ne plus pouvoir mâcher, avaler, ni même refermer sa bouche, dont dépassaient de nombreux aliments. Garet avait raison : elle adorait ça. Nous ne pouvions nous empêcher de rire en la voyant, même si les gens autour de nous ne paraissaient pas trouver cela drôle. Bernie retira ensuite doucement des frites de sa bouche, jusqu'à ce que la quantité restante lui permette de mâcher et d'avaler ; après quoi, il les lui redonna une par une. L'enfant ignorait totalement son hamburger. Willie le poussa donc près de ses mains, prit le sien, et lui déclara :

— Regarde, Danielle, c'est comme ça qu'on fait.

Il prit une bouchée.

— Mmmm. C'est vraiment bon.

Il se leva alors pour prendre du ketchup ; erreur tactique.

Comme nous l'avait appris à ses dépens la dame à la cuisse de poulet, il ne faut jamais laisser de nourriture sans surveillance sous les yeux de Danielle. Dès que Willie eut tourné le dos, elle se rua sur ses frites, en prélevant toute une poignée. Sans parler du fait qu'il y avait deux témoins à ce vol, les pièces à conviction débordaient encore de sa bouche lorsque notre fils revint à table, muni de son ketchup. Ses yeux et sa bouche s'arrondirent en même temps. Bernie et moi repartîmes à rire en voyant ce manège. Bernie recommença à extraire les frites de la bouche de Danielle et je coupai le hamburger en petits morceaux pour lui en donner. À la fin du repas, elle en avait presque autant sur ses vêtements que dans le ventre ; nous retournâmes donc aux toilettes pour procéder à une petite toilette.

À part deux arrêts supplémentaires pour vérifier la couche – sèche la première fois, mouillée la seconde –, le reste du voyage se passa sans encombre. Nous passâmes de la musique pour enfants sur le lecteur CD. Danielle regardait par sa fenêtre, se balançait latéralement, et jouait sur la banquette arrière en faisant nombre de bruits étranges ; un genre de bourdonnement-grognement-grondement sourd et monocorde ; ou une espèce de hululement aigu qui rappelait à Bernie le son des ambulances en Europe. Était-ce sa façon de parler ? Se rassurait-elle de la sorte ? Après tout, elle était dans un environnement étranger, vers une destination inconnue, avec des gens qu'elle connaissait à peine.

Steven travaillait au nord de l'île, dans une station balnéaire où il installait des parasols et louait des jet-skis. Nous décidâmes de nous y arrêter pour qu'il fasse la connaissance de Danielle, et que nous puissions faire découvrir la plage à celle-ci.

Leur rencontre fut un peu malaisée. Steven était occupé, et la fillette se hissait sans cesse sur la pointe des pieds en se laissant retomber sur ses talons, tout en produisant ce curieux grondement. Notre garçon ne savait trop comment s'y prendre pour la saluer ; l'accolade ne semblait pas très appropriée, la poignée de main non plus. Il tendit donc la main un peu maladroitement, mais avec douceur, pour lui caresser les cheveux. Danielle leva alors brusquement les deux bras pour protéger sa tête et poussa un cri perçant en esquivant le geste. Steven sursauta en reculant alors que Bernie s'approchait pour la rassurer. De toute évidence, elle n'appréciait pas qu'on lui touche la tête. S'agissait-il encore d'un mauvais souvenir légué par Michelle Crockett ?

Steven parut soulagé de devoir reprendre son travail, et nous nous dirigeâmes vers la plage. Une cinquantaine de mètres de sable nous séparaient de l'eau ; sachant que c'était la première fois que cette enfant voyait la mer, nous marchâmes doucement vers les flots tout en lui parlant.

— Tu vois, Danielle, ça, c'est la plage. Nous marchons sur le sable. Ça, ce sont des mouettes. Et ça, des coquillages. Tu veux aller dans l'eau ? Nous allons enlever nos chaussures.

Cri strident. Elle sauta littéralement dans les bras de Bernie, n'appréciant pas du tout la sensation du sable sous ses pieds nus. Il était pourtant tiède à cette époque de l'année, et je me demandai ce qui avait pu provoquer cette réaction extrême.

Mon mari la fit ensuite marcher dans l'eau, jusqu'aux genoux, et tout se passa bien. Très bien, même. Elle leva ses bras au-dessus de sa tête et se tourna vers le soleil. Une douce brise marine ébouriffait ses cheveux. Elle ferma alors les yeux, et une expression de plénitude se lut sur son visage. Elle se remit à faire de petits bonds, et rit lorsque les vagues lui éclaboussaient le torse. Elle s'assit et se roula dans les vagues, prenant instantanément et naturellement goût à l'eau, telle une petite sirène. Willie s'assit près d'elle et ils s'amusèrent ensemble dans les vagues, pendant que Bernie et moi les regardions à travers nos larmes. Je ne pus m'empêcher de songer que c'était sa première sortie à la plage ; son premier moment de vrai bonheur. Grâce à une chose si simple.

Je n'avais guère le cœur à la sortir de l'eau, mais je lui expliquai que nous devions aller voir nos chiens, et elle laissa Bernie la porter jusqu'à la voiture, pour éviter le sable. Il observa que sa couche devait bien faire le même poids qu'elle, maintenant. J'enveloppai Danielle dans une serviette et bouclai sa ceinture avant de repartir.

La maison de Dorothy et Paul se trouvait sur le chemin de la nôtre ; nous avançâmes donc dans leur allée et donnâmes un petit coup de klaxon en passant. Ils déboulèrent de leur maison en souriant, curieux de rencontrer la fameuse fillette. Mais, lorsque Dorothy s'approcha de la voiture, son expression passa de l'excitation à l'appréhension. Après un regard vers la banquette arrière, elle lança :

— On dirait un pauvre petit rat mouillé !

Je me tournai vers Danielle et constatai qu'elle avait raison. Les cheveux de la petite fille étaient collés à sa tête, sa peau était pâle, ses yeux rouges à cause du sel et elle tremblait dans sa serviette.

Arrivés à la maison, William et Bernie l'aidèrent à monter l'escalier extérieur menant à la terrasse, l'un derrière elle, l'autre à côté. Elle n'avait pas l'habitude de gravir autant de marches. Les chiens aboyèrent sur elle quelques instants, mais elle les ignora, et, après l'avoir reniflée, ils firent de même. J'emmenai directement Danielle à la salle de bains pour lui enlever ses vêtements mouillés, la sécher, et lui mettre une nouvelle couche ainsi que de nouveaux vêtements trop grands. Je sentis que je commençais à avoir le coup de main.

Nous la laissâmes se promener à l'étage et visiter la cuisine et le salon, pour s'habituer à cet espace familial. Willie avait tellement hâte qu'elle voie sa chambre qu'il parvenait à peine à se contrôler. Il lui prit finalement la main et l'emmena dans le couloir, suivis de Bernie et moi. Nous entrâmes alors tous les quatre dans le palais rose d'Hello Kitty.

Là, le visage de Danielle s'illumina. Elle avança vers son lit et s'assit en tailleur au milieu des coussins et des peluches, rayonnante de joie. Jamais je n'avais vu quelqu'un paraître aussi heureux qu'elle l'était en cet instant. Comme nous avions bien fait de ne pas dépouiller la chambre, ainsi que l'avait recommandé la mère de la famille d'accueil ! Toutes les petites filles méritent d'avoir une chambre rose à un moment de leur vie. C'était son tour.

Nous prîmes le repas du soir sur la terrasse. J'avais prévu des aliments qui se mangent avec les doigts, pour que Danielle puisse se servir : lamelles de jambon, framboises, fraises, mûres, myrtilles, fromage et biscuits, pastèque et chocolat au lait. Elle touchait la nourriture avant de la mettre dans sa bouche, et mangea de tout à part les framboises, qu'elle recracha. Ce furent les mûres qu'elle apprécia le plus. Je mis du lait dans son gobelet à bec et lui expliqua qu'il devait rester sur la table, pas se retrouver par terre. Je joignis le geste à la parole pour mieux me faire comprendre. Elle me considéra et sembla piger. Le gobelet resta en effet sur la table.

Après le repas, nous sortîmes tous avec les chiens pour notre balade du soir. La promenade du petit matin était toujours assez rapide ; il fallait juste que les animaux fassent leurs besoins avant de commencer la journée. Celle du soir, en revanche, était l'occasion de discuter avec les voisins. Elle pouvait durer jusqu'à deux heures si nous nous arrêtions pour prendre une part de tarte chez les uns, des restes de poulet grillé ou un panier de tomates du jardin chez les autres, discuter de l'aménagement du terrain ou prendre des nouvelles de la famille. Willie avait un chien, j'en tenais deux, et Bernie marchait avec Danielle lorsque nous entamâmes notre circuit à travers Laguna Shores. Nous tombâmes tout de suite sur Dorothy, qui s'excusa d'avoir comparé la fillette à un rat mouillé. Mais nous ne nous en étions pas formalisés, et cela n'avait sûrement pas blessé Danielle. Nous décidâmes d'effectuer le circuit le plus court, pensant que cela ferait peut-être beaucoup pour la fillette, si elle croisait un trop grand nombre de visages inconnus. Mais tout le quartier savait déjà qui elle était et avait hâte de l'accueillir et de faire bonne impression.

Elle ne semblait pas très intéressée par l'idée de se faire des amis, jusqu'à ce que nous arrivions dans le jardin de Doris et Bill, où se dressait le lapin géant avec son gros œuf de Pâques multicolore.

Elle lâcha alors la main de Bernie, fila droit sur l'œuf et essaya de l'escalader. L'épaisse coquille en plastique n'offrait hélas aucune prise, et chaque tentative la renvoyait par terre, ce qui ne l'empêchait pas de recommencer. Je fus impressionnée par sa détermination et l'ajoutai mentalement à ma liste de ses qualités cachées. Finalement, Bernie n'y tint plus et la saisit pour la hisser au niveau de la tête du lapin. Reconnaissant l'opportunité qui lui était donnée, elle se pencha alors vers l'animal en plastique et, tel un bébé apprenant à faire des bisous, elle ouvrit en grand sa bouche pour la coller sur la joue rebondie. La petite troupe des voisins acclamèrent ce bisou baveux. Pour sa première soirée à Laguna Shores, c'était plutôt un bon début pour Danielle.

Mais la détente fut de courte durée. À peine étions-nous rentrés à la maison que Willie hurla « maman ! » et Bernie « Diane ! ». Tous deux contemplaient Danielle avec horreur, tandis qu'une longue traînée de selles liquides la suivait sur le sol du salon, s'échappant de son short comme de la lave d'un volcan. Je l'attrapai avant qu'elle n'atteigne sa chambre et l'cmmenai dans la salle de bains. J'avais souvent eu à gérer la diarrhée de mes enfants, sauf que cette petite fille y était aussi indifférente que mes petits chevreaux du Tennessee. Elle parut juste un peu inquiète lorsque je la poussai dans la douche à l'italienne, tout en criant à Bernie de m'apporter d'autres serviettes, une couche-culotte et des vêtements de rechange. Il revint avec un short et une chemise, l'avant-dernière tenue propre qu'elle possédait. Je la lavai, la séchai et l'habillai avant de la confier à Bernie avec un flacon d'antidiarrhéique, pour pouvoir me laver à mon tour.

Dix minutes plus tard, nouvelle éruption et nouveau passage par la douche pour nous deux. Bernie apporta ses derniers vêtements propres. Je m'interrogeai sur ce que Danielle avait pu manger lorsque mon mari remarqua que lorsqu'ils jouaient dans l'eau, sur la plage, il croyait l'avoir vue en boire un peu. Je levai les yeux au ciel. L'expérience nous avait appris que l'eau salée constituait un bon laxatif.

Il me semblait qu'elle ne devait plus rien avoir en réserve, mais je me trompais. Après une troisième éruption, je finis par la mettre en pyjama, dernier vêtement propre restant dans son sac.

Ne sachant pas combien de temps il lui faudrait pour s'endormir, je me dis que nous devrions nous y prendre de bonne heure ; je lui donnai donc ses médicaments du soir, avec quelques morceaux de fromage pour faire passer l'antidiarrhéique. Willie regardait la télévision ; je lui demandai de souhaiter bonne nuit à Danielle. Il lui fit une brève accolade, qu'elle accepta docilement. Après quoi, je partis avec elle dans la chambre. Bernie nous rejoignit et vint la border avant d'aller ensuite coucher notre fils. À deux reprises, alors que je lui lisais des histoires et lui faisais écouter la mélodie de son coussin musical Hello Kitty, elle se leva et marcha jusqu'à la porte. Les deux fois, je pris sa main et la ramenai dans son lit.

Alors qu'elle semblait enfin se calmer, elle commença à se balancer d'avant en arrière, les bras serrés autour du torse ; d'abord doucement, puis de plus en plus fort. Elle leva soudain les bras en l'air et commença à les agiter, comme si elle cherchait à éloigner quelque chose. Ses yeux étaient fermés, et elle produisait encore cet étrange grondement guttural. Un mouvement de balancement plus intense que les autres la fit alors tomber du lit sur le sol. Bernie arriva immédiatement, et je lui expliquai ce qui venait de se passer. Il la releva et la réinstalla dans son lit. Les médicaments commençaient peu à peu à l'endormir, mais elle reprit ses balancements, et, en moins d'une minute, elle se retrouva de nouveau par terre.

Nous eûmes la même idée en même temps. Tandis que je relevais Danielle, Bernie tira le couchage inférieur du lit gigogne. Allongée à seulement quinze centimètres du sol, elle ne risquait pas de se faire mal si elle chavirait. En outre, peut-être cela la rassurerait-elle, puisqu'elle était habituée à dormir sur un matelas posé par terre. Je la couchai une nouvelle fois et la bordai dans sa couette Hello Kitty. Bernie lui fit un bisou en lui souhaitant bonne nuit, et je restai avec elle trois quarts d'heure de plus, le temps qu'elle s'endorme. Je laissai sa porte ouverte et une lumière allumée dans le couloir, afin qu'elle puisse nous trouver et que nous puissions l'entendre si elle se réveillait.

Je ramassai tous ses vêtements souillés et les serviettes sales dans la salle de bains, descendis le tout à la buanderie, fermai la porte à clé, puis jetai un œil dans la chambre de Willie, qui dormait déjà. Nous étions tous épuisés physiquement, moralement et émotionnellement. Ça n'avait pourtant été qu'une demi-journée !

Je remontai à l'étage, me rinçai le visage, me brossai les dents et me glissai dans le lit auprès de Bernie, qui semblait déjà dormir à poings fermés. Sur ma table de nuit, le réveil affichait minuit et demi. Heureusement, le lendemain étant le samedi, je pouvais dormir jusqu'à 6 heures.

Allongée sur le dos, les yeux rivés au plafond, je repensai à cette journée passée en réfléchissant à ce que nous aurions pu mieux faire, à ce que nous ferions mieux demain, au moment où je pourrais commencer à lui apprendre la propreté, et au moyen de l'empêcher de boire de l'eau de mer. Je me préparais à passer une nuit blanche quand Bernie tendit le bras à travers le lit pour prendre ma main. Je tournai la tête vers lui.

— Ça s'est bien passé, tu ne trouves pas ?

Je crois qu'il me fit un clin d'œil dans la pénombre de la chambre. Je commençai à rire, lui aussi, et cela dut durer une bonne dizaine de minutes. Je parierais que nous nous sommes endormis un sourire aux lèvres.

15

À vos marques, prêts, partez !

Deuxième jour. Je dormis jusqu'à 6 h 30 et me réveillai en sursaut. Où était Bernie ? Et Danielle ? Je bondis du lit et fonçai dans le petit couloir séparant notre chambre de la sienne. Là, je trébuchai pratiquement sur mon mari, assis par terre devant la porte, en train de regarder la petite. Elle était allongée sur le dos, la couette enroulée autour de sa taille et de ses jambes, la tête sur son oreiller, ronflant légèrement. Je m'assis devant lui et lui demandai depuis combien de temps il était là.

— Dix minutes, répondit-il. Je ne voulais pas te réveiller. Regarde comme elle est bien.

— Ne la dérangeons pas ! chuchotai-je en me relevant, et en l'invitant à me suivre.

Il referma la porte à demi, et nous avançâmes à pas feutrés jusqu'à la cuisine pour lancer le café et préparer le petit-déjeuner. Dix minutes plus tard, Willie arriva en se frottant les yeux, puis fit ce que font des millions d'autres enfants américains le samedi matin : il alluma la télévision et prit place sur le canapé pour regarder les dessins animés.

Nous n'entendîmes pas Danielle arriver, mais, lorsque je me retournai pour demander à mon fils s'il voulait des gaufres ou des toasts, je la découvris debout dans le salon. Ses cheveux – coupés en un carré court avec frange, et assez épais – ressemblaient à un véritable champ de bataille. Lorsqu'elle se balance dans son lit, elle bouge sa tête en même temps que son corps, la faisant rouler de chaque côté sur son oreiller ; il en résulte une masse informe au-dessus de sa tête, un genre de nœud de brindilles assemblées par un oiseau aveugle ! Je ne pus contenir un petit rire en la voyant, et Bernie eut à son tour la même réaction. Willie détourna les yeux de son dessin animé, et commenta ainsi le tableau :

— Oh là là, les cheveux de sorcière !

Je pris la fillette par la main et l'emmenai à la salle de bains pour changer sa couche et essayer de lui donner un coup de peigne. La première partie fut presque une partie de plaisir ; la seconde, pas vraiment. Dès que j'essayais de toucher ses cheveux, Danielle couvrait sa tête de ses bras et se mettait à hurler et à pleurer. Le vacarme attira Bernie et Willie dans le couloir. J'étais sûre que Bill et Doris pouvaient également l'entendre depuis l'autre côté de la rue.

Pourquoi avait-elle une telle frayeur quand on s'approchait de sa tête ? La veille, elle avait esquivé le geste de Steven, quand il avait essayé de lui toucher les cheveux, et maintenant elle paniquait face à la brosse. La seule idée qui me vint était que sa mère ou ses frères avaient dû la frapper à cet endroit, ou au moins lui tirer les cheveux. Une réaction aussi extrême ne pouvait être provoquée que par une expérience réelle. Mais, à moins de lui raser la tête – ce que nous n'envisagions pas –, nous allions bien devoir trouver un moyen de rendre le moment du coiffage tolérable, pour elle comme pour nous.

Il fallait pouvoir la distraire et la rassurer simultanément. Bernie l'avait déjà un peu calmée en la prenant dans ses bras et en arpentant le couloir avec elle, comme on le ferait avec un bébé – sauf que les jambes de ce bébé-ci pendaient en-dessous des genoux de celui qui la portait. Je voulus faire une autre tentative, et nous nous rendîmes dans sa chambre. Là, je demandai à Bernie de s'asseoir sur le lit en face de Danielle, et je la plaçai de façon à ce qu'elle tourne le dos à la pièce, à moi et à la brosse. Tandis qu'il lui tenait la main en actionnant le ver luisant musical que nous lui avions acheté, j'approchai sa tête par-derrière. Je ne pus m'empêcher de songer qu'une paire de cisailles eût été plus appropriée qu'une simple brosse à cheveux pour ce que je voulais faire. Tout doucement, je commençai alors à brosser le bas de ses cheveux, en lui disant que tout allait bien, que nous allions simplement la brosser pour qu'elle soit jolie, et que ça ne durerait pas longtemps. Elle ne fut pas totalement convaincue, mais au lieu de hurler elle poussa des gémissements tout en laissant Bernie guider ses mains pour allumer le ver luisant et déclencher de la musique. Lorsque j'eus fini mon démêlage, nous la félicitâmes chaleureusement. Bernie l'emmena à la salle de bains pour qu'elle se contemple dans la glace.

— Quelle jolie petite fille ! Regarde comme tu es belle, Danielle ! Que tu es jolie ! lui répétait-il.

Cela parut lui plaire, ou du moins ne pas spécialement la déranger. Nous frappâmes dans nos mains pour marquer cette nouvelle petite victoire et partîmes vers la cuisine pour nous récompenser avec un café.

J'appelai Danielle et Willie pour qu'ils viennent prendre leur petit-déjeuner ; en l'absence de réponse, je me dirigeai vers le salon. Danielle s'était installée à côté de mon fils sur le canapé, les jambes repliées sous elle, comme un bretzel, et le buste appuyé contre son voisin. Celui-ci me regarda avec des yeux ronds, l'air de dire « au secours ! ». Elle semblait fascinée par le dessin animé. J'éteignis donc la télévision, la tirai du canapé et l'emmenai à la cuisine où je lui montrai les myrtilles qu'elle avait tant aimées la veille.

Je répétai le mot « myrtille » chaque fois que je lui en donnais une. Puis « fraise », plusieurs fois. Ensuite, j'en posai une de chaque sorte sur une assiette et désignai l'une en prononçant son nom, puis l'autre. Myrtille. Fraise. Les myrtilles sont bleues. Les fraises sont rouges. Dans les cinq secondes qu'il me fallut pour sortir le chocolat au lait du réfrigérateur, elle s'empara de toutes les myrtilles et de toutes les fraises et les fourra dans sa bouche, tel un écureuil aux bajoues remplies de noisettes. Fin de la leçon.

Je sortis du sèche-linge ses habits maintenant propres et les montai dans sa chambre. J'étais curieuse de voir si elle savait un peu s'habiller, ou si elle semblait prête à l'apprendre. Je retirai son pyjama et lui tendis un T-shirt.

— Tu veux mettre ce vêtement, Danielle ?

Regard vide.

— Tu veux bien m'aider à te le mettre ?

Elle regarda quelque part au-dessus de mon épaule.

— Il faut s'habiller pour aller promener les chiens. Tu ne veux pas m'aider ?

Elle me tourna le dos. Apparemment, non.

— Ce n'est pas grave. Je vais te montrer comment faire, et nous apprendrons ça une autre fois.

Lorsqu'elle fut coiffée et habillée, je réalisai soudain que j'avais oublié de lui brosser les dents la veille, et je fouillai dans son sac à dos. Pas de brosse à dents ; juste un étrange maillot de bain. Il était jaune, avec des manches courtes et un col montant, et de grandes plaques rembourrées sur l'avant et l'arrière. On aurait dit un petit costume de joueur de football américain.

— Qu'est-ce que c'est que ça, Danielle ? Ton maillot de bain ?

J'avais décidé de lui parler comme si elle comprenait tout ce que je disais. C'était ainsi que les bébés apprenaient. Bien avant qu'ils puissent eux-mêmes parler, ils s'imprégnaient de toutes les paroles autour d'eux. En effet, si on ne leur parlait jamais correctement, comment pouvaient-ils apprendre à le faire ? Je ne voulais pas partir du principe qu'il était trop tard pour Danielle, ou que le fait qu'elle ne me parle pas signifiait qu'elle ne comprenait pas ce que je disais. Pour qu'elle se sente intégrée à la famille, il était capital que nous la fassions participer à tout notre quotidien.

J'ajoutai une brosse à dents à ma liste de courses, ainsi qu'une brosse à cheveux, un maillot de bain et des sandales. Les seules chaussures dont nous disposions étaient de gros godillots noirs qui ressemblaient à des chaussures de garçon et étaient difficiles à mettre et à enlever à une enfant qui se tortillait sans cesse.

Je rassemblai Willie et les chiens et, tenant fermement Danielle par la main, nous fîmes un petit tour dans le quartier en disant bonjour aux voisins qui travaillaient dans leur jardin ou lavaient leur voiture, mais sans nous arrêter pour discuter. Lorsque nous rentrâmes, Bernie se tenait dans l'allée, en train de parler au téléphone.

— D'accord, Garet. Merci d'avoir appelé. Nous partons justement au magasin faire quelques emplettes pour elle. On se rappelle demain. Au revoir.

Je lui demandai si quelque chose n'allait pas.

— Non, non, elle voulait juste savoir comment allait Danielle et si tout se passait bien.

— Et que lui as-tu dit ?

— Super !

Pendant notre trajet vers le supermarché, je me demandai comment pouvaient se dérouler les journées de Danielle dans sa famille d'accueil. D'après moi, ça ne devait pas avoir grand-chose à voir avec ce que nous faisions ; pourtant, elle ne paraissait pas éprouver de difficulté à s'adapter. Mais son humeur docile s'évanouit dès qu'elle descendit de voiture et comprit que nous allions dans un magasin. Elle lâcha brusquement la main de Bernie et se rua vers l'entrée à travers le parking. Il ne tarda pas à la rattraper par le bras, et la regarda droit dans les yeux avec un regard sévère en lui expliquant qu'elle ne devait pas faire ça. Il lui montra une voiture qui passait et expliqua que c'était dangereux, qu'elle aurait pu se faire blesser. Cette scène me rappela instantanément les fois où chacun de mes trois fils avaient fait la même chose, détalant sur un parking pendant la seconde où je repositionnais le siège-bébé ou refermais les portières. Les trois fois, j'avais eu une peur bleue. Mes enfants portaient tous encore des couches lorsqu'ils avaient fait cette bêtise, ce qui avait amorti la petite tape sur les fesses que je leur avais instinctivement donnée. Ce furent les seules fois où je corrigeai physiquement mes enfants, et je dois dire qu'ils s'en sont souvenu. Ce doit être une sorte de rituel incontournable entre enfants et parents. Danielle portait une couche, elle aussi, mais même une petite tape sur les fesses aurait été déplacée dans son cas. Nous ne savions pas ce qu'elle avait traversé, et si les châtiments corporels avaient fait partie de son quotidien.

Bernie la souleva et l'installa dans la partie panier du caddie, mais sa colère empira lorsque nous entrâmes dans le magasin. Elle se mit à hurler, à frapper ses jambes et à mordre ses avant-bras. La crise était très spectaculaire. Je lui donnai la brosse à dents et à cheveux que j'avais choisies, espérant qu'elle se les approprierait un peu, mais elle balança les deux par-dessus le caddie. Les gens nous regardaient, et Willie paraissait très gêné. Je conseillai alors à Bernie d'emmener notre fils faire un tour dans le rayon bricolage pour s'occuper de sa liste, et poussai mon chariot avec sirène hurlante jusqu'au rayon vêtements et maillots de bain, avant de passer aux chaussures. Là, Danielle cessa brusquement ses cris et sembla s'intéresser à la paire de sandales roses que je venais de lui choisir. *Va savoir...*, pensai-je. C'était bien typique d'une petite fille de se laisser distraire par une jolie paire de chaussures.

Nous retrouvâmes Willie et Bernie aux caisses, où Danielle recommença à hurler. Mon mari l'emmena dehors pendant que je restais pour faire la queue et payer ; j'en profitai pour parler un peu à mon fils.

— Tu sais, ça fait beaucoup de changements pour elle, en ce moment. Elle se retrouve avec une nouvelle famille, dans un nouvel endroit. Elle n'a pas choisi d'être là. Elle ignore ce qui va se passer dans une minute, et n'a pas la faculté de nous exprimer ce dont elle a besoin ou ce qu'elle veut. Ses cris et ses pleurs sont les seuls moyens dont elle dispose pour communiquer, comme les bébés qui ne savent pas encore parler. Mais elle communique aussi avec nous quand elle rit, quand elle sourit, quand elle s'assoit à côté de toi pour regarder un dessin animé, ou même quand elle te vole tes frites !

Willie sourit à cette dernière remarque.

— Elle agit comme un bébé, mais comme elle est drôlement plus grande qu'un bébé, ça fait bizarre.

— C'est vrai, répondis-je, mais c'est une excellente façon de voir les choses que tu as là. Elle est comme un grand bébé. Elle a manqué de tellement de choses quand elle était nourrisson, puis petite fille... Elle commence avec beaucoup de retard par rapport aux autres. C'est comme se lancer dans une course alors que les autres sont déjà presque à la ligne d'arrivée. Elle a beaucoup de choses à rattraper, et il se peut qu'elle ne comble jamais son retard. Mais nous devons lui donner sa chance et l'aider à essayer. C'est la seule façon dont elle pourra apprendre. De temps en temps, elle te mettra mal à l'aise ; je le comprends parfaitement, tu n'as pas à t'en vouloir pour ça. Ce sont plutôt les gens qui la regardent bizarrement qui devraient surveiller leur attitude. Dans ce cas, souviens-toi que nous ne reverrons probablement jamais ces gens, alors que Danielle restera toujours avec nous, si tout se passe bien.

Willie eut l'air songeur.

— D'accord, maman, merci. On va à la plage après manger ?

Arrivés à la voiture, j'enfilai à Danielle ses nouvelles sandales, et Bernie se livra à une nouvelle avalanche de compliments sur leur beauté. Je lui tendis la brosse à dents et la brosse à cheveux, et cette fois elle accepta de les prendre. Après le déjeuner, je lui demandai si elle voulait m'aider à lui mettre le nouveau maillot de bain pour que nous puissions ensuite aller à la plage. Elle ne voulut pas coopérer, mais se laissa faire sans résistance.

Willie avait emporté seaux et pelles afin de faire des châteaux de sable ; Danielle ne s'y intéressa pas le moins du monde. Tout ce qu'elle voulait, c'était être dans l'eau, faire des éclaboussures, s'y rouler et affronter les vagues. Elle ne craignait pas du tout de mettre sa tête sous l'eau, ce qui m'étonna énormément. Je connais des gens qui fréquentent la mer depuis leur plus tendre enfance et ne vont jamais sous la surface. Les algues qui y flottaient la décontenancèrent d'abord, mais lorsque j'en pris une poignée et la lui tendis, elle parut en apprécier la texture et se mit à les rechercher.

Hors de l'eau, elle essaya de marcher sur mes pieds pour ne pas avoir à fouler le sable. Quand il fait beau, nous passons beaucoup de temps à la plage ; nous tenions donc à ce qu'elle dépasse cette phobie. Bernie la prit dans ses bras, l'emmena à environ trois mètres des vagues, la posa par terre et marcha rapidement au bord de l'eau. La seule façon pour elle de le rejoindre était alors de marcher sur le sable. Il dut l'appeler plusieurs fois avant qu'elle le fasse enfin, et quand ce fut chose faite je la félicitai et lui promis que, si elle le faisait encore trois fois, papa la porterait sur son dos. Papa ? Willie et Bernie me dévisagèrent. Cela m'avait échappé. J'avais tellement l'habitude de le dire à Willie… et puis, comment étais-je censé désigner ce nouvel homme dans sa vie ? Bernie ? M. Lierow ? Oncle Bernie ? Non, papa était juste. Danielle connaissait-elle seulement le sens de ce mot ? Probablement n'avait-il jamais été utilisé en sa présence.

Après son quatrième trajet pieds nus sur le sable, Bernie/papa la souleva pour l'installer sur ses épaules. Il se mit alors à courir et à décrire des cercles pendant que Danielle, accrochée à sa tête, riait à en perdre haleine. Willie leur courait après. Nous étions comme n'importe quelle famille passant une bonne journée à la plage.

La revanche de l'eau salée fut particulièrement sévère après le dîner – si sévère, même, que je ne voulus pas prendre le risque d'emmener Danielle promener les chiens ; Bernie et Willie y allèrent donc sans nous. L'idéal eût été de la laisser un moment sur la cuvette des toilettes, mais elle ne voulut pas coopérer. Je lui redonnai donc de l'anti-diarrhéique, puis nous fîmes un peu de lecture et jouâmes avec les peluches entre deux éruptions. Lorsque les garçons revinrent avec les chiens, elle était déjà passée trois fois à la douche et avait mis hors jeu trois tenues, trois coussins, une couette et un tapis. Je sortis ses médicaments et les confiai à Bernie pour aller moi-même prendre une douche. Naturellement, elle était un petit ange à ses yeux. Quand je revins au salon pour lui dire qu'il était l'heure de se coucher, Danielle sommeillait déjà sur les genoux de son « papa », la tête sur son épaule, devant *Bob l'éponge*.

Le dimanche matin, j'entrai dans sa chambre pour la réveiller et la trouvai tranquillement allongée dans son lit, en train de serrer son ver luisant musical pour le faire chanter.

— Bonjour, Danielle ! On va changer ta couche.

Elle avait dormi presque neuf heures ; je ne fus donc guère surprise de constater qu'elle avait mouillé couche, pyjama et draps, jusqu'à l'alèze du matelas. Je lui donnai une douche avant le petit-déjeuner, et lui enfilai ensuite sa nouvelle robe pour nous rendre à l'église.

Nous fréquentions celle de Beach Baptist, dont les membres allaient de zéro à quatre-vingts ans, parfois au sein de la même famille. Nous adorions les activités qu'ils proposaient aux enfants. Il y avait toujours quelque chose à faire pour Willie. La congrégation était très impliquée dans de nombreux services d'entraide, et proposait des cours d'étude de la Bible pour adultes ou enfants tous les mercredis soir, suivis d'un repas convivial.

Avant le culte dominical se déroulaient le petit-déjeuner et la catéchèse ; toutefois, nous décidâmes de ne pas nous mettre de pression, et de nous contenter de voir combien de temps Danielle tiendrait assise avec nous. Nous avions noué des liens étroits avec la congrégation, et tout le monde savait que nous attendions cette enfant. Le dimanche précédent, on nous avait encore demandé des nouvelles à ce sujet, nouvelles que nous attendions nous aussi, à ce moment-là. J'avais hâte de présenter notre petite fille au pasteur et à son épouse.

Avec tous les événements de ces trois derniers jours, j'avais complètement oublié que c'était le dimanche des Rameaux. En haut des marches menant à l'entrée se tenaient quelques jeunes gens, les bras encombrés de branches de palmiers qu'ils offraient aux gens qui arrivaient. Nous en prîmes tous une, y compris Danielle, qui essaya *illico* de la mettre dans sa bouche. Les jeunes rirent, puis se sentirent gênés d'avoir ri. Bernie les rassura immédiatement.

— Ne vous inquiétez pas. Voici Danielle. Elle est venue nous voir pour le week-end. Elle fait parfois des choses rigolotes.

Personnellement, je n'avais pas trouvé les éruptions de la nuit dernière si rigolotes, mais mieux valait en effet en rire que s'en formaliser.

Lorsque nous franchîmes les doubles-portes de l'entrée pour pénétrer dans le sanctuaire, les personnes déjà assises se retournèrent pour voir qui arrivait. Après un sourire et un premier signe de bonjour, leurs visages affichèrent une certaine confusion en voyant Bernie tenir la main de Danielle, avant de s'éclairer de nouveau lorsqu'ils réalisèrent qui elle était. L'espace d'un instant, je crus même qu'ils allaient applaudir en brandissant leurs rameaux. L'image de Jésus entrant dans Jérusalem sur le dos d'un âne me vint alors à l'esprit, lorsque les habitants de la ville avaient déposé à terre leurs rameaux et leurs manteaux sur la route, devant lui.

Sur plusieurs bancs, on se poussa pour nous faire de la place ; nous choisîmes le plus proche de la sortie. Je savais que Danielle ne tiendrait pas une heure entière, et je voulais pouvoir sortir sans perturber le service.

Le culte commença. Le pasteur, dont l'intérêt de l'épouse pour l'adoption nous avait inspirés, donna une petite tape amicale dans le dos de Bernie en passant près de nous, avant de nous contempler, radieux, depuis sa chaire.

Il souhaita la bienvenue à tous au culte de ce dimanche des Rameaux et invita chacun à lever sa branche en l'air. Il s'agit, expliqua-t-il, d'un symbole de triomphe et de victoire. Je souris à Bernie au-dessus des têtes de Willie et de Danielle, songeant que Dieu nous envoyait là un nouveau message.

Moins de dix minutes plus tard, ce fut Danielle qui nous adressa un message tout à fait clair : j'en ai marre. Elle commença à se balancer, à gronder et à refaire son bruit de sirène d'ambulance. Nous sortîmes en hâte juste au moment où le chœur se levait pour entamer « Hosanna, hosanna ! ».

En rentrant à la maison, elle fit une grosse crise avec de vraies larmes. Tour à tour, nous essayâmes tous les trois de la réconforter, en vain, jusqu'à ce que Willie aille chercher son ver luisant musical, qui apaisa la tempête.

Bernie suggéra alors que l'après-midi nous essayions la piscine plutôt que la plage. J'adhérai immédiatement à sa proposition, pensant aux nombreux tours à la douche et à la machine à laver que cela m'éviterait. Lors du déjeuner, nous découvrîmes un autre mets que Danielle adorait autant que les frites : la pastèque. Je lui en avais coupé plusieurs bouchées, mais une seule seconde d'inattention suffit à Bernie pour se faire voler sa tranche, puis Willie la sienne. Le jus de la pastèque coulait des deux côtés de la bouche de la fillette, lui donnant des airs de vampire qui viendrait juste de se repaître d'une victime particulièrement dodue. Le jus gouttait de sa bouche à sa poitrine, sur son ventre, ses jambes, et une deuxième douche s'imposa donc avant de plonger dans la piscine.

Il ne fut pas aisé de lui passer le « maillot de bain » que la famille d'accueil avait envoyé ; lorsque je l'accompagnai enfin à la piscine où s'ébattaient déjà les deux garçons, tous deux éclatèrent de rire.

— On dirait le bonhomme Michelin ! se moqua gentiment Bernie.

— Non ! objecta Willie. Plutôt un déguisement de sumo !

N'importe quelle autre petite fille aurait fondu en larmes face à de tels commentaires sur son apparence. Mais Danielle ignora béatement ces remarques, tout absorbée qu'elle était par la vue du jacuzzi. Sans la moindre crainte, elle se baissa pour emprunter la petite échelle et descendit joyeusement dans le bain à bulles. Je demandai à Bernie et Willie de l'y rejoindre, même si l'eau n'était pas assez profonde pour qu'elle risque de s'y noyer – surtout harnachée comme elle l'était. Mon fils lui montra comment créer une tornade d'eau en courant en rond ; elle comprit très vite le concept et rit bientôt à gorge déployée en voyant l'eau tourbillonner. Une fois lassée de ce petit jeu, elle sortit du bain, fit deux pas jusqu'au bord de la piscine, et, avant que nous ayons le temps de réagir, en fit un troisième qui la mena directement dans l'eau.

— Danielle ! nous écriâmes-nous simultanément.

Mais nous n'avions pas à nous inquiéter. Le « maillot » ne permettait même pas à sa tête de passer sous l'eau et la gardait bien à la surface, où elle se mit à flotter telle une bouée humaine, l'air plutôt mécontent. Elle aimait de toute évidence aller sous l'eau, ce qui était quasiment impossible avec son accoutrement. Je ne me sentais pas très à l'aise pour elle non plus. Je décidai donc d'aller chercher le maillot de bain acheté la veille, et la changeai dans la salle de bains du bas.

— Regarde comme tu es jolie ! lui déclarai-je en désignant son reflet dans le miroir.

Je sortis ensuite le gilet de sauvetage du placard de Willie et le lui enfilai, puis la regardai repartir en courant pour sauter dans l'eau. Le gilet lui permettait de flotter juste assez pour que je n'aie pas à m'inquiéter, tout en lui permettant de toucher le fond de la piscine pendant une seconde ou deux lorsqu'elle sautait, avant de remonter à la surface.

Sauter. Flotter. Sortir. Sauter. Flotter. Sortir. Chaque fois que Danielle sortait de l'eau pour se poster au bord de la piscine, Bernie et Willie scandaient : « À vos marques... Prêt... *Go* ! » Le dernier mot correspondait évidemment au moment où la fillette bondissait dans l'eau.

Après une douzaine de fois, elle sembla hésiter ; peut-être était-elle fatiguée, songeai-je. Mais ce n'était pas exactement ça. Je ne sais si c'est à cause de ses sauts répétés dans la piscine ou de ses tornades dans le jacuzzi, mais à l'instant où les garçons crièrent le dernier « *go* ! », un jet de vomi jaillit soudain de sa bouche, avec une telle puissance qu'il atterrit au milieu de la piscine, sur un Bernie et un Willie horrifiés. Ce dernier poussa d'ailleurs un « beurk ! » retentissant. À cause de sa couleur rouge, je crus d'abord que cette sécrétion était du sang, mais les bouts de pastèque qui flottaient dans toute la piscine me révélèrent vite sa vraie nature. Beurk, en effet.

Willie piqua une tête, nagea sous l'eau jusqu'à l'autre extrémité du bassin, et vérifia qu'il n'avait pas de pastèque sur lui en remontant l'échelle. Bernie traversa le vomi sans sourciller, pendant que j'enveloppais Danielle dans une serviette pour l'emmener à l'intérieur, le reste de la famille sur nos talons.

J'expédiai le petit dans sa salle de bains pour se doucher, mon mari dans le jardin pour se rincer au jet, et montai les marches avec Danielle, qui continuait à vomir. J'espérais juste parvenir à la salle de bains avant que la diarrhée ne frappe encore, ce qui me semblait inévitable vu la quantité d'eau de piscine qu'elle devait avoir bue. Je l'assis sur la cuvette des toilettes avec son coussin musical Hello Kitty pendant que je retirais mes vêtements souillés, me lavai le visage, et enfilai la première chose que je pus sortir du bac de linge sale. Il était fort probable que ce qui n'était pas sorti par sa bouche allait ressortir par l'autre bout, mais au moins elle était aux toilettes. Il y avait du progrès !

Alors que j'enlevais Danielle des toilettes pour la faire passer à la douche, Bernie arriva, le téléphone collé à l'oreille.

— Oui, Garet, tout se passe toujours très bien. On s'amuse beaucoup… Nous sommes allés à l'église, ce matin… C'est le dimanche des Rameaux, vous savez… C'était vraiment chouette… Nous ne sommes restés que dix minutes, malgré tout… Oui, elle dort bien. Elle adore la chambre que Diane lui a faite, tout en rose. Avec ces trucs de filles, Hello Kitty… Ah bon, elle déteste les chats ? C'est drôle, elle adore Hello Kitty… Elle aime moins faire les courses, par contre… Hier, nous sommes allés au supermarché lui acheter des vêtements, ceux de la famille d'accueil ne lui allaient pas… trop grands. Nous lui avons pris des chaussures et un nouveau maillot de bain. Ce truc qu'ils lui ont envoyé, c'est dingue, on dirait une bouée de sauvetage… Elle ne l'a pas mis à la plage… Oui, deux fois. Le jour où elle est arrivée, et hier, mais elle a bu tellement d'eau salée qu'elle a eu une diarrhée d'enfer. Elle a sali tout ce qu'elle avait… Aujourd'hui, nous avons tenté la piscine. Nous lui avons enfilé son nouveau maillot de bain et un gilet de sauvetage, et ça lui a beaucoup plu, parce qu'elle pouvait mettre un peu la tête sous l'eau. Elle adore l'eau… Elle mange bien. Elle a dû ingurgiter un quart de pastèque, ce midi. Mais tout est ressorti dans notre piscine… Oui. Je n'avais jamais vu un tel jet de vomi ! C'était assez impressionnant… Non, non, rien d'inquiétant. Diane lui fait prendre une douche en ce moment… Nous sommes toujours en train de lui nettoyer un bout ou l'autre, depuis qu'elle est là… Oui, c'est assez comique… Ce n'est pas grave. Elle dort plutôt bien… Les balancements sont moins violents, et elle ne se lève que deux ou trois fois. Nous nous contentons de la remettre au lit. Je crois qu'elle se sent mieux quand la porte reste ouverte, comme ça, elle peut voir la lumière du couloir… Willie va bien, merci de prendre de ses nouvelles. Il est super avec elle… Oui, c'est un gentil garçon. À quelle heure devons-nous la ramener demain ?

Il y eut alors un long silence, et une expression étonnée et heureuse à la fois se lut sur le visage de mon mari comme il écoutait Garet.

— Vraiment ? Vous êtes sûre ? Pour combien de temps ? C'est vrai ? Ce serait génial ! Bien sûr, je vais lui demander, mais je suis certain qu'elle sera d'accord. Ne quittez pas.

Il colla le téléphone contre sa jambe et m'expliqua que Garet voulait savoir si nous pouvions la garder quelques jours de plus.

— C'est vrai ? Combien de temps ? Nous pouvons la garder toute la semaine ?

Bernie reprit le téléphone.

— Diane voudrait savoir si Danielle peut rester chez nous toute la semaine... Oui, tout à fait... Ah oui, vraiment ? C'est drôle. Non, nous la garderons aussi longtemps que possible. Bien sûr, n'hésitez pas à appeler tous les jours... Oui, j'ai votre numéro aussi... D'accord, nous appellerons en cas de besoin. Merci beaucoup, Garet.

Il raccrocha, et nous échangeâmes un regard radieux. Ni l'un ni l'autre n'avions osé parler du retour supposé de Danielle le lendemain, qui nous remplissait de tristesse. Quel cadeau on nous faisait en nous la laissant ainsi toute la semaine ! Si j'avais su, je n'aurais pas essayé de caser autant d'activités en seulement deux jours.

Bernie sortit Danielle de la douche et lui annonça la bonne nouvelle.

— Trésor, tu vas rester toute la semaine avec nous !

Au même moment, elle se tourna pour lui faire face et lâcha un nouveau jet de vomi. Je lui tendis une serviette.

— On va de nouveau devoir tout nettoyer ! soupira Bernie.

— *On* ne va pas tout nettoyer, Bernie : *je* nettoie tout. Mais merci de ta proposition. Voilà une serviette pour toi, et une pour elle. Moi, je vais faire à manger. Quand tu auras fini avec elle, elle pourra regarder les dessins animés avec Willie pendant que tu nettoieras la piscine. Merci !

Espérant ne plus provoquer de réaction digestive chez Danielle, je préparai un petit-déjeuner en guise de dîner, ce dont Willie et Bernie raffolent.

Nous découvrîmes que notre invitée adorait les pancakes, mais pas les œufs brouillés. Après une longue promenade avec les chiens, quelques discussions avec les voisins – qui remarquèrent tous les belles couleurs que Danielle avait prises – et un gros baiser au lapin de Pâques géant, elle regarda une heure de dessins animés sur le canapé avec Willie, tandis que je mettais à laver les vêtements parfumés à la pastèque et débarrassais la table.

Je me trouvais encore dans la cuisine lorsque mon mari m'appela dans le salon, avec un accent d'urgence dans la voix. Je m'attendais à une nouvelle éruption ; au lieu de quoi, je découvris des sourires radieux sur les visages de mes deux hommes.

— Écoute un peu ça, Diane.

Bernie se pencha tout près de Danielle et lui demanda si elle était prête à aller se coucher. Elle ne répondit pas.

— Il est l'heure de se préparer à aller dormir, Danielle. Rappelle-toi : à vos marques, prêts, *go* !

Elle leva alors les yeux vers lui et répéta tout bas :

— *Go*.

Je me figeai, mon torchon à la main, les yeux rivés sur elle.

— Bernie, recommence, s'il te plaît, lui demandai-je.

— À vos marques, prêts, *go* !

Et Danielle de répéter :

— *Go*.

Sa voix était plate, dénuée d'inflexion, comme celle de Bernie, mais elle avait bel et bien prononcé un mot que nous pouvions comprendre.

Mon mari souleva Danielle dans ses bras pour l'emmener dans sa chambre.

— Allez, *go*, lui répéta-t-il.

— *Go*, répondit-elle encore tandis qu'ils tournaient dans le couloir.

Willie ne quittait pas la télévision du regard. Je me demandai s'il n'était pas un peu jaloux de toute l'attention que nous accordions à cette petite fille.

— Mon grand, viens avec moi dans la cuisine et dis-moi ce que tu veux manger demain midi. Je veux que tu saches à quel point papa et moi sommes fiers de toi. Nous savons que ce n'est pas facile de faire entrer quelqu'un de nouveau dans une famille, surtout quelqu'un comme Danielle. Tu fais un incroyable grand frère pour elle, et nous apprécions énormément ton aide.

— Merci. Je dois aller à l'école demain ? Sinon, je peux aider pour s'occuper de Danielle.

— Bien tenté, Willie. Mais oui, tu dois aller à l'école demain. Je vais me débrouiller. Maintenant, prépare-toi à te coucher.

Lui à l'école et Bernie au travail, je me retrouvai donc seule avec Danielle le lendemain, et cette occasion me sembla la bienvenue. Elle s'était déjà bien attachée à son « père », et son « frère » était de sa taille. Je me sentais en revanche légèrement moins désirée, tout en me disant que cela devait être dû à l'image de sa mère, ce qui était fort compréhensible. Je devais juste dépasser ce sentiment.

Elle me laissa lui prendre la main pendant que nous promenions les chiens, mais lorsque je lui demandai si elle voulait participer et lui mis la laisse dans la main, elle la laissa tomber par terre. En rentrant à la maison, nous fîmes le tour du jardin et prîmes le temps de nous arrêter devant toutes les plantes et fleurs tropicales, que je lui nommai une à une. Un papillon butinait l'une d'entre elles ; me souvenant de ce que Garet nous avait dit sur sa réaction devant les papillons du mur de l'hôpital, je fis bien attention à le lui montrer en prononçant son nom. Je l'emmenai ensuite sur le ponton, en veillant à ne pas lui lâcher la main. Je n'avais pas envie de plonger dans le canal pour la repêcher, et qui sait quel désastre digestif pourrait survenir si elle buvait de cette eau-là ? C'était une bonne matinée pour les lamantins, dont tout un groupe tournait autour du ponton. Leur étrange silhouette ainsi que leur façon de faire surface avant de disparaître intrigua Danielle, qui les suivit des yeux au fil de leur lente progression dans l'eau. Je m'efforçai d'expliquer ce qu'était un lamantin, comment ils se nourrissaient, ce qu'ils aimaient faire. J'avais un peu l'impression de me parler à moi-même, ou à un bébé, mais j'espérais quand même que la petite en retirât quelque chose.

Il me restait des tâches ménagères à accomplir. Je la laissai donc regarder des programmes pour enfants à la télé, puis l'éteignis et l'emmenai jouer dans sa chambre. J'allais régulièrement y jeter un petit coup d'œil. Elle aimait s'allonger sur le dos, par terre ou sur son lit, et faire tourner quelque chose au-dessus de sa tête – souvent une chaussette –, lui donnant des tapes de son autre main. Je ne savais pas ce que cela représentait, ni si je devais l'empêcher de le faire. Peut-être me faisais-je des idées, mais je notai dans un coin de ma tête de poser la question à M. O'Keefe, et lui retirai la chaussette pour lui donner plutôt un jouet musical.

Après le déjeuner, nous partîmes au parc et nous concentrâmes sur l'escalier du toboggan, qu'elle devait escalader seule. Danielle avait compris qu'une fois rendue en haut, elle pouvait glisser en bas. Cela montrait qu'elle savait qu'une chose pouvait en entraîner une autre, et que rien de ce que nous faisons n'est décorrélé du reste, pensai-je. Un vendeur de glaces passa dans le parc ; je lui achetai un sorbet, mais elle ne sembla pas apprécier le froid. Elle le mit dans sa bouche à trois ou quatre reprises, et finit par le laisser tomber par terre comme pour me montrer que cela ne lui plaisait pas. Je ramassai le sorbet, le remis dans sa main et l'emmenai jusqu'à une poubelle en lui expliquant ce que nous faisions, et pour quelle raison. Du parc, nous allâmes ensuite chercher Willie. Je m'apprêtais à la faire rentrer dans l'école, mais me ravisai en songeant que, tant que nous n'étions sûrs de rien, il était inutile de la présenter à des tas de gens. De plus, je ne voulais pas embarrasser Willie. C'était une chose de supporter Danielle hurler au supermarché ou sur la plage, parmi des inconnus, mais c'en était une autre de la retrouver parmi des camarades de classe. Nous attendîmes donc dans la voiture, elle grondant doucement en se balançant sur la banquette arrière. Elle ne parut pas reconnaître Willie lorsqu'il entra dans la voiture, ce qui dut un peu le vexer. Nous allions tous avoir besoin d'une bonne dose de patience.

Pendant que mon fils faisait ses devoirs, elle alla nager dans la piscine, tout en essayant sans cesse de se débarrasser de son gilet flottant. Elle ne remporterait pas cette bataille-là, me dis-je, avant de penser qu'un jour, peut-être, Bernie pourrait évaluer sa capacité à nager sans gilet de sauvetage, en restant près d'elle.

Après le dîner – lors duquel j'ajoutai la purée à la courte liste de ce que Danielle refusait de manger –, nous sortîmes les chiens, papotâmes avec les voisins, lui fîmes prendre une douche, enfiler son pyjama, puis nous regardâmes *Bob l'éponge*. Elle était très détendue, et, lorsque je lui déclarai qu'il était temps d'aller se coucher, elle tendit les bras vers moi pour la première fois, ce qui était son signal pour se faire porter. Dans la chambre, je m'allongeai avec elle sur le matelas et lui lus *Petit ours brun* et *Bonne nuit, la lune*. Je lui souhaitai bonne nuit, éteignis la lumière, et la regardai alors depuis le couloir. Elle se balançait, mais beaucoup moins fort que les soirs précédents. Ça avait vraiment été une bonne journée.

Le reste de la semaine se déroula plus ou moins de la même manière, avec de petites victoires, des revers, et quelques surprises. De plus en plus à l'aise dans notre maison, Danielle l'explorait davantage, et son lieu d'exploration favori était le réfrigérateur. Chaque fois qu'elle venait dans la cuisine, elle en ouvrait la porte. Mais elle n'y prenait jamais rien, se contentant de regarder, fascinée par toute la nourriture. Lors de sa quatrième nuit chez nous, je m'éveillai en sursaut et distinguai bientôt de la lumière depuis la cuisine. Elle avait ouvert le tiroir du bas du congélateur et se tenait pieds nus à l'intérieur, fixant le contenu des doubles portes ouvertes du réfrigérateur.

— Danielle ?

Elle parut un peu surprise mais ne bougea pas. Je la soulevai et l'assis sur le plan de travail pour toucher ses pieds. Ils étaient littéralement gelés ! Heureusement que j'étais arrivée ! J'ignorais depuis combien de temps elle était plantée là, et qui sait si elle n'aurait pas fini par avoir des engelures ? Alors que je lui frottais énergiquement les orteils, Bernie se réveilla et me rejoignit dans la cuisine.

— Qu'est-ce qui se passe ?

Je lui racontai comment j'avais trouvé Danielle, et il éclata de rire.

— Ce n'est pas drôle, Bernie ! Elle aurait pu avoir des engelures ! Elle était debout sur le stock de côtes de porc congelées !

Il tenta vainement d'arrêter de rire, mais plus je lui parlais, plus son fou rire s'accentuait.

— Arrête, nous n'avons aucun intérêt à encourager ce genre de comportement ! fulminai-je avant de la remettre au lit.

Ma tentative de début d'éducation à la propreté fut moins drôle. Je ne l'avais jamais enseignée à une petite fille, mais j'avais entendu dire que la tâche était plus facile avec les garçons, du moins pour leur apprendre à faire pipi dans les toilettes, où ils pouvaient s'amuser à faire des bulles. On m'avait aussi rapporté des cas de petites filles ayant des grands frères, et qui essayaient de faire pipi debout, avec le résultat qu'on pouvait imaginer.

Je pensai qu'une démonstration pourrait aider Danielle ; lorsque nous fûmes seules pendant la journée, je l'emmenai donc aux toilettes avec moi chaque fois que j'avais envie d'y aller. Pour ce faire, je bus volontairement plus d'eau qu'à l'accoutumée, afin de créer de nombreuses occasions de démonstration. Je lui expliquai ce que je faisais, lui dis qu'elle pouvait en faire autant, et que si elle y parvenait elle n'aurait plus besoin de porter de couches. Lorsqu'elle m'accorda son attention, la démonstration parut davantage l'amuser que l'intéresser. Après m'être relevée, je l'asseyais sur le siège des toilettes et lui parlais. Rien ne se produisait, jusqu'à ce que je capitule et la laisse se relever. C'est alors qu'elle urinait sur ses jambes et sur le sol.

Je sentais en elle une résistance consciente, délibérée. De la part d'un autre enfant, cela aurait été exaspérant ; mais venant d'elle, curieusement, je trouvai cela plutôt encourageant. Au moins, cela me prouvait qu'elle était capable de réfléchir à quelque chose, même si cette réflexion aboutissait à me montrer qu'elle apprendrait cela à son rythme, et non au mien. « Ce n'est pas toi le chef ! »

Bernie prit une demi-journée de congé afin de pouvoir passer un peu de temps seul à seule avec elle. Ils se rendirent à la banque, au parc, puis passèrent me chercher à la maison, et nous allâmes ensemble chez McDonald's manger nuggets de poulet et frites. Ces dernières déchaînèrent de nouveau ses pires pulsions alimentaires. Elle les engouffra à une vitesse stupéfiante. Une fois rentrée à la maison, elle grimpa dans un fauteuil de cuir et y vomit tout ce qu'elle avait ingurgité : les frites, nuggets et chocolat au lait. Pas joli à voir !

Elle eut donc droit à un autre passage sous la douche, puis se reposa dans le salon près de la piscine, pendant que je faisais du repassage. Je l'autorisai à aller se baigner avant que nous allions chercher Willie, et elle essaya de se déshabiller toute seule, ce qui était une grande première. Je lui enfilai son maillot de bain et son gilet flottant, puis elle trotta jusqu'à la piscine sur la pointe des pieds. Nous avions interrogé M. O'Keefe à ce sujet à l'école : il avait déclaré que cette façon de marcher n'était pas rare chez les enfants comme elle. On ne lui avait jamais vraiment appris à marcher, et elle n'avait guère eu d'occasions de s'entraîner dans la maison de sa mère. Je me demandai néanmoins si ce n'était pas aussi une réaction au fait de marcher pieds nus sur tous ces insectes, ces déjections, ce sol absolument répugnant – moi non plus, je n'aurais pas aimé me promener là-dessus !

Elle devait cependant apprendre à marcher normalement, sans quoi les muscles de ses mollets risquaient de s'hypertrophier.

— Les pieds à plat ! lui rappelai-je, comme nous avions vu M. O'Keefe et ses auxiliaires le faire en classe.

Elle retomba sur ses talons puis sauta dans l'eau, trop heureuse d'avoir la piscine et ses jouets pour elle toute seule. Lorsque je la prévins qu'il était temps de sortir de l'eau, j'anticipai sa réaction habituelle : elle nagerait un peu plus loin, et je devrais me mouiller en partie pour parvenir à l'en extirper. Mais, ce jour-là, elle avança de son propre chef vers l'échelle, sortit toute seule, et essaya même de retirer son gilet de sauvetage. Je l'aidai à s'en débarrasser, puis attendis de voir ce qu'elle allait faire ensuite. Elle s'empara d'une serviette, sans trop savoir comment s'en servir. Je l'en enveloppai affectueusement en la félicitant pour toutes ces initiatives.

Arrivée à l'étage, elle commença à courir partout. Je lui expliquai qu'elle devait d'abord se sécher et s'habiller, et attendis de nouveau pour voir ce qu'elle allait faire. Elle se dirigea vers la salle de bains, sachant que la prochaine étape consistait à lui retirer son maillot mouillé. Je lui demandai ensuite si elle voulait s'asseoir sur le siège des toilettes, mais à la place, elle partit toute nue vers sa chambre, prête à enfiler une couche et des vêtements propres. Je ne pouvais pas attendre d'en faire part à Bernie ; alors qu'elle jouait avec ses animaux en peluche, je lui passai un coup de fil sur son portable pour lui faire le compte-rendu. Il resta muet, si bien que je crus que la communication était coupée.

Il était tellement ému qu'il ne put parler pendant plusieurs instants. Et tellement heureux qu'en rentrant il s'arrêta dans un magasin de jouets et acheta un nouveau kit de meubles miniatures pour Willie ainsi qu'un jouet pour Danielle, qui disait « Coucou me voilà ! » quand on appuyait sur un bouton. Notre fils avait joué à ce jeu avec la fillette toute la semaine, en se cachant derrière des serviettes ou des couvertures, ce qui l'avait fait beaucoup rire. Elle connaissait maintenant ces mots et adora appuyer sur le bouton encore et encore. J'étais sûre que dans un jour ou deux j'aurais envie de jeter ce jouet parlant à la poubelle !

En raison du Vendredi saint, l'école était fermée. Nous passâmes une journée tranquille près de la piscine, puis nous rendîmes au parc. Bernie et moi étions conscients que le séjour de Danielle chez nous touchait à sa fin, et nous voulions juste profiter du temps qu'il nous restait, comme une vraie famille.

Puisque nous devions la ramener le dimanche de Pâques, nous décidâmes de participer à la chasse aux œufs organisée le samedi, au centre de loisirs de la communauté de Bay Oaks.

Là, naturellement, il n'y avait pas de catégorie adaptée à son cas. Elle dut donc se joindre au groupe d'enfants de son âge, ce qui revenait à mêler un enfant d'un an à d'autres de huit. Willie ne la quitta pas d'une semelle, mais, bien entendu, elle était complètement perdue, et ne ramassa pas un seul œuf. Je fus toutefois surprise qu'elle ne lâche pas son panier. Quand tout fut terminé, mon fils bénéficiant d'un butin conséquent, nous tentâmes un petit exercice. Il en posa une partie sur le sol, devant Danielle, et Bernie guida la main de celle-ci vers les œufs, puis jusqu'au panier pour les y déposer. J'ouvris alors un œuf, déballai le chocolat, et le lui mis dans la bouche. « Bonbon. Mmmm. Miam. Bon. Encore. » Sauf qu'elle ne se souciait guère de l'emballage, et remit un œuf entier dans sa bouche.

La chasse aux œufs avait lieu dans un vaste espace à ciel ouvert. Dès que nous lui eûmes enlevé le papier d'aluminium de la bouche, Danielle se mit à courir, pendant un long moment, s'amusant visiblement beaucoup. L'endroit étant clôturé, nous pouvions la laisser gambader autant qu'il lui plaisait sans avoir à nous inquiéter. Je songeai qu'après toutes ces années de confinement la course devait être un vrai régal pour elle.

Ce soir-là, nous dînâmes sur la terrasse, promenâmes les chiens, et l'emmenâmes voir Dorothy et Paul, puis Doris et Bill. Bernie la souleva pour qu'elle puisse faire un baiser d'adieu au lapin géant. Nous nous sentions tous un peu tristes, mais faisions de notre mieux pour ne pas le montrer. Nous ne voulions pas que Danielle ressente notre émotion.

Après quoi, mon mari la changea et lui mit son pyjama, puis nous nous lovâmes sur le canapé pour regarder le film *Happy Feet*. Elle s'endormit sur les genoux de son « père » qui, le film fini, la porta dans sa chambre et la borda délicatement dans sa couette Hello Kitty.

Le matin de Pâques, je m'éveillai avec un sentiment d'angoisse. Il me fallut quelques secondes pour en définir la cause : nous allions ramener Danielle à Tampa. J'avais beau savoir qu'elle ne comprenait pas ce que représentait le jour de Pâques, il me semblait néanmoins qu'on lui volait un nouveau jour de fête. Je me promis que, à son retour parmi nous, nous fêterions chacun de ces jours comme si c'était son premier. Ce qui serait bien le cas. Avait-elle jamais eu un gâteau ou une fête d'anniversaire ?

J'avais caché les paniers de Pâques la veille au soir, au cas où Willie se lèverait avant moi. À son âge, il ne croyait plus vraiment aux cloches, à la petite souris ou au Père Noël ; toutefois, il n'était pas encore prêt à renoncer à cette partie de son enfance, et craignait de le formuler clairement.

Lorsqu'il nous rejoignit à l'étage, il n'arborait pas son enthousiasme habituel. Nous ressentions déjà tous le poids de la séparation à venir. Je lui demandai si les cloches étaient passées ; l'air triste, il me regarda et répondit qu'il ne savait pas.

— Est-ce que je peux réveiller Danielle, pour aller voir dans le jardin avec elle ?

Nous allâmes dans la chambre de la fillette, et la trouvâmes sur son lit en train de jouer avec le « Coucou me voilà ! ». Une fois que je l'eus changée, Willie la prit par la main et l'emmena faire le tour de la maison jusqu'à ce qu'ils aient trouvé les paniers. Les cloches avaient laissé pour Danielle un lapin rose en peluche, qu'elle essaya de manger en fourrant une oreille entière dans sa bouche. Cette petite n'avait pas son pareil pour nous faire tous rire !

Je lui expliquai qu'une peluche n'était pas destinée à être mangée, mais que son petit-déjeuner préféré – des gaufres – était prêt. Elle en dévora quatre, dont une demie subtilisée dans l'assiette de Willie. Je le soupçonne d'avoir tourné le dos exprès pour lui en donner l'occasion.

J'avais lavé tous les vêtements que la famille d'accueil avait envoyés, et les remis tous dans le sac, mais j'habillai Danielle avec l'une des tenues que nous avions achetées. Irrationnellement, je me disais que cela lui fournirait une sorte de protection pour son retour vers l'inconnu, ou que cela la ferait penser à nous. Je lui demandai une dernière fois de s'asseoir sur la cuvette avant le long trajet en voiture. Elle obtempéra, sans rien faire d'autre pour autant. Pourtant, elle n'urina pas sur le sol en se relevant. C'était toujours ça.

Willie avait de nouveau fait le plein de jouets sur la banquette arrière. Bernie apporta le petit sac à dos de Danielle ; je m'assurai qu'il contenait bien son petit lapin rose, et nous partîmes vers le nord, direction Tampa.

Le trajet du retour fut bien différent de l'aller, une semaine auparavant. Nous faisions notre possible pour rester joyeux et positifs, mais l'exercice était difficile. Comment savoir ce que Danielle comprenait à la situation ? Quel impact cela pouvait-il avoir sur elle ? Dans tous les cas, nous ne pouvions rien y faire. Peut-être était-il préférable qu'elle ne comprenne pas, mais elle savait apparemment que quelque chose se préparait. Plus nous roulions vers le nord, plus elle manifestait de signes d'anxiété : les balancements se firent plus forts, ainsi que ses grognements. Willie essaya de la distraire, mais ni le ver luisant musical ni le « Coucou me voilà ! » n'y purent rien. Ce qui ne nous facilitait pas les choses.

Nous fîmes halte au McDonald's de Venice pour déjeuner. Là, je pris soin de gérer son stock de frites. Je ne voulais pas que la famille d'accueil nous accuse de rendre Danielle malade. Mais je trouvai un peu attristant de passer un déjeuner de Pâques dans un tel endroit.

On nous avait donné rendez-vous avec le père de la famille d'accueil sur le parking d'un supermarché. Personnellement, j'aurais préféré la ramener chez elle afin de voir la maison et éventuellement parler avec la mère, pour lui raconter comment la semaine s'était passée. Mais ils insistèrent pour que nous nous retrouvions sur le parking. Bernie s'y gara donc, à l'endroit que l'on nous avait indiqué, et nous sortîmes tous de la voiture pour attendre. Willie et Danielle jouaient avec le Slinky pendant que nous les regardions, et que j'essayais de contenir mes larmes. Plus tard, Bernie me confia qu'il avait eu très envie d'attraper la fillette, de la remettre à l'arrière de la voiture et de filer aussi vite que possible.

Quelques minutes plus tard, une voiture noire s'arrêta à côté de notre véhicule, et la vitre teintée du conducteur se baissa.

— Vous êtes les Lierow ? demanda-t-il.

— Vous êtes le père de la famille d'accueil de Danielle ?

Il acquiesça et sortit de son véhicule, sans pour autant couper le moteur. Il appela alors Danielle, mais elle ne répondit pas. Bernie avança, prit le Slinky des mains de Willie, et lui demanda de dire au revoir à la fillette. Il la serra très fort dans ses bras ; elle le laissa faire, même si elle ne lui rendit pas son étreinte. Je tendis le petit sac à dos à l'homme et essayai de lui raconter combien la semaine s'était bien passée, mais il n'avait visiblement aucune envie de discuter.

— Ma femme est en plein repas de Pâques, je dois y aller, précisa-t-il avec un regard appuyé à sa montre.

Bernie et moi nous accroupîmes alors devant Danielle. Nous lui expliquâmes combien nous avions apprécié l'avoir chez nous, au sein de notre famille, et lui fîmes la promesse de revenir la voir bientôt, très bientôt. Le temps d'un dernier baiser, et elle s'envola.

Nous restâmes cinq minutes sur le parking, espérant que, par miracle, la Mercedes revienne, que l'homme nous avoue que tout cela était une énorme erreur, et que Danielle rentre avec nous. Mais rien de tout cela n'arriva.

Le retour fut horrible. Derrière, Willie jouait avec le « Coucou me voilà ! » en pleurant doucement, avant de pousser le classique « c'est pas juste ! » dans un sanglot.

Non, en effet, ce n'était pas juste. Du début à la fin. Ni ce que sa mère lui avait fait, ni ce que le DCF n'avait pas fait, ni ce qui arrivait aujourd'hui.

Je n'osais imaginer le contraste entre ce qu'elle venait de vivre avec nous et ce vers quoi elle retournait, confinée seule dans une chambre où il n'y avait qu'un matelas et des draps. Comme cela devait être déroutant pour elle de vivre une belle et nouvelle vie avec des gens qui l'aimaient, et de se la faire brusquement enlever.

De retour à la maison, je me rendis dans sa chambre, m'assis sur la couette Hello Kitty, serrai le ver luisant et lâchai mes larmes.

C'est une chose que de laisser votre enfant partir à l'université ou dans son premier appartement.

C'est une transition difficile mais naturelle, des deux côtés. Là, ça n'avait rien à voir. Que comprenait Danielle ? Se demandait-elle si elle avait fait quelque chose de mal ? Je ne supportais pas l'idée qu'elle pouvait croire que nous la rejetions, que nous ne voulions pas d'elle. J'espérais que quelque part, en son for intérieur, elle savait que nous allions revenir, tout comme je croyais que, d'une certaine manière, elle savait que nous étions venus pour elle la première fois.

Bernie me rejoignit dans la chambre, s'assit sur le lit, et passa son bras autour de moi.

— J'appellerai Garet dès demain matin pour savoir quand elle pourra revenir. Maintenant, occupons-nous de Willie, et allons promener les chiens.

Je lui demandai d'y aller sans moi. Je ne me sentais pas la force d'affronter les questions des voisins. En si peu de temps, Danielle était devenue non seulement un membre de notre famille, mais aussi de notre communauté, et je savais que tout le monde poserait des questions sur la façon dont nous l'avions laissée à Tampa. Je me mis donc à ranger sa chambre, remettant ses jouets bien en place comme s'ils l'attendaient, tout comme nous allions l'attendre, nous aussi.

Ce soir-là, dans mon lit, je demandai à Dieu de veiller sur cette petite fille jusqu'à ce que nous puissions l'accueillir pour de bon.

16

Un pas en arrière

Lorsque j'ouvre les yeux, le matin, la première chose qui me vient à l'esprit est : « Où sont mes enfants ? » J'établis alors un rapide rapport mental en commençant par le plus grand, Shawn, et en terminant par Willie. Le lendemain de notre aller-retour à Tampa, Danielle fit passer ma liste de vérifications de cinq à six. Je n'avais pas eu besoin de la porter pendant neuf mois, de lui donner naissance ou de partager son ADN. Elle était notre fille, et la laisser avec quelqu'un que nous ne connaissions pas nous semblait aussi anormal et angoissant que si l'un de nos fils avait été emmené pour vivre dans une autre famille.

Je bousculai un peu Bernie.

— À quelle heure peux-tu appeler Garet ?

Il ouvrit un œil et regarda le réveil sur sa table de nuit.

— Diane, il est 5 heures du matin. Je crois qu'on devrait au moins attendre qu'elle arrive à son bureau, non ?

Lorsqu'il décida enfin de l'appeler, avant de partir au travail, il tomba sur sa messagerie.

— Préviens-moi dès que tu as de ses nouvelles ! braillai-je en le suivant dehors.

Une heure plus tard, il s'exécutai, me signalant qu'il venait de confirmer à Garet que nous voulions adopter Danielle – comme si la question se posait encore. Notre interlocutrice reviendrait vers nous pour nous faire part des prochaines étapes.

La maison était si calme, la journée si longue sans Danielle. J'évitai le bout du couloir où se trouvait sa chambre et traînai mon chagrin dans chaque pièce, pleurant quand je tombais sur une de ses affaires, comme la timbale à bec que je retrouvai derrière le canapé. Chaque fois que je regardais la pendule, je me demandais ce qu'elle pouvait faire au même moment. Était-elle sur une balançoire, en train de déjeuner, d'écouter une histoire ? Piquait-elle une crise de nerfs ? Riait-elle ? Volait-elle le sandwich de quelqu'un ?

Je fus surprise de voir Bernie rentrer pour déjeuner, mais il savait que je passais un moment difficile, seule à la maison. Je suis toujours étonnée et reconnaissante de sa sensibilité face à mes émotions. Quel bonheur d'avoir créé un tel foyer, après deux ruptures dans nos vies maritales respectives !

Je lui demandai s'il pensait que nous pourrions appeler l'école de Danielle pour demander de ses nouvelles à M. O'Keefe et à Mme Perez. Il sourit et m'avoua qu'il y avait également songé. Pendant que je lui préparais un sandwich, il téléphona donc à l'établissement. Après quelques minutes de discussion avec la secrétaire, il demanda à parler à M. O'Keefe, mais eut finalement en ligne Mme Perez.

Tout en l'écoutant, son sourire s'élargissait. Je collai pratiquement mon oreille à la sienne pour tenter de comprendre ce qu'elle disait, mais il me repoussa gentiment. Après quoi, il dressa à Mme Perez un petit résumé de ce que Danielle avait fait avec nous.

— Oui, oui, nous étions bien occupés, rit-il. Nous nous sommes bien amusés. Nous attendons les infos de Garet White concernant la prochaine étape, et pour savoir quand nous pourrons la reprendre... Super, c'est très gentil à vous. Oui, passez le bonjour à M. O'Keefe et embrassez Danielle pour nous. Merci.

— Qu'est-ce qu'elle a dit ? Pourquoi souriais-tu ? Comment va Danielle ?

Je le bombardai de questions comme Willie le fait parfois pendant ses jours d'hyperactivité. Mme Perez s'était déjà rendue deux fois dans la classe pour voir Danielle et parler à M. O'Keefe. Elle rapporta que tout le monde s'était étonné de la bonne humeur de la fillette. Son instituteur trouvait qu'elle paraissait être une autre enfant : heureuse, stimulée, et écoutant attentivement. Ils voulaient savoir ce que nous lui avions fait !

C'était pourtant simple : nous lui avions donné de l'amour, des câlins, accordé de l'attention, et l'avions intégrée à notre famille. Bref, tout ce que des parents normaux auraient dû faire chaque jour de son existence. Si une seule semaine pouvait avoir un tel effet, imaginez ce qu'un mois ou une année pourraient lui apporter !

Le fait de savoir que Danielle était heureuse me remit d'aplomb. Je retournai dans sa chambre, la rangeai et enlevai les draps pour tout laver en attendant sa prochaine visite.

En allant chercher Willie à l'école, je passai au magasin prendre les photos de son séjour avec nous. Une fois rentrés, mon fils et moi les regardâmes ensemble, riant à la vue de Danielle avec son déguisement de sumo dans le jacuzzi, assise sur son lit parmi les animaux en peluche ou en train d'embrasser le lapin géant. Je suggérai à Willie de faire un dessin sur ce moment passé ensemble. J'écrivis ensuite un petit mot que M. O'Keefe pourrait lire à Danielle, et mis le dessin et le mot dans une enveloppe avec plusieurs photos à lui poster le lendemain.

Mais la gaieté fut de courte durée. À peine Bernie avait-il franchi la porte, en rentrant du travail, que je sentis le vent tourner. Intuition confirmée lorsque j'entendis cette fameuse phrase que tout le monde déteste :

— Il faut qu'on parle.

Nous savions que Michelle Crockett avait fait appel de la décision de déchéance de son autorité parentale. La procédure avait été retardée et prolongée plusieurs fois, mais tout le monde était intimement convaincu que la décision du tribunal ne changerait pas, et que, par aucun moyen, Danielle ne serait jamais rendue à sa mère.

Pourtant, lorsque nous avons confirmé à Garet notre volonté d'adopter l'enfant, au lieu de recevoir l'accord des différentes instances concernées, voire un zeste de gratitude pour sortir du système une enfant lourdement handicapée, nous n'avons reçu en cadeau qu'une nouvelle série d'obstacles, de blocages et de contradictions diverses.

Tout cela était si compliqué que Bernie dut prendre des notes – ce qui ne m'aida pas beaucoup, vu les pattes de mouche indéchiffrables qu'il griffonnait. Nous nous retrouvâmes dans les pires circonstances imaginables, incapables d'expliquer l'inexplicable.

La politique du HKI était celle-ci : tant qu'un enfant se trouvait sous le coup d'une procédure d'appel, il ne pouvait être placé en attendant l'adoption. Danielle avait été autorisée à venir chez nous afin que nous puissions confirmer notre volonté de l'adopter – malgré l'appel en cours –, mais, une fois que nous eûmes confirmé notre décision, elle ne pouvait plus être placée chez ses éventuels futurs parents adoptifs. Elle pouvait être placée dans une famille d'accueil qui avait l'intention de l'adopter, mais non « placée pour adoption ». Ma tête était sur le point d'éclater.

Nous avions beau avoir fait mille démarches, répondu à des centaines de questions, subi des enquêtes, des entretiens, suivi dix semaines de cours et payé une somme rondelette pour que notre agrément soit accordé par une agence privée, nous n'avions pas le statut de famille d'accueil.

Tant que l'appel de Michelle Crockett serait en cours, la seule façon de faire revenir Danielle chez nous était donc de retourner à l'agence locale pour obtenir notre licence de famille d'accueil. Nous n'aurions pas à repasser par toutes les démarches de l'agrément, mais cela impliquerait beaucoup de paperasse. Et prendrait donc du temps, comme chaque fois que l'on a affaire à l'administration.

Mais le pire de tout cela résidait dans le conflit entre les deux divisions administratives : le comté de Lee, où nous résidions, et celui de Hillsborough, où Danielle vivait, et sous la juridiction duquel elle se trouvait. Cela peut paraître ridicule et contre-productif, mais les procédures et la politique générale varient d'un comté à l'autre au sein du même État, et celles de Lee et de Hillsborough étaient assez éloignées.

Le comté de Hillsborough autorisait le placement chez des membres extérieurs à la famille uniquement avec une licence de famille d'accueil. Celui de Lee nous permettait d'aller voir un juge et de demander un placement d'urgence non familial sans licence de famille d'accueil, mais Garet expliqua à Bernie que, étant donné que Danielle se trouvait dans un foyer du comté de Hillsborough où l'on s'occupait d'elle sans qu'il y ait eu de plainte à ce sujet, cela ne constituait pas une « urgence ».

Je pleurais des larmes de frustration et m'arrachais les cheveux de colère. Tout cela était tellement ridicule et incompréhensible, surtout quand tout le monde s'accordait à dire que Michelle Crockett ne récupérerait jamais son enfant ! Mais elle ne voulait pas lâcher prise. C'était comme si elle se débattait pour faire comprendre au monde que, si elle ne pouvait retrouver sa fille, elle ferait tout ce qui était en son pouvoir pour compliquer la tâche de ceux qui la voulaient. Si seulement elle avait fait preuve d'autant d'énergie pour l'élever, Danielle n'en serait pas à ce stade aujourd'hui.

Je demandai à Bernie s'il pensait qu'on essayait de nous décourager.

— Nous ne baisserons pas les bras, Diane. C'est une épreuve, rien de plus. Nous savons qu'elle sera avec nous, tôt ou tard. L'idée que ça puisse être plus tard que tôt ne m'enchante pas, mais elle va revenir parmi nous. Si tu appelais le DCF demain, pour savoir ce qu'il faut fournir afin d'obtenir une licence de famille d'accueil ? Je vais rester en contact avec M. O'Keefe et Mme Perez pour que nous continuions à avoir des nouvelles de Danielle.

Bien sûr, il avait raison. La seule chose à faire était de nous battre pour elle et de garder espoir. Se battre était assez simple. Bernie et moi avons toujours été des personnes tenaces et entêtées. Nous étions aussi remplis d'espoir, mais espérer que le DCF se montre coopératif se révélait plus compliqué. Pour la première fois de ma vie, je compris pleinement le sens de l'expression « se battre contre le système », ainsi que les raisons pour lesquelles certains finissaient par jeter l'éponge. Mais abandonner en cours de route n'était pas dans mes gènes, pas plus que dans ceux de Bernie.

Le lendemain, j'appelai le Florida Baptist Children Home, notre agence locale pour les licences ainsi que l'endroit où nous avions assisté aux cours de parentalité. Je leur expliquai nos attentes ; l'employée nota quelques informations au téléphone et m'annonça qu'elle allait m'envoyer le dossier administratif.

— Combien de temps faut-il en général pour obtenir la licence ? demandai-je.

— C'est difficile à dire. Nous recevons beaucoup de demandes, que nous devons ensuite étudier. Cela devrait être plus rapide pour vous, puisque vous possédez déjà l'agrément, mais je ne peux pas me prononcer.

Je la prévins que nous passerions l'après-midi même prendre le dossier. Je n'étais pas sûre qu'elle prendrait la peine de le poster le jour même, voire dans la semaine, et ne voulais pas risquer de perdre encore plus de temps. Avant d'aller chercher Willie à l'école, je m'arrêtai donc au Florida Baptist et en repartis avec une épaisse enveloppe.

Bernie et moi remplîmes tout le dossier le soir même, et je le déposai à l'agence dès le lendemain, en le remettant en main propre à la femme à qui j'avais parlé. J'espérais que celle-ci serait sensible à mon désarroi et ferait le nécessaire pour que notre candidature avance au plus vite.

À partir de là, je passai le relais à Bernie-le-bulldog. Si cette femme me trouvait déjà pénible, elle allait s'arracher les cheveux quand elle commencerait à recevoir un appel de mon mari tous les matins. D'expérience, je savais qu'elle finirait par faire ce qu'il faudrait pour se débarrasser de lui.

Mais soit l'employée se trouvait pieds et poings liés, soit le harcèlement de Bernie n'eut aucun effet sur elle. L'attente s'éternisa. Chaque soir, en allant se coucher, Willie faisait une prière pour Danielle ; quant à moi, je pensais à elle toute la sainte journée. Croyait-elle que nous l'avions oubliée ? Nous avait-elle oubliés ? Chaque fois que Bernie discutait avec M. O'Keefe ou Mme Perez, ils lui demandaient ce qui prenait tellement de temps, et leur inquiétude était palpable. L'instituteur hésitait à parler en termes négatifs ou à dire quoi que ce soit qui sous-entendrait que la famille d'accueil ne faisait rien pour aider, mais Mme Perez se montra plus directe. Elle confia à mon mari que chaque semaine qui s'écoulait voyait Danielle régresser un peu plus, la ramenant au stade de l'enfant qu'elle était lors de son arrivée à Sanders. Cette nouvelle nous brisa le cœur et augmenta notre colère.

Enfin, six semaines après la remise de notre dossier, Bernie apprit que toutes les étapes administratives étaient terminées, et que nous avions reçu toutes les signatures nécessaires. Notre dossier était accepté. Désormais, il ne nous manquait plus que le document attestant de notre licence de famille d'accueil. Je proposai une fois encore de passer le prendre, mais l'employée nous déclara qu'il était déjà au courrier. Bernie en informa Garet, qui décida d'aller le chercher elle-même.

Presque une semaine plus tard, nous n'avions toujours pas notre licence. Aux alentours de 22 heures, un soir de fin mai, Willie était couché, et Bernie et moi affalés sur le canapé en train de regarder un film quand le téléphone sonna. Mon homme décrocha puis se redressa.

— Garet ? Qu'est-ce qui se passe ? Quoi ? Ce soir ? Patientez.

Il colla le téléphone contre sa poitrine et m'expliqua que l'école de Sanders avait fait un rapport la veille, mentionnant une suspicion de négligence de la part de la famille d'accueil de Danielle, au niveau de l'hygiène. Ils avaient déclaré qu'elle sentait très fort l'urine tous les jours, que ses vêtements n'étaient pas propres et que ses cheveux étaient sales. Portant toujours des couches, la fillette devait absolument être douchée une fois par jour, sans quoi elle empestait. La loi obligeait l'école à rapporter toute suspicion de négligence ou de maltraitance.

Depuis qu'elle avait eu connaissance de ce rapport, Garet avait travaillé d'arrache-pied pour compléter le dossier qui permettrait que Danielle soit retirée de sa famille d'accueil. La démarche était prise en compte ; seulement, il n'y avait aucune place pour elle dans le comté de Hillsborough. Sachant que nous venions d'obtenir le statut de famille d'accueil et que le cas serait considéré comme un placement non familial d'urgence, toutes les conditions étaient maintenant remplies favorablement. Du moins l'espérions-nous.

Garet voulait savoir si nous pouvions venir le soir même. Je fis remarquer que nous ne pourrions y être avant environ 2 heures du matin. Bernie demanda :

— Vous croyez qu'elle est en danger immédiat ? Si nous partons à la première heure demain matin, nous pourrons y être pour 10 heures. Où devons-nous nous rencontrer ? OK. D'accord, on vous appelle demain. Merci, Garet.

Nous aurions aussi bien pu quitter la maison à cette heure-là, car ni l'un ni l'autre ne pûmes trouver le sommeil de toute la nuit. Mais nous ne voulions pas réveiller Willie, et devions nous organiser pour les chiens si nous partions pour la journée entière. Malgré sa bonne composition, je me voyais mal réveiller Dorothy en pleine nuit.

Dès 7 heures du matin, nous étions en route pour Tampa, pied au plancher. Willie avait garni la banquette arrière du coussin Hello Kitty, du ver luisant musical, du Slinky rose, du « Coucou me voilà ! » et d'une demi-douzaine de peluches. Il restait à peine assez de place pour lui. J'ignorais où nous allions caser Danielle.

Garet nous avait indiqué que M. Morgan nous retrouverait avec Danielle à 10 heures, sur le même parking de supermarché que la première fois. À 9 h 45, nous y étions. À 10 h 30, il n'était toujours pas là. Nous appelâmes son numéro fixe, puis son mobile, mais tombâmes à chaque fois sur le répondeur. Garet nous avait précisé que cette famille fréquentait une église proche du supermarché, où ils prétendaient emmener Danielle chaque dimanche. Nous entrâmes dans deux églises avant de trouver la bonne. Le culte était terminé, mais nous trouvâmes le pasteur et l'interrogeâmes sur la famille d'accueil. Il confirma qu'ils étaient membres de cette congrégation, mais déclara ne pas les avoir vus depuis plus d'un an. Il appela les numéros qu'il avait à sa disposition et laissa à son tour des messages.

Nous retournâmes au parking, pensant que Morgan nous y attendait peut-être, mais ce n'était pas le cas, et personne n'avait essayé de nous appeler. Bernie se rappela alors que l'homme dirigeait une entreprise de remorquage, et partit en quête d'une station-service qui le connaîtrait, tandis que je restais sur le parking avec Willie. En effet, les employés de la station connaissaient bien M. Morgan, et Bernie leur demanda de lui téléphoner, pensant qu'il répondrait à un appel professionnel. Bien vu : lorsque l'homme décrocha, le pompiste tendit l'appareil à Bernie, fou de rage, mais qui avait surtout peur pour Danielle et ne voulait pas faire d'esclandre. M. Morgan déclara qu'ils avaient eu du mal à lever Danielle ce matin, mais que, dès que sa femme aurait bouclé toutes ses affaires, il nous rejoindrait au supermarché.

Nous attendions tous les trois à côté de notre voiture quand il se gara à côté de nous, une heure plus tard. Il sortit de sa Mercedes, nous dit à peine bonjour, et ouvrit alors la portière arrière.

Je ne pus retenir une exclamation. C'était comme si l'on venait de me décocher un coup de poing dans le ventre. Willie parut troublé, et je vis que Bernie retenait sa colère. Sur la banquette, Danielle était assise, seule. Elle n'essayait même pas de sortir de la voiture et restait passive, regardant droit devant elle, le regard hébété. Sa langue pendait d'un côté de sa bouche. Sa dose de médicaments avait dû être sensiblement augmentée pour qu'elle soit dans une telle léthargie. Lorsqu'elle tourna enfin la tête vers nous, je m'exclamai encore. Le côté gauche de son visage était couvert d'éraflures, dont l'une saignait encore légèrement. Bernie passa sans ménagement devant l'homme pour défaire la ceinture de la fillette et la soulever dans ses bras. Je remarquai alors de nouvelles égratignures sur ses avant-bras.

Je demandai à M. Morgan ce qui s'était passé, et comment elle s'était blessée. Il nous raconta d'abord qu'elle avait dû chuter dans la cour de récréation, car elle était rentrée de l'école dans cet état vendredi. Lorsque je lui fis remarquer qu'une écorchure saignait toujours, il prétendit qu'elle avait joué dehors le matin même, et qu'elle était de nouveau tombée.

Aucun des deux scénarios n'était vraisemblable. Si Danielle était tombée à l'école en s'écorchant de la sorte, le bureau aurait appelé la famille d'accueil, et ne l'aurait pas simplement renvoyée comme cela. Et Garet nous l'aurait mentionné lors de son appel sur le rapport établi par l'école. Or, elle n'avait abordé qu'un problème de défaut d'hygiène. En outre, les marques étaient latérales, partant de l'oreille de Danielle, sur sa joue et jusqu'au nez. Cela ne ressemblait pas aux conséquences d'une chute, mais plutôt du geste d'une personne ou d'un animal.

L'homme me tendit un sac contenant « ses trucs », selon ses propres termes. Tout ce que Danielle avait accumulé en presque neuf ans d'existence tenait dans un sac de toile de soixante sur trente centimètres. Il y avait davantage d'affaires lui appartenant sur la banquette de notre voiture que ce avec quoi elle avait quitté la maison de sa mère – une couche trempée –, et ce que sa famille d'accueil lui léguait. M. Morgan n'essaya même pas de la toucher ou de lui dire au revoir, et remonta dans sa voiture avant de démarrer et partir sans se retourner.

Bernie attacha Danielle à l'arrière de notre voiture, pendant que je demandais à Willie de s'installer à l'avant. Je voulais rester un moment auprès d'elle. Je sortis une lingette antiseptique de la trousse de secours que nous gardions dans la voiture, et lui tamponnai délicatement la joue et les bras en lui précisant combien nous étions désolés qu'elle se soit fait mal, désolés qu'il ait fallu attendre si longtemps pour la revoir, comme elle nous avait manqué, et comme nous étions heureux de la retrouver. Elle ne manifesta aucun signe de reconnaissance envers moi, même lorsque j'appuyai sur le bouton de son jouet sonore préféré.

Nous fîmes halte au McDonald's de Venice. Comme la première fois où nous l'avions emmenée chez nous, elle avait mouillé sa couche, ses vêtements et le siège. Je fouillai le sac et y trouvai la tenue que je lui avais mise pour le dimanche de Pâques. Je trouvai également le lapin rose en peluche et le lui tendis. Son visage n'afficha aucun changement d'expression, mais elle saisit tout de même le jouet. Après l'avoir changée dans les toilettes, je jetai à la poubelle son short trop grand et son T-shirt taché. Elle n'en aurait plus besoin, désormais.

Les garçons nous attendaient à table, impatients. Willie avait étalé ses frites sur un plateau et découpé le hamburger de Danielle en petites bouchées.

— Regarde, Danielle ! Des frites !

Il en saisit une et l'agita sous son nez. Comme elle ne la prenait pas, il parut sur le point de pleurer.

— Mais qu'est-ce qu'elle a ? Elle ne se souvient pas de nous ?

Bernie lui expliqua qu'il lui faudrait un peu de temps pour se sentir de nouveau bien dans notre famille.

— Est-ce qu'elle est fâchée contre nous ?

Peut-être pas fâchée, non, mais certainement désorientée et blessée. Quelles qu'en soient les raisons, nous l'avions laissée tomber, et nous allions devoir regagner sa confiance.

Après avoir franchi le pont d'Estero Island, Bernie s'arrêta à la première plage. Il prit Danielle sur la banquette arrière et la porta au-dessus du sable, puis retira ses sandales – les roses, que nous avions achetées – et la posa délicatement par terre. Willie se posta à côté d'elle, lui prit la main, et l'emmena jusqu'à l'eau. Elle ne résista pas. Main dans la main, leurs deux petites silhouettes se découpant sur le ciel rougeoyant pataugèrent dans la lumière du soleil couchant, resplendissant de la promesse de lendemains heureux. Je n'avais jamais rien vu d'aussi beau.

Bernie passa un bras autour de mon épaule et me serra contre lui.

— Ça va aller, Diane.

Au fond de moi, je savais qu'il avait raison. Danielle était chez nous, maintenant, à sa véritable place ; et nous ne la laisserions plus jamais partir.

17

Deux pas en avant

La première nuit que Danielle passa à la maison lors de ce second séjour fut agitée. Elle était si nerveuse et se balançait si violemment que je préférai rester dans sa chambre avec elle jusqu'à ce qu'elle dorme à poings fermés. Elle se leva trois fois pendant la nuit, et Bernie et moi nous relayâmes pour la remettre au lit. Cela me rappela la période où Willie était bébé.

À 5 heures du matin, nous fûmes réveillés par de forts gémissements, et la trouvâmes debout en train de faire les cent pas. Elle ne répondit pas lorsque je la sollicitai pour changer sa couche ; Bernie dut donc la porter comme un bébé jusqu'à la salle de bains, où je me débattis pour parvenir à lui faire prendre une douche. Nous étions tous trop fatigués la veille pour avoir pris le temps de la toilette, et elle en avait cruellement besoin. Il n'était pas question de lui brosser les cheveux. Je me demandai comment Mme Morgan avait réussi à le faire. Quelqu'un tenait-il ses mains en la laissant hurler tandis qu'une autre personne démêlait les nœuds de sa chevelure ?

Bernie prit une matinée de congé pour me prêter main-forte et appeler nos différents correspondants. Je conduisis Willie à l'école pour laisser son mari passer un peu de temps avec la petite ; à mon retour, elle était assise sur ses genoux devant la table de la cuisine et mangeait les morceaux de banane qu'il lui donnait. C'était un début. Il m'indiqua qu'il ne lui restait presque plus de médicaments et me demanda d'appeler la pharmacie pour refaire le plein, qu'il prendrait en revenant du travail.

Il appela d'abord l'école de Sanders pour les informer que Danielle habitait chez nous, et qu'étant donné qu'il restait à peine une semaine de classe elle ne reviendrait probablement pas. La secrétaire lui passa alors M. O'Keefe. Bernie lui raconta la version du père de la famille d'accueil au sujet des égratignures. L'instituteur ne voyait pas du tout de quoi il s'agissait, et déclara que cela n'avait pu se produire qu'après son départ de l'école, le vendredi, confortant ainsi notre hypothèse.

Ils discutèrent ensuite des progrès de Danielle au cours de l'année écoulée, et M. O'Keefe lui précisa que les évaluations scolaires annuelles seraient disponibles d'ici la fin de la semaine. Bernie ne devait pas hésiter à l'appeler, en cas de questions. Ouvrir une telle porte à mon mari constituait à mon avis une erreur de sa part : il risquait de l'avoir au téléphone une fois par semaine !

Bernie tint à remercier l'équipe enseignante pour leurs soins attentionnés envers la fillette, ainsi que de lui avoir fourni un cadre si rassurant.

— Garet nous a confié que l'école et votre classe étaient un véritable sanctuaire pour Danielle, le seul endroit où elle se sentait aimée et en sécurité. Nous vous sommes extrêmement reconnaissants, à vous et Mme Perez.

Avant de raccrocher, il promit à l'instituteur de l'informer des suites de la procédure d'adoption.

Il téléphona ensuite à Garet et lui fit un compte-rendu de notre mésaventure avec M. Morgan, de l'état de Danielle, et de la distance qu'elle affichait envers nous.

— Physiquement, ça a l'air d'aller, à part ces égratignures... sur son visage et sur ses bras... On s'est dit que vous étiez peut-être au courant... M. Morgan nous a donné deux versions : que c'était arrivé à l'école, puis en tombant dehors, chez eux. Je viens de parler à M. O'Keefe qui dit qu'elle n'avait rien quand elle a quitté l'école, vendredi, aucune égratignure. Nous avons plutôt l'impression que quelqu'un lui a fait ça... D'accord... On fait comme ça... Quand est-ce que ça arrive ? Nous allons le faire tout de suite. Nous avons aussi besoin de refaire le plein de médicaments, il n'en reste presque plus... OK, reparlons-en demain. Merci, Garet.

Elle avait demandé à Bernie que nous prenions des photos des écorchures, et que nous les lui faxions afin qu'elle puisse les inclure au rapport justifiant l'enlèvement de Danielle de sa famille d'accueil pour un placement d'urgence. En même temps, elle nous faxerait une lettre du HKI stipulant notre légitimité à « subvenir aux soins quotidiens, éducatifs et médicaux de base de l'enfant ».

Nous devions l'emmener chez un médecin dans les vingt-quatre heures suivant son arrivée afin qu'il atteste de sa condition physique, au cas où quelque chose se produirait plus tard.

Cela ne nous laissait guère de temps. Pour commencer, il fallait photographier le visage et les bras de Danielle. Je m'assis donc avec elle sur le sol de sa chambre pendant que Bernie prenait des photos. Garet allait faxer la lettre d'autorisation au bureau du sous-traitant chez qui mon mari travaillait cette semaine ; nous devions donc nous déplacer là-bas pour prendre le fax, déposer la pellicule dans un magasin faisant des tirages photo express, emmener Danielle en consultation dans un centre médical, retourner chercher les photos et les faxer à Garet depuis le bureau, tout ça avant d'aller chercher Willie à l'école.

Le cabinet du médecin était bondé, et l'attente parut interminable, surtout pour une petite fille de huit ans qui n'avait aucune envie de se trouver là et pour les adultes qui essayaient de la calmer. Elle piqua une grosse crise de nerfs dans la salle d'attente. Si elle n'avait jamais vu de médecin pendant les sept premières années de sa vie, elle en avait en revanche rencontré une armée pendant les deux dernières. Cette crise poussa toutes les autres mères à garder leur enfant près d'elles, comme si Danielle risquait de les blesser. M. O'Keefe et Mme Perez nous avaient tous deux affirmé qu'elle n'avait jamais été agressive avec un autre enfant. Jamais elle n'avait frappé, poussé ou mordu ses camarades de classe, même lorsqu'elle avait été malmenée par eux. D'après son instituteur, cette enfant était d'une nature extrêmement douce. En ce moment, cependant, il fallait reconnaître qu'elle se conduisait plus comme la petite fille de *L'Exorciste* que comme celle de *Nell*. De sorte que, lorsque l'assistante entra pour appeler l'enfant qui devait passer avant nous, sa mère nous laissa la place. C'était très gentil de sa part, et je suis sûre que toutes les personnes présentes dans la salle d'attente la remercièrent chaleureusement une fois que nous les eûmes laissées en paix.

Mais la crise empira lorsque nous entrâmes dans le cabinet. Bernie prit Danielle dans ses bras et la berça en la balançant d'avant en arrière, comme il le faisait avec Willie lorsque, tout petit, il se montrait inconsolable. Finalement, le médecin frappa timidement à la porte et entra avec une infirmière.

— Alors, de quoi s'agit-il ?

Je ne savais pas trop par quoi commencer, et lui fis un bref résumé de la situation et de la raison de notre présence. Face à cet homme doux et rassurant, Danielle se calma un peu. Il la laissa examiner son stéthoscope avant d'écouter son cœur, et elle ne tarda pas à mettre cette partie de l'objet dans sa bouche. Même chose avec la petite lampe pour regarder dans les oreilles et le marteau de caoutchouc pour tester les réflexes. Elle repoussa avec véhémence le seul objet qui était censé aller dans sa bouche : le thermomètre. Pour finir, le médecin posa sa paume sur son front et déclara :

— Trente-sept degrés ! Parfaitement normal !

Bernie et moi ne pûmes nous empêcher d'émettre un petit rire. Hirsute, en couche, notre Danielle se balançait et grognait en essayant d'attraper le stéthoscope du médecin pour le fourrer dans sa bouche. Normal n'était donc pas exactement le premier mot qui venait à l'esprit devant ce tableau. Le médecin et l'infirmière nous imitèrent ; nous voyant tous hilares, la petite esquissa un léger sourire. Le docteur tendit alors la main pour lui caresser la tête, et Bernie et moi nous écriâmes simultanément :

— Non, pas la tête !

Il retira brusquement la main comme s'il venait de se brûler, et nous repartîmes à rire. Au final, il la trouva en bonne santé et ne nota rien d'autre que les égratignures.

Nous avions à peine le temps de récupérer les photos et de les faxer à Garet avec l'attestation du médecin avant la fin de l'école. C'était la dernière semaine avant les grandes vacances. Tous les contrôles et interrogations étaient terminés, et les enfants se contentaient d'activités ludiques, ce qui signifiait qu'il n'y aurait pas de devoirs à faire. Un vrai soulagement, pour Willie comme pour moi ! Cela signifiait également que notre fils serait un peu plus énervé que d'habitude, en partie à cause du sucre qu'il consommait abondamment en ces moments de fête. De retour à la maison, j'enfilai à Danielle son maillot de bain et son gilet de sauvetage, et préparai le dîner pendant qu'elle s'amusait dans la piscine avec Willie et Bernie.

J'avais décidé que nous ne ferions rien de particulier jusqu'à ce qu'elle retrouve la routine de notre maison et s'y sente de nouveau en sécurité. J'étais encore préoccupée par toute la paperasse et l'aspect administratif, et n'arrivais pas à oublier que Michelle Crockett pouvait encore espérer reprendre sa fille. Il était donc plus sûr et plus sage de ne pas s'éloigner de la maison.

Il y eut du poulet rôti au dîner – deux cuisses pour Danielle, avec des pommes de terre au four et de la salade –, puis nous allâmes promener les chiens. Le retour de notre petite fille fut salué chaleureusement par les voisins. Elle se montra prudente, sans être apeurée par ces effusions de sympathie. Nous tombâmes sur Dorothy, qui la serra fort dans ses bras, lui fit caresser sa chienne Amber et nous invita à dîner le lendemain soir. En arrivant près de chez Doris et Bill, Danielle s'arrêta au coin de leur terrain en fixant l'endroit où se dressait auparavant le lapin géant. Bernie me donna un coup de coude.

— Regarde, elle se rappelle le lapin. Elle le cherche. C'est super !

Effectivement, c'était une excellente nouvelle. Danielle avait établi des connexions quand elle était avec nous, et elle se souvenait de quelque chose, même si c'était juste un lapin gonflable.

Une fois tout le monde rentré, la petite douchée et mise en pyjama, je sortis les photos de son séjour chez nous à Pâques et m'assis avec elle à la table de la cuisine. Tout en mangeant des myrtilles, nous regardâmes les images, une à une : la plage, la piscine, sa chambre, les chiens… Je nommais chacune d'entre elles, espérant qu'elle répète un mot. Elle resta silencieuse, mais, lorsque je lui montrai le cliché où Bernie la tenait pour embrasser le lapin gonflable, elle tendit la main et toucha le lapin. Je l'embrassai sur la joue et la serrai affectueusement. Elle ne s'écarta pas.

Quand il fut l'heure de se coucher, je réalisai soudain que j'avais oublié d'appeler pour refaire le stock de médicaments. Il n'en restait plus que pour le lendemain matin. Je collai un Post-it sur la cafetière afin de me souvenir d'appeler la pharmacie au plus tôt, puis accompagnai Danielle dans sa chambre, où je restai jusqu'à ce qu'elle s'endorme.

Au cours de la nuit, je la trouvai à deux reprises debout dans le tiroir du congélateur, ce qui était curieusement rassurant, bien que dangereux pour ses pieds. Lors du petit-déjeuner, elle se jeta sur ses gaufres avec tant d'avidité que Bernie dut presque avoir recours à l'aspirateur pour en déloger une de sa gorge, engloutie sans avoir été mâchée. Je préconisai plutôt que nous perfectionnions notre pratique de la technique de Heimlich.

Après avoir sorti les chiens et salué les lamantins, j'allumai la télé sur *1, rue Sésame* et en profitai pour appeler la pharmacie, anticipant d'éventuelles complications. Je n'avais pas imaginé que la pharmacienne puisse me répondre que l'ordonnance avait déjà été exécutée quelques jours auparavant, dans l'officine de Lutz, là où se trouvait la famille d'accueil. Le médicament n'étant pas en vente libre, je ne pouvais en aucun cas en obtenir d'autres avant un délai d'un mois. Comme j'insistai auprès de la pharmacienne en supposant qu'il s'agissait d'une erreur, elle vérifia et m'assura que les produits avaient bien été retirés le vendredi précédent.

Je raccrochai donc, informai Bernie de cette déconvenue, et lui demandai d'appeler Garet. Une minute plus tard, celle-ci téléphona et émit l'hypothèse que la famille d'accueil avait peut-être donné ces médicaments à d'autres enfants. D'autres enfants ? Il me semblait pourtant que Danielle était la seule, là-bas... D'après Garet, une enquête récente révélait que, si la petite était censée vivre au domicile personnel du foyer d'accueil, il était possible qu'après son séjour chez nous la famille l'ait placée dans un foyer collectif voisin, également géré par l'agence. Peut-être étaient-ce ces autres enfants qui lui avaient causé ses égratignures. Je me mis à trembler. S'ils l'avaient griffée de la sorte, qui sait encore ce qu'ils avaient pu lui faire ? Elle n'était pas en mesure d'avertir quelqu'un si on lui faisait du mal. Peut-être était-ce pour cette raison qu'elle semblait désormais si distante avec nous ? Garet me promit qu'elle allait examiner la procédure afin de nous permettre d'obtenir les médicaments. Elle avait bien reçu nos photos des écorchures et avait établi un rapport à l'agence de notre comté, afin qu'il soit bien stipulé que ces marques étaient survenues avant que nous récupérions Danielle. Je me sentis soulagée par la disponibilité de Garet.

Soulagée... jusqu'à l'après-midi seulement. La matinée se passa bien. Dans sa chambre, Danielle jouait avec son Slinky pendant que je passais en revue les vêtements envoyés par la famille d'accueil, ce qui ne prit pas bien longtemps. Une fois l'opération terminée, j'avais rempli un sac d'habits bons à jeter – ils n'étaient même pas dignes d'être donnés à des œuvres de bienfaisance –, avec, en haut de la pile, le maillot de bonhomme Michelin. Cette enfant allait vraiment avoir besoin de nouveaux vêtements ; plutôt que d'exposer toute la famille au traumatisme du shopping, je décidai de m'y rendre seule après le repas du soir, pendant que Danielle s'amuserait dans la piscine avec Willie et Bernie.

Nous prîmes le déjeuner sur la terrasse, puis je l'assis devant le DVD de *La Petite Sirène*, tandis que je m'attelais à rattraper un peu de paperasse professionnelle pour Bernie. J'étais si concentrée que lorsque j'entendis soudain les coups impatients frappés à la porte, je me demandai depuis combien de temps cela durait. Les gens du quartier avaient l'habitude de passer par l'arrière pour monter par la terrasse ; ce devait donc être quelqu'un que je ne connaissais pas. J'ouvris la porte et criai :

— Oui ? Vous cherchez quelqu'un ?

Une femme policier se montra à l'angle, tout en demeurant derrière la clôture. Elle déclara chercher Danielle Crockett. Je lui répondis qu'elle était à l'intérieur et lui demandai en quoi je pouvais lui être utile. Elle m'annonça que la police avait reçu un avis de maltraitance du DCF de notre comté, et qu'elle était là pour enquêter et le confirmer. Présumant qu'elle faisait allusion aux écorchures, je l'invitai à monter à l'étage pour venir voir Danielle au salon.

J'offris à la femme un verre d'eau, qu'elle déclina. Elle ne se montrait guère engageante, ce qui était peut-être l'attitude qu'elle devait adopter dans le cadre de son travail. Fascinée par le film d'animation, Danielle avait à peine relevé le nez de l'écran. L'officier de police se dirigea donc vers le canapé et s'assit à côté d'elle. La petite se réfugia alors à l'autre bout du divan, et je m'approchai pour éviter qu'elle ne pique une crise, tout en montrant les traces qu'elle portait sur le visage et sur les bras.

— C'est bien à ce sujet que vous enquêtez ? demandai-je.

— Oui, madame, c'est ce que je cherchais. Madame Morgan, y a-t-il quelqu'un que vous souhaiteriez appeler ? Il va falloir venir avec moi au poste de police.

Je fronçai les sourcils, éberluée.

— Mme Morgan ? Au poste de police ? Mais de quoi parlez-vous ? Je suis Diane Lierow, et je ne vous suivrai pas au poste de police ! Je dois aller chercher mon fils à l'école dans cinq minutes.

— Est-ce lui l'agresseur ?

— Willie ? L'agresseur ? Non ! C'est mon fils ! Et Danielle est arrivée dans cet état !

L'officier de police parut sceptique.

— Vous pouvez aller chercher votre fils, madame Morgan, mais je vais être obligée de vous accompagner.

— Je ne suis pas Mme Morgan ! Je suis Diane Lierow, et nous avons récupéré Danielle hier à Tampa, auprès de M. Morgan. Elle se trouve ici en placement d'urgence. Tenez, voici mon permis de conduire.

La femme prit mon justificatif d'identité et l'examina pendant que j'appelais Bernie, pour tomber sur son répondeur.

— Il faut que tu rentres tout de suite, et que tu appelles immédiatement Garet ! Un officier de police est là, elle croit que je suis Mme Morgan et elle veut m'arrêter ! Je dois filer chercher Willie à l'école. S'il te plaît, rentre vite !

Pauvre Bernie ! Il allait sûrement penser que j'avais pété les plombs.

J'informai la policière que j'allais changer la couche de Danielle, puis que j'irais chercher mon fils à l'école, et qu'elle pouvait attendre dehors que mon mari rentre du travail. Elle me coula un regard suspicieux ; était-ce parce que je lui annonçais que j'allais changer la couche d'une enfant de plus de huit ans, ou parce qu'elle craignait que je ne m'échappe par une fenêtre ? Je l'invitai alors à me suivre dans la salle de bains, mais elle annonça qu'elle m'attendrait dans sa voiture de patrouille, laquelle était garée dans notre allée. Formidable. Au moins les voisins auraient-ils un sujet de conversation tout trouvé, ce soir.

Willie était le dernier enfant restant à l'école lorsque j'arrivai, ce qui ne sembla pas le ravir. Je lui expliquai ce qui venait de se produire, et nous rigolâmes tous deux lorsque je lui fis part de la question de l'officier, demandant s'il était l'agresseur. S'il y avait un seul enfant sur terre moins agressif que Willie Lierow, il devait s'appeler Ghandi ! En même temps, j'étais encore remuée par l'incident et par la vitesse à laquelle les choses auraient pu mal tourner. Nous étions déjà sur des charbons ardents à l'idée que Danielle puisse être renvoyée à Tampa. Ce n'était pas le moment que la police me colle une accusation de maltraitance sur le dos. Je savais que la policière devrait établir un rapport, et je ne voulais en aucun cas que le mot « maltraitance » apparaisse à proximité de mon nom. Qui pouvait savoir si ce rapport de police ne risquait pas de mettre un obstacle de plus sur notre parcours d'adoption ?

En arrivant à la maison, nous vîmes que la voiture de police était toujours là, mais celle de Bernie était également présente. À l'étage, l'officier et lui étaient assis au salon, discutant comme deux vieilles connaissances. La policière avait même accepté de prendre un soda avec lui. Je m'approchai, la mine renfrognée.

— Madame Lierow, je tiens à m'excuser pour ce qui s'est passé. J'ai parlé à M. Lierow et à Mme White, c'est un terrible malentendu. Je suis vraiment désolée. Est-ce William ?

L'agresseur ? Je parie que rien qu'en le regardant elle comprit l'absurdité de son accusation. Très poliment, mon fils avança vers elle, lui serra la main et déclara :

— Enchanté, madame.

Elle se leva pour partir, et je l'accompagnai bien volontiers vers la sortie. Pendant que nous discutions, Danielle s'était faufilée jusqu'au réfrigérateur, en avait ouvert les portes en grand, tiré le tiroir du bas, et s'était de nouveau postée les pieds dans le congélateur pour contempler l'intérieur de l'appareil.

— Danielle !

Bernie, Willie et moi nous exclamâmes en même temps. Elle se retourna vers nous l'air de dire « Quoi ? Qu'est-ce que j'ai fait ? ». La policière sembla d'abord perplexe, puis se mit à rire avec nous.

— Ce n'est rien, elle fait tout le temps ça, la rassura Bernie. Et encore, vous ne l'avez pas vue manger des frites !

La femme nous souhaita bonne chance pour la procédure d'adoption et donna sa carte à Bernie.

— Si vous avez besoin de quoi que ce soit, n'hésitez pas à m'appeler. C'est une bien jolie petite fille ; Willie, tu seras un super grand frère.

Tout est bien qui finit bien, me dis-je. J'espérais que ce fût un signe positif pour la suite.

Hélas, les choses ne s'arrangèrent pas. Nous ne pûmes obtenir le réassort de médicaments, et le traitement dut donc être interrompu. Je me renseignai sur Internet au sujet de ce genre de sevrage et y trouvai quelques informations utiles, mais Danielle allait inévitablement se retrouver en état de manque.

Les quelques jours suivants furent difficiles, pour elle comme pour nous. Elle hurlait constamment. Nous présumâmes qu'elle devait souffrir de maux de tête, voire de migraines, en raison du sevrage. N'ayant même pas le droit de lui donner un simple comprimé d'Ibuprofène, je me contentai de créer une atmosphère calme et tamisée à la maison, et évitai d'exposer Danielle au soleil. Nous sortions dans la soirée avec les chiens, mais, à part ça, j'essayai de la laisser se reposer autant que possible. Nous devions aussi veiller à son niveau d'hydratation, mais elle avait des nausées et vomissait presque tout ce que nous lui donnions. Bernie et moi détestions la voir dans cet état, et nous ne pouvions pas lui expliquer ce qui lui arrivait. Willie était si inquiet pour elle qu'il dormit sur le canapé du salon plusieurs nuits de suite, afin de pouvoir la rejoindre si elle se levait la nuit. Son aide nous fut précieuse. Danielle se réveillait presque toutes les deux heures, parfois pour arpenter la maison, d'autres fois pour étudier le contenu du réfrigérateur. Elle n'y prenait jamais rien à manger, et n'essaya jamais d'ouvrir une des portes donnant sur l'extérieur. Au cas où, nous avions installé des alarmes sur toutes celles-ci, mais elles se révélèrent inutiles. Peut-être avait-elle été conditionnée dans ce sens chez Michelle Crockett ou dans son foyer d'accueil. À moins que tout ce dont elle eût besoin se trouvât à l'intérieur, et qu'elle ne ressentît donc pas le besoin de sortir. Allez savoir.

Une semaine après son retour à la maison, il y eut une nuit où Danielle ne se leva qu'une fois, et j'entendis Willie la ramener jusqu'à son lit. Je m'éveillai à 6 heures, intriguée par le calme qui régnait. Je marchai à pas de loup jusqu'à sa chambre et faillis trébucher sur mon fils, pelotonné par terre, sur une couette, devant sa porte. En regardant à l'intérieur de la chambre, je vis Danielle dormir sur le matelas du bas, son ver luisant collé contre elle. Mon cœur s'emplit d'amour pour mon fils, si protecteur envers sa sœur adoptive, et je le pris doucement dans mes bras pour le réinstaller dans le canapé. Il broncha à peine.

La semaine avait été éprouvante : l'appel de Garet, le trajet en hâte à Tampa, l'attente interminable sur le parking du supermarché, les égratignures, la distance de Danielle envers nous, ma quasi-arrestation, et son douloureux sevrage médicamenteux. Pourtant, je sentais que cette expérience nous avait rapprochés. Nous l'avions traversée comme une vraie famille.

Je me rendis à la cuisine pour faire du café. Le soleil se levait sur le canal. Une belle journée nous attendait.

18

Mathéo l'ourson

Nous n'étions pas encore en possession de l'exemplaire papier attestant de notre licence de famille d'accueil, mais trois travailleurs sociaux de différentes administrations nous étaient déjà attribués, ce qui asseyait notre légitimité et me rassurait considérablement : Garet, bien entendu, du comté d'Hillsborough ; mais aussi une assistante sociale du Florida Baptist Children's Home, défenseur des familles d'accueil ou adoptantes, où nous avions entamé le processus d'adoption, à une période qui me semblait maintenant fort lointaine ; enfin, une personne des Lutheran Family Services, l'agence chargée de superviser les familles d'accueil de notre comté et qui veille aux droits de l'enfant. Dans ce système, chaque adopté est censé être examiné une fois par mois par les différentes agences qui en sont responsables, mais cette organisation est vouée à l'échec. L'employée des Lutheran, par exemple, était chargée de soixante-dix enfants. Ce qui signifiait qu'elle devait voir plus de trois enfants par jour pour accomplir sa tâche en un mois. Si ceux-ci étaient scolarisés ou participaient à des activités extrascolaires, cela ne lui laissait que très peu de temps dans la journée pour les rencontrer. Elle nous demanda donc de ne pas nous inquiéter si elle ne voyait pas Danielle pendant deux mois. Je ne m'inquiétais pas pour notre fillette, mais davantage pour les enfants qui se trouvaient dans des environnements instables et peu sécurisants. Avec un tel système, il n'était pas étonnant qu'on entende régulièrement des horreurs sur des cas d'enfants en foyer d'accueil.

D'un autre côté, une politique particulièrement tatillonne prédominait. En tant que famille d'accueil, en Floride, nous ne pouvions même pas faire couper les cheveux de Danielle sans demander une autorisation préalable à la Cour. C'était absurde, mais, après tout ce que nous avions accompli pour pouvoir l'accueillir chez nous, nous ne voulions rien faire qui puisse mettre en péril ce fragile arrangement. Hélas, elle se balançait toujours dans son lit, le soir, et plus ses cheveux poussaient, plus les nœuds y proliféraient. Je décidai donc de lui faire une queue-de-cheval au sommet de la tête avant de la mettre au lit, ce qui arrangea un peu les choses, même si cela lui donnait des airs de Pépite Pierrafeu.

La famille d'accueil peut obtenir tous les soins médicaux nécessaires à l'enfant qu'elle prend en charge, mais, pour les soins dentaires, c'est une tout autre histoire. Danielle n'avait jamais vu un dentiste lorsque nous la prîmes chez nous. Il nous fallait cependant l'aval du DCS pour lui prendre un rendez-vous. Lors des cours d'éducation parentale, nous avions fait la connaissance d'un dentiste ; nous lui demandâmes s'il pouvait juste nous donner son avis sur la bouche de la petite, sans y toucher. Il fit de son mieux et nous déclara qu'il n'y avait pas de signe apparent de carie. Mes deux ans – moins deux semaines – de cours d'assistante dentaire m'auraient permis de tirer la même conclusion.

L'école était finie pour cet été, et j'y vis une occasion rêvée de créer notre propre programme, avec tout le temps libre qui s'offrait désormais à nous. Nous avions une fille de presque neuf ans, avec un âge développemental d'environ deux ans sur certains sujets critiques : propreté, façon de boire et de manger. Nous partions presque de zéro. Tout progrès serait un bonus.

Danielle ne prenant plus de médicaments, sa langue ne sortait plus de sa bouche, et l'hypersalivation avait cessé. Du point de vue esthétique, c'était un vrai plus. Elle ne paraissait pas plus excitée qu'en prenant son traitement, ce qui nous rassura. Pour tout dire, elle était même plus alerte, et le regard vide qu'elle arborait régulièrement apparaissait moins souvent. Lorsque cela se produisait, je voyais bien que c'était alors un mécanisme de protection, hérité de son passage dans ses précédents foyers. J'espérais qu'en deux mois et demi, donc avant la reprise de l'école, nous aurions le temps de venir à bout de l'un ou l'autre de ses comportements de bébé, voire de tous.

Les médicaments qu'elle prenait jusqu'alors lui asséchaient la bouche, ce qui la poussait à boire beaucoup, et donc à mouiller ses couches. Ainsi, malgré son sevrage médicamenteux, elle avait pris l'habitude de boire énormément de liquide et, en arrivant dans la cuisine, chaque matin, elle se dirigeait en premier lieu vers sa timbale à bec remplie de jus d'orange pressée. Je lui laissais sur le plan de travail au cas où je me trouverais dans une autre pièce. Un jour, j'eus l'idée de la faire passer à un verre normal. Mais, bêtement, je n'avais pas songé qu'elle le manipulerait comme ceux munis d'un bec, et je l'avais copieusement rempli. La première fois qu'elle se trouva face à ce verre, elle le retourna complètement en le portant à sa bouche, renversant tout le contenu sur son T-shirt et sur le sol. Les chiens se rassemblèrent vite à ses pieds pour laper ce bon jus d'oranges de Floride. Tout le monde allait devoir faire des progrès.

Danielle se mit à pleurer, sans que je sache si c'était parce qu'elle avait peur d'avoir fait quelque chose de mal, parce que son pyjama était mouillé, ou parce que les chiens buvaient sa boisson. Je m'excusai auprès d'elle, lui expliquant que maman avait fait une bêtise et que je la servirais de nouveau dès qu'elle serait changée.

En revenant dans la cuisine, je versai une toute petite quantité de jus dans la tasse et y ajoutai une paille. Lors des repas au McDonald's, Willie avait parfois partagé sa boisson avec elle ; le concept de la paille lui était donc familier.

En effet, elle pencha la tête vers celle-ci pour aspirer une grande gorgée de liquide alors que je tenais le gobelet. Apparemment ravie du résultat, elle rit avant d'avaler, et le jus lui coula de nouveau sur le menton. Je l'essuyai, la félicitai, et remis un peu d'orange dans la tasse. Il nous fallut bien un quart d'heure en tout, mais elle finit par boire ses vingt-cinq centilitres de jus de fruits. Prochaine étape : le défi des fourchettes !

Depuis la première fois où nous avions rencontré Danielle, à l'école, nous avions dû lui donner nous-mêmes à manger ou lui servir des aliments faciles à prendre, comme des fruits découpés, du raisin, des cubes de fromage ou des petits gâteaux. Ce n'était pas idéal, car elle ne savait pas se limiter. À l'instar de sa gloutonnerie avec les frites, elle fourrait un maximum de ces bouts de nourriture dans sa bouche jusqu'à avoir les mâchoires bloquées ou se rendre malade. Aussi, quand je découpais un sandwich ou une pizza en petites bouchées, le midi, je n'en déposais qu'un ou deux morceaux à la fois sur son assiette.

Le repas du soir était celui qui prenait le plus de temps, car nous devions tout lui donner à la main. C'était Bernie qui endossait généralement cette tâche, conscient que je m'étais déjà occupée d'elle toute la journée. Ayant lui-même joué le rôle de papa poule pendant plusieurs années quand ses fils étaient petits, il savait que, sur les coups de 17 heures – moment critique pour toutes les mères du monde –, j'avais besoin d'une petite pause.

Puisque Danielle raffolait des gaufres, il me parut pertinent d'en associer à notre premier cours d'utilisation des couverts. Willie était sur le pied de guerre, prêt à lui servir de mentor. Je coupai une gaufre et la posai sur son assiette.

— Willie, montre à Danielle comment utiliser une fourchette. Danielle, regarde ce que fait Willie avec sa fourchette.

Mon fils ne roula pas des yeux devant mes directives, même s'il effectua ensuite ses gestes de façon quelque peu théâtrale. Je découpai alors quelques carrés d'une autre gaufre pour l'assiette de la petite, et lui mis une fourchette dans les mains. Elle la laissa tomber sur la table. Je réessayai. Elle la laissa tomber par terre. La troisième fois, je mis ma main sur la sienne pour maintenir la fourchette en place.

— Maintenant, Danielle, regarde bien ce que fait Willie avec sa gaufre. Tu vois comment il met le bout de gaufre sur sa fourchette, puis dans sa bouche ? Maman sait que toi aussi, tu peux le faire.

Ses yeux suivirent les mains de Willie en train d'effectuer cette manipulation mystérieuse. À la troisième bouchée, elle n'y tint plus. À une vitesse déconcertante, sa main gauche fila au-dessus de la table, y saisit trois morceaux de gaufre et les poussa dans sa bouche. Je lançai un regard sévère à Willie qui commençait à rire, avant de mettre mes doigts dans la bouche de Danielle pour en déloger l'objet de son larcin.

— Non, on ne prend pas la nourriture des autres. Si tu veux manger, tu prends dans ton assiette. Essayons avec la fourchette.

Je guidai alors sa main vers le couvert, puis celui-ci vers la gaufre, et la gaufre ainsi piquée vers sa bouche.

— Bravo, Danielle ! C'est bien, c'est ça !

Nous répétâmes le geste. Encore. Et encore. Elle avait un appétit d'ogre. Elle pouvait manger plus qu'aucun d'entre nous. Tant qu'il restait de la nourriture devant elle, elle mangeait. Après deux gaufres entières, je tentai de lui laisser utiliser la fourchette toute seule.

Je la calai dans sa main, retirai la mienne et attendis. Elle la lâcha, prit un bout de gaufre avec ses doigts et voulut le porter à sa bouche. Gentiment, mais fermement, je l'arrêtai alors et lui repris le morceau de la main pour le reposer dans l'assiette, le piquer avec la fourchette, et le conduire à sa bouche.

Lorsqu'elle eut terminé ses trois gaufres, son visage était collant de sirop, ce qui appelait l'usage d'une serviette. À la place, nous passâmes directement au cours suivant : apprentissage de la propreté.

Autant que je me souvienne, il avait fallu entre deux semaines et deux mois à Paul, Steven et Willie pour passer des couches-culottes à un usage maîtrisé des toilettes pendant la journée. Pendant une année, je restais prête à accepter tout accident de cet ordre, sachant que rester au sec toute une nuit était compliqué pour un enfant, surtout s'il était un bon dormeur. Ainsi, bien après l'âge habituel, je dus réveiller l'un de mes fils toutes les trois heures pendant la nuit pour l'emmener aux toilettes, sans quoi il se réveillait dans un lit mouillé tous les matins.

Je me préparais à un parcours du combattant avec Danielle. En même temps, je me disais que, si nous étions intraitables, elle finirait peut-être par adopter notre façon de faire, lasse de se retrouver pendant des heures sur le siège des toilettes – et conquise par les M&M's, que j'avais utilisés en guise de récompense pour les garçons les premières fois qu'ils utilisaient les toilettes, comme je l'avais fait avec d'autres friandises pour la litière de nos chiens Cece, Bebe et Inky.

Cependant, rien ne pouvait arracher le moindre pipi à cette jeune fille si elle ne l'avait pas décidé. Nous restions longuement assises, je lui lisais deux ou trois livres, puis les relisais encore. Rien. Pas une goutte. Jusqu'à ce que je déclare : « D'accord, je laisse tomber. » Là, elle se levait et lâchait tout par terre. Je crois qu'elle savait ce que je voulais qu'elle fasse, et que le fait d'uriner par terre était une forme d'affirmation pour elle. Une affirmation un peu ennuyeuse, assurément, mais le moindre signe d'une prise de décision délibérée était malgré tout positif. Peut-être me testait-elle. Quoi qu'il en soit, j'étais déterminée à l'avoir à l'usure, et je pris l'habitude de mettre une serviette près d'elle, sur le sol, pour éponger son « affirmation ».

La défécation constituait encore une autre affaire. Longtemps avant que nous rencontrions Danielle, et avant même que nous essayions d'adopter, Bernie avait vu une publicité à la télévision pour un jouet appelé Mathéo l'ourson. C'est un ours en peluche animé, doté d'un livre d'histoires et d'une cartouche cachée dans son sac à dos, destiné aux enfants de trois à cinq ans. Mon mari développa une véritable obsession pour cet ourson, m'appelant chaque fois que la pub était diffusée. J'eus beau lui rappeler que notre fils avait passé l'âge de jouer avec un nounours, Bernie m'objecta que ce serait un jouet parfait pour nos futurs petits-enfants.

Un après-midi où nous étions dans un magasin, en quête d'un matelas pneumatique pour la piscine, il s'exclama soudain : « Mathéo l'ourson ! »

Là, juste devant nous, se dressait en effet une colonne de Mathéo. L'un d'entre eux était chargé et prêt à faire la lecture. Agitant ses petits bras velus, clignant des yeux, sa cartouche à histoires calée dans son sac à dos, il nous raconta l'histoire de *Mon premier jour à l'école des oursons*. Personnellement, je trouvais cela un peu effrayant, mais Bernie était conquis ; une demi-heure plus tard, nous sortîmes du magasin avec le jouet sous le bras, en oubliant de choisir un matelas de piscine.

Une semaine plus tard, j'avais rangé Mathéo dans un coin et l'oubliai ; je pensais que c'était aussi le cas de Bernie. Mais, un soir, alors que nous étions tous deux assis dans la salle de bains pour lire un livre à Danielle, elle-même assise sur le siège des toilettes, en attendant un brusque mouvement intestinal ou un miracle, une lumière s'alluma brusquement au-dessus de la tête de mon mari.

— Mathéo l'ourson ! Où est-il ?

— Dans le placard sous l'escalier, sous le petit lit.

Il se rua hors de la pièce et revint cinq minutes plus tard, brandissant fièrement le jouet poussiéreux. Il le posa au bord de la baignoire et enfonça le bouton ; la voix mécanique mais enthousiaste entama l'histoire *Mon merveilleux voyage dans l'espace*. Bernie tint le livre devant Danielle pour qu'elle puisse regarder les images, mais elle ne pouvait détacher son regard de Mathéo. Elle était hypnotisée. Ce soir-là, elle ne fit rien aux toilettes, à part écouter tranquillement des histoires.

Quelques jours plus tard, j'entrai la chercher dans sa chambre. Je ne l'y trouvai pas, mais l'entendis derrière la porte entrouverte de la salle de bains. Je l'ouvris doucement, et la trouvai accroupie, en train de déféquer dans sa couche. Je songeai alors qu'elle préférait peut-être avoir un peu d'intimité pour cette fonction particulière.

Le lendemain, je l'installai dans la salle de bains avec Mathéo, allumai le jouet pour lancer l'histoire et la laissai seule pendant une dizaine de minutes. Lorsque je revins, elle était toujours aussi captivée par le nounours parlant, mais elle avait aussi déféqué dans les toilettes. Victoire ! J'étais si heureuse que j'appelai Bernie sur son mobile pour lui apprendre la nouvelle. J'imagine ce que ses collaborateurs ont dû penser en l'entendant dire : « Elle a fait caca ? Dans le pot ? Avec l'ours à caca ? Formidable ! » À partir de ce jour, Mathéo fut surnommé l'Ours-à-caca, et nous considérâmes ce jouet un peu idiot comme providentiel. L'apprentissage de la propreté urinaire ne se révélant pas aussi concluant, je demandai à Bernie de nous dégoter rapidement une Poupée-pipi.

Presque un mois après l'arrivée de Danielle à notre domicile, nous reçûmes une grande enveloppe du Children Network of Southwest Florida. De tels courriers me rendaient toujours un peu nerveuse, aussi le brandis-je devant la lumière du soleil, essayant d'en deviner le contenu. L'enveloppe portait un cachet officiel. Je l'ouvris en retenant mon souffle.

« Chers M. et Mme Lierow,

Vous trouverez ci-joint la licence attestant de votre autorisation à agir en tant que foyer d'accueil pour l'enfant placé dans votre famille. Le nombre d'enfants que vous êtes autorisés à accueillir est désigné sur la licence par le terme "capacité". »

Je considérai notre Certificat de licence, délivré le 29 mai 2007, alors qu'il n'avait été posté que le 21 juin. Pendant tout ce temps, j'avais eu tellement peur que quelque chose survienne ; qu'en l'absence de certificat officiel on nous reprenne un jour Danielle. Bernie avait beau me dire de ne pas m'en faire, je voyais bien qu'il s'inquiétait, lui aussi. Chaque étape vers cette enfant avait été si stressante… Je savais que nous ne serions tranquilles qu'une fois l'adoption pleinement prononcée. Mais il était déjà bon de nous savoir légitimes.

La licence devait être affichée dans un endroit en vue, ce qui me parut étrange. Mais cela me donna une idée.

Je voulais faire une surprise à Bernie, et punaisai le document sur la porte qu'il empruntait toujours en rentrant du travail. Je le mis exactement au niveau de ses yeux, pour qu'il ne puisse pas le manquer. Et ce fut le cas. Deux minutes après l'avoir entendu se garer puis monter l'escalier extérieur avec ses grosses chaussures de chantier, un « Youhou ! » enthousiaste m'apprit qu'il venait de trouver le précieux papier. Il ouvrit la porte en le brandissant devant lui.

— Diane ! Nous avons notre licence ! Tu as vu ?

Je lui coulai un regard moqueur.

— D'après toi, qui l'a mis là, Bernie ?

Il m'attrapa pour me serrer dans ses bras, puis Willie, et enfin Danielle, qu'il souleva et fit tournoyer autour de lui. Elle ignorait pourquoi nous étions si joyeux, mais adorait que son papa la fasse tourner dans ses bras, comme si elle volait.

Pour fêter ça, nous sortîmes dîner, et commandâmes des bâtonnets de poulet et des frites pour Danielle. Pas de cours, ce soir. Quand la serveuse prit notre commande, elle nous complimenta sur les beaux enfants que nous avions. Je ne pouvais qu'être d'accord avec elle.

19

Pédale, pédale, pédale !

Willie, Danielle et moi prîmes nos petites habitudes d'été. Le matin, après le petit-déjeuner, puis la promenade des chiens, et avant qu'il ne fasse trop chaud, nous allions à la plage. Elle était assez proche pour que nous puissions nous y rendre à pied, mais, avec tous les seaux, pelles, le gilet de sauvetage de Danielle, le ballon, les serviettes, une chaise pour moi, l'écran total et la glacière pour les boissons et les fruits, il était plus facile de prendre la voiture.

Tout le long de la route principale d'Estero Island se trouvaient des parkings bordant les plages. Nous n'avions alors plus qu'une courte distance à marcher pour atteindre le sable. La petite portait sa serviette ou un petit sac, et Willie et moi emportions le reste. Elle ne s'intéressait à rien d'autre qu'à l'eau, et nous faisions de fréquentes pauses pour collecter des coquillages. J'attirais son attention sur ses empreintes de pieds dans le sable lorsqu'elle marchait bien à plat, chose que nous encouragions sans relâche. Dorothy se demandait pourquoi nous ne lui achetions pas une paire de chaussons de danse pour essayer d'en faire une ballerine.

— Elle a tout à fait la silhouette pour ça, disait notre voisine. Grande et fine. Elle n'est pas maladroite. Elle aime tourner et sauter. Et elle maîtrise déjà parfaitement les pointes. Si ça se trouve, elle ferait un vrai petit prodige !

Willie essaya de lui apprendre à creuser avec une pelle, mais sans succès. Elle aimait que je l'aide à remplir un seau d'eau, avant de le verser dans le trou que mon fils avait creusé dans le sable. Elle avait fait beaucoup de progrès depuis le premier jour où nous l'avions amenée à la plage, où elle avait pleuré en sentant le sable sous ses pieds. Désormais, elle s'y roulait sans retenue, et enlever les grains fins de ses cheveux et de tous ses orifices était devenu un véritable défi.

Aux alentours de 11 heures, nous rangions tout, allions nous rincer au tuyau disponible au bord du parking, et retournions à la maison pour déjeuner et nous abriter du soleil cuisant de la mi-journée.

Danielle progressait aussi dans le maniement du verre. Délaissant la paille, elle passa bientôt au stade où elle l'attrapait de la même façon que Willie, buvait la petite quantité de liquide que j'y mettais, puis tapait le gobelet sur la table pour en réclamer davantage. Au moins savait-elle ce qu'elle voulait. J'hésitais cependant à la récompenser pour quelque chose sur quoi elle pouvait encore progresser ; mais ne lui en demandais-je pas trop, trop vite ? Cuillères et fourchettes représentaient encore une grosse difficulté, malgré un entraînement quotidien. Je lui achetai un assortiment de dînette comportant assiettes, ramequins, verres et couverts en plastique, avec lequel Willie préparait souvent des repas « pour de faux » sur la terrasse ou sur le sol de la chambre de Danielle.

Mon fils adorait les loisirs créatifs et pouvait passer des heures à s'amuser avec la grande boîte de matériel que je lui avais constituée : peinture, pinceaux, crayons de couleur, crayons feutre, colle, scotch, papier peint, bouts de carrelage et de moquette, argile, cure-pipe, papier à dessin, carton, feutrine et paillettes. Les projets artistiques se déroulaient souvent sur la terrasse, eux aussi, afin que je puisse surveiller les enfants par la fenêtre de la cuisine. Danielle aimait « aider », et Willie était très patient : il mettait souvent de la peinture au bout d'un pinceau pour elle, puis guidait sa main sur la surface qu'elle voulait utiliser. Connaissant sa tendance à tout porter à sa bouche, il veillait à tenir colle et argile à bonne distance de Danielle. La peinture aux doigts était sa préférée – non toxique, bien sûr –, et elle réussissait à en mettre autant sur sa feuille que sur la table. J'observais attentivement ses créations façon test de Rorschach, afin d'y déceler un sens caché ou un message inconscient ; mais, comme le disait si bien Bernie :

— Parfois, une tache n'est qu'une tache, Diane.

Danielle aimait toujours autant la piscine. La première fois qu'elle était venue chez nous, nous lui avions expliqué qu'elle ne devait jamais aller s'y baigner sans l'un d'entre nous, et elle ne le fit jamais. Elle attendait que Bernie ou moi lui proposions. Et là, d'un coup, son corps réagissait à la façon de celui d'un chien dont on lâche la laisse.

Un dimanche après-midi, alors que j'étais occupée à préparer des gâteaux pour le repas organisé à l'église en soirée, Bernie prononça les mots magiques. J'enfilai donc son maillot à Danielle et l'envoyai dans le jardin. Cinq minutes plus tard, j'entendis mes deux hommes crier et descendis l'escalier en toute hâte. Ils étaient tous les deux dans l'eau… mais où était Danielle ? Son gilet gonflable était posé sur un transat. Ils paraissaient étrangement calmes pour être en train d'assister à une noyade. En fait, Bernie rayonnait même littéralement.

Soudain, la tête de la petite surgit de l'eau. Elle cligna des yeux, prit une inspiration, et retourna sous la surface. Je vis sa silhouette élancée traverser la piscine jusqu'à l'échelle, s'y hisser, sortir de l'eau, et y sauter derechef. Elle était incroyablement gracieuse. Et aussi à l'aise dans l'eau qu'un nageur olympique.

Je fis les gros yeux à Bernie.

— Tu l'as laissée sauter dans la piscine sans son gilet ?

Il rit.

— Je n'ai pas eu le temps de la laisser faire quoi que ce soit, Diane. Elle a passé la porte, s'est ruée vers la piscine et a sauté directement dedans. Elle savait ce qu'elle voulait !

— Il a raison, maman ! On n'a rien pu faire !

Elle était aux anges, plongeant jusqu'au fond de la piscine, puis remontant à la surface où elle tournoyait et éclaboussait son monde avant de repartir sous l'eau vers l'autre côté. Elle glissait plus qu'elle ne nageait, telle un phoque ou une sirène. Notre petite Ariel à nous. Pas étonnant qu'elle fût si captivée par *La Petite Sirène* chaque fois que je lui mettais le film !

Je savais pertinemment qu'elle n'avait jamais pris de leçons de natation. Jusqu'à ce qu'elle quitte la maison de sa mère, elle n'avait que rarement approché une baignoire, et encore moins une piscine. Elle n'était jamais allée à la plage, tout en ayant passé la plus grande partie de sa vie en Floride. Les gens de sa famille d'accueil l'avaient engoncée dans ce ridicule harnachement qui l'empêchait de mettre sa tête sous l'eau, ce qui semblait être ce qu'elle aimait le plus. Comment avait-elle donc appris à retenir sa respiration ? À ouvrir les yeux sous l'eau ? À se mouvoir si facilement ? À plonger sans crainte dans l'inconnu ?

Un après-midi, Dorothy vint nous apporter des vêtements désormais trop petits pour ses petites-filles. Lorsque je lui avais expliqué que Danielle n'utilisait plus de gilet de sauvetage, j'avais lu une certaine inquiétude sur son visage. Probablement les vêtements n'étaient-ils pour elle qu'une excuse pour venir voir ça de ses propres yeux. Mes deux enfants étaient justement dans la piscine. Après les avoir observés un moment, ma voisine se tourna vers moi.

— C'est incroyable. On dirait que dans l'eau elle se sent totalement libre.

Elle avait raison. Dans l'eau, il importait peu que Danielle ne sache pas parler, lire ou tenir une fourchette. Le liquide embrassait son corps entier, et là, rien ne pouvait lui faire de mal. D'instinct, elle retournait vers la matrice, le dernier endroit où elle avait été en sécurité avant d'être livrée à sa mère.

Quel cruel coup du sort cela avait été ! Je me jurai que, quel que soit l'endroit où nous habiterions, il y aurait toujours une piscine pour elle.

Elle adorait également sauter : sur le canapé, sur les chaises, sur les lits. Mais cette activité n'était pas autorisée à la maison, et elle le comprit très vite. Si elle cédait cependant à son impulsion, dès qu'elle nous voyait, Bernie ou moi, elle cessait immédiatement. Elle savait ce qu'elle avait le droit de faire ou non, ce qui nous parut très encourageant.

Dorothy autorisa Danielle à sauter sur un lit dans sa maison : celui de sa chienne Amber. Il ne comportait plus beaucoup de ressorts, mais cela suffisait largement à un vieux chien obèse et à une petite fille de huit ans. Lorsque nous nous arrêtions chez nos voisins, la première chose que faisait la petite était donc de courir vers le lit, d'y grimper, et de commencer à y rebondir comme un bâton sauteur. Elle était le seul être humain que Dorothy gâtait plus que son chien. Je déclarai à mon amie que si nous déménagions un jour elle devrait se résoudre à me vendre ce lit.

Un soir, Bernie rentra à la maison avec un mini-trampoline, de moins de trente centimètres de hauteur et d'environ un mètre vingt de diamètre. Il était juste assez grand pour une personne, qui sut tout de suite à qui il était destiné. Willie fit une démonstration, puis laissa la place à Danielle. Je craignais qu'elle ne passe directement à travers le plafond, mais, même avec tous ses efforts, il restait toujours une bonne vingtaine de centimètres de marge. Plus tard, ses longues jambes continuant de grandir, nous dûmes déménager le trampoline à l'extérieur.

Mais, pour l'heure, elle appréciait autant de s'y asseoir que d'y sauter, et l'objet devint son perchoir attitré quand je lui accordais, avec Willie, l'heure de télévision de l'après-midi. Danielle est incroyablement souple, elle peut pratiquement se retourner sur elle-même. Sa posture est également excellente, ce qui nous surprit beaucoup, étant donné le temps qu'elle avait passé recroquevillée sur un matelas, en position fœtale. Peut-être Dorothy avait-elle raison : elle avait un physique de ballerine, même s'il était difficile d'imaginer une telle artiste avec une couche et émettant un bruit d'ambulance.

Quand Bernie rentrait du travail, il aimait jouer dans le jardin avec les enfants, au ballon ou à cache-cache. Il organisait des courses et essayait d'apprendre à Danielle à faire un saut périlleux. Mais ce que lui et notre fils désiraient plus que tout, c'était apprendre à la petite à faire du vélo. Willie prenait souvent le sien lorsque nous sortions les chiens, le soir, et il aurait vraiment aimé qu'elle puisse l'accompagner.

Nous partîmes donc tous les quatre dans un magasin pour comparer les modèles, et voir sur quoi elle accrochait avant d'investir. Au début, elle n'accrocha sur rien du tout. Elle pleura et se mit à hurler en faisant de son mieux pour que les autres clients pensent que nous la torturions. Bernie prit alors un tricycle, le plaça au bout de l'allée, loin des autres vélos, et amena Danielle à y prendre place en détournant son attention avec son Slinky. Là, il la poussa doucement d'avant en arrière – sur une dizaine de centimètres seulement, car elle avait les pieds fermement ancrés au sol, comme pour signifier : « On ne m'embarque pas comme ça ! » Finalement, cela sembla lui convenir. Tandis que je l'emmenais au rayon des jouets parlants, Bernie partit donc acheter le plus grand modèle disponible et le rangea dans le coffre de la voiture.

Les premiers cours officiels de vélo débutèrent dans notre allée. Danielle trônait sur son tricycle pendant que Willie, sur son vélo de grand garçon, lui expliquait le principe des pédales.

— Tu vois, tu mets un pied sur chaque pédale, et quand tu en pousses une vers le bas, l'autre remonte, et ça fait avancer le vélo. Alors, tu pousses encore sur la pédale. Tu vas voir, tu vas y arriver !

Bernie l'aida à poser ses pieds de manière adéquate. Elle ressemblait un peu à ces clowns de cirque, aux proportions démesurées sur leurs engins à une, deux ou trois roues. Ses jambes étaient si longues que, quand mon mari guidait ses pieds pour appuyer sur les pédales, ses genoux cognaient contre le guidon. Et s'il positionnait ceux-ci au-delà du guidon, c'était alors son menton qui le percutait.

Au bout d'environ une semaine, elle parvenait à avancer et à reculer dans l'allée sous les encouragements de Willie, mais ce n'était pas exactement l'idée que celui-ci se faisait d'une promenade commune à vélo.

Un soir où Bill, Doris et quelques-uns de leurs amis d'une rue voisine nous regardaient, un homme vint nous dire que sa femme et lui possédaient un vélo pour enfant avec de petites roues stabilisatrices amovibles. Ils le gardaient dans leur garage pour leurs petites-filles, mais celles-ci avaient déménagé. Il nous proposait donc de l'essayer. Quelques minutes plus tard, il revint avec un joli vélo rose dont le guidon était orné de guirlandes de plastique. Séduite et probablement lasse de se cogner les genoux, Danielle se précipita sur la selle pendant que Bernie maintenait le vélo afin qu'il ne se renverse pas.

Ils sortirent dans la rue. Tandis que Willie lui faisait réviser ses fondamentaux, Bernie lui plaça les pieds sur les pédales. Puis, comme je l'avais fait avec Paul et Steven, comme mon mari l'avait fait pour Shawn et Ryan, comme nous l'avions fait ensemble pour Willie, et comme tous les parents du monde avaient dû le faire depuis l'invention de la roue, il s'élança sur la route pour accompagner sa fille sur son premier vélo. La poussant doucement d'une main posée sur son dos, il trottina à côté d'elle en l'aiguillonnant d'un « pédale, pédale, pédale ! » pendant que Willie les suivait. Je courus pour les rattraper dans la rue, découvrant les voisins dans leur jardin, qui encourageaient la sportive sur son passage, comme si elle portait le maillot jaune du Tour de France.

Arrivés à l'angle de la rue, nous fîmes demi-tour pour revenir vers notre maison et passâmes de nouveau devant nos voisins qui criaient tous « pédale, Danielle, pédale ! ». Avec son père à ses côtés et son frère sur les talons, elle semblait maintenant flotter dans les airs, totalement immobile à l'exception de ses pieds appuyant sur les pédales, encore et encore.

20

Dani

Plus de la moitié des vacances d'été s'était écoulée lorsque Garet nous appela pour nous annoncer la nouvelle tant attendue : la Cour d'appel avait confirmé la déchéance de l'autorité parentale. Les magistrats n'avaient trouvé aucune raison de remettre en cause la première décision, et clos le dossier. Enfin un acte sensé ! Presque deux ans jour pour jour après l'avoir enlevée de la maison de sa mère, Danielle était officiellement et légalement adoptable.

Nous espérions ardemment que l'adoption puisse être validée avant son neuvième anniversaire, le 21 septembre, mais, ironie du sort, il restait un dernier obstacle : l'absence de son acte de naissance.

L'adoption ne pouvait être prononcée sans ce document. Une fois encore, Michelle Crockett nous mettait des bâtons dans les roues. Elle déclara au DCF ne pas détenir le certificat de naissance de sa fille. Peut-être avait-il été perdu dans l'incendie, et elle n'en avait jamais fait refaire. Elle déclara également qu'elle ne se souvenait plus exactement dans quelle commune du Nevada elle était née

– peut-être à Las Vegas. Bernie et moi étions persuadés qu'elle mentait. Même si elle ne se souvenait pas du nom de l'hôpital, elle devait bien se rappeler la ville, surtout s'il s'agissait de Las Vegas, comme elle l'avait affirmé plusieurs fois auparavant. Seulement, elle s'obstinait à faire l'ignorante. Le DCF dut par conséquent envoyer des dizaines de demandes d'actes de naissance dans le Nevada.

Un autre mois passa – celui du neuvième anniversaire de Danielle –, et notre frustration alla croissant. Chaque fois que je recevais un courrier de l'école ou d'ailleurs mentionnant le nom Danielle Crockett, l'irritation me saisissait. De Crockett, elle n'avait que le nom ; pour tout le reste, elle était une Lierow. Nous le savions intimement. Elle en était la preuve vivante chaque jour, à mesure qu'elle s'intégrait dans notre famille pour devenir la personne qu'elle n'avait jamais eu la liberté ou la sécurité d'être, auparavant.

Finalement, mi-octobre, Garet reçut le certificat au nom de Danielle Ann Crockett et nous en faxa un exemplaire. Il nous apprit qu'elle était née au Sunrise Hospital and Medical Center, à Las Vegas, dans le comté de Clark, au Nevada, à 17 h 27, le 21 septembre 1998. Le médecin présent était le Dr Richard Litt ; la mère, Michelle Sara Crockett. L'espace pour le nom du père était blanc.

Garet nous informa qu'une date pour l'audience d'adoption avait été fixée le 29 octobre, un lundi, et nous demanda si cela nous convenait. Quand bien même l'audience eût été fixée le jour de Noël, cela nous aurait convenu, mais il se trouvait en outre qu'il n'y aurait pas d'école ce jour-là, ce qui nous permettrait à tous d'y aller. L'audience se tiendrait à Tampa, lieu où la petite avait été mise sous tutelle. Nous n'avions qu'à être présents, rien de plus.

Je voulais que nous fassions bonne impression au juge, et nous nous mîmes tous sur notre trente et un. J'avais du mal à oublier l'idée qu'à tout moment Danielle pouvait nous être reprise, que quelqu'un dans cette longue chaîne puisse changer d'avis et nous renvoyer dans les affres de l'attente, ou pire.

Nous étions convoqués à 14 h 45 devant la juge Katherine Essrig, au palais de justice George R. Edgecomb. Garet nous promit qu'elle nous rejoindrait dans le hall du bâtiment, et nous conseilla d'arriver une demi-heure plus tôt.

Nous étions tous très heureux de la revoir, elle qui avait entre-temps subi une intervention chirurgicale du cerveau. J'accusai Bernie d'en être responsable tant il lui avait téléphoné au cours de l'année passée, ce qui n'était qu'à moitié de l'humour. Garet n'était pas obligée d'être présente à l'audience, mais, considérant la proximité que nous avions développée, son investissement pour Danielle et le rapport personnel qu'elle entretenait avec cette affaire, elle déclara ne vouloir manquer ça pour rien au monde.

Elle avait apporté une petite pochette cadeau pour sa protégée, contenant des crayons de couleur, un livre à colorier, et de petites choses pour l'occuper dans l'étroite pièce où nous devions attendre. Une attente qui dura encore plus longtemps que prévu. Résultat : lorsque Danielle se leva de la chaise capitonnée où elle était assise, sa couche avait débordé. Je l'emmenai aux toilettes pour la changer et essuyer ses vêtements autant que possible, à l'aide d'essuie-mains et du sèche-mains des lavabos. Soulagée que personne n'ait fait irruption pendant que nous y étions, je priai pour que cette nouvelle couche tienne au moins jusqu'à la fin de l'audience.

Lorsque nous revînmes dans la petite salle, Willie était surexcité par les deux cannettes de soda qu'il avait bues en nous attendant. Danielle donnait des signes avant-coureurs de crise, Bernie était grincheux parce qu'il avait faim, et j'avais un mal de tête carabiné et des crampes terribles. Pas exactement le moment de joie dont j'avais rêvé, donc.

Dieu merci, la magistrate en charge de notre dossier vint nous chercher, se présenta, et nous accompagna à la salle d'audience. Malgré tous mes efforts du matin, je suis sûre que nous avions alors tous une mine affreuse.

Debout devant la juge, nous l'écoutâmes annoncer que tous les papiers étaient en règle, et nous demander si nous voulions être les parents de Danielle Ann Crockett. Nous répondîmes affirmativement. À ce stade, dans la plupart des cas, le juge demande à l'enfant : « Veux-tu que Diane et Bernie Lierow soient tes parents ? » C'est un peu comme dans un mariage, lorsque le pasteur demande : « Si quelqu'un a quelque chose à dire pour s'opposer à cette union, qu'il parle maintenant ou se taise à jamais. » Je n'arrive pas à imaginer que quelqu'un ait déjà pu prendre la parole à ce moment-là, mais je me demandai brièvement si un enfant sur le point d'être adopté avait un jour changé d'avis au dernier moment, et déclaré : « Non, finalement, je ne veux pas que ces gens soient mes parents. »

Mais Danielle n'étant pas en mesure de s'exprimer, ce fut Garet qui parla en son nom.

— Oui, les Lierow sont des gens formidables. Ils se sont liés à Danielle dès leur première rencontre. Nous souhaitons vivement qu'ils deviennent ses parents.

Alors, la juge déclara :

— Je valide l'adoption. Danielle Ann Lierow est désormais votre fille.

Probablement utilisa-t-elle un langage plus juridique, mais « Danielle Ann Lierow est désormais votre fille » est la seule phrase que Bernie et moi avons retenue. Ces mots que nous attendions depuis pratiquement le premier jour où nous avions rencontré cette fillette.

Après tout ce que nous avions traversé, après tout ce qu'elle avait traversé, il n'avait fallu que cinq petites minutes pour que Danielle Ann Crockett devienne Danielle Ann Lierow. En sortant de la salle d'audience, nous prîmes des photos avec Garet et avec des inconnus qui avaient entendu parler de l'affaire et voulaient être pris en photo avec notre famille. Il était un peu étrange d'être traités comme des célébrités juste parce que nous avions suivi l'appel de notre cœur.

Une fois le jugement final d'adoption signé par la juge et tamponné par l'État de Floride, nous en avions terminé. Ils en enverraient un exemplaire au Nevada afin qu'un nouvel acte de naissance soit établi, puis envoyé à notre adresse. Nous n'aurions pas à revenir au palais de justice. Nous marchâmes jusqu'au parking avec Garet, la serrâmes fort dans nos bras et montâmes en voiture. Nous avions hâte de sortir de là et de laisser Tampa derrière nous, cette fois pour de bon.

Après une pause repas au McDonald's de Venice, Danielle et Willie s'endormirent sur la banquette arrière, penchés vers le milieu, la tête appuyée sur la pile d'animaux en peluche que nous gardions toujours dans la voiture. Arrivés à la maison, nous portâmes les enfants à l'intérieur, envoyâmes Willie se brosser les dents et se mettre en pyjama, puis je changeai la couche de Danielle avant de lui enfiler sa chemise de nuit. Je n'avais pas l'énergie de défaire le lit gigogne ; Bernie la coucha donc sur le matelas du haut et l'entoura de sa couette Hello Kitty. Il éteignit la lumière, alluma la veilleuse, embrassa le front de sa fille et laissa la porte entrebâillée derrière lui.

Épuisés par cette journée, nous allâmes directement au lit. Mon mari me demanda alors comment je me sentais.

— J'ai un mal de crâne terrible et des crampes. Et toi ?

Il rit.

— Je voulais dire, est-ce que tu te sens différente ?

— Non, pas vraiment. Et toi ?

— Non plus.

Lorsque j'allai réveiller notre fille, le lendemain matin, je fus soulagée de constater qu'elle ne s'était pas balancée et n'était pas tombée du lit. À ce détail près, le premier matin de Danielle en tant que

Lierow ressembla à tous les autres : elle enleva sa couche, alla aux toilettes, mangea, s'habilla, piqua une crise au moment du démêlage des cheveux, monta dans la voiture et partit à l'école.

En rentrant de sa journée, après avoir pris son goûter, Willie faisait toujours ses devoirs sur la table de la cuisine, où je pouvais être sûre qu'il restait concentré, tout en pouvant l'aider si besoin était. Danielle, elle, n'avait pas de devoirs à faire. Mais si je savais qu'elle travaillait sur la lettre G ou sur le chiffre 3, j'organisais des petites activités de soutien. Par exemple : goûter, gobelet, gâteau. Un goûter, deux gobelets, trois gâteaux. Rien que de très rudimentaire, donc. En outre, son attention dépendait de son humeur ou de la carotte que je lui faisais miroiter.

— Danielle, si tu me montres les gâteaux, tu pourras en manger un.

Willie tendit alors la main pour attraper celui qui restait.

— William Christian Lierow, tu as déjà eu ta part. Ça suffit pour le sucre. Remets ce gâteau où tu l'as pris et concentre-toi sur ta liste de vocabulaire. Ta sœur n'a pas besoin de ton aide pour le moment.

— Maman, pourquoi tu m'appelles par mon nom entier quand tu es en colère après moi ?

— Parce que ça retient ton attention. Tu sais que je ne plaisante pas quand je commence par William Christian Lierow, pas vrai ?

— Oui. Depuis combien de temps vous m'appelez Willie, toi et papa ?

— Presque depuis ta naissance. De la même façon, le prénom de ton père est Bernd, la forme allemande de Bernard. Mais on l'a toujours appelé Bernie.

— Et toi, c'est quoi, ton nom complet ?

— Diane Lee Lierow. Mon nom de jeune fille était Spenser, et quand ma grand-mère voulait m'intimider, elle disait : « Diane Lee Spenser ! » Là, je savais que je n'avais qu'à bien me tenir.

— C'est quoi, le nom complet de Danielle ?

— Danielle Ann Lierow.

— Pourquoi elle n'a pas de diminutif ?

Willie était parti dans une de ses séries de questions en rafale et cherchait n'importe quel prétexte pour ne pas faire ses devoirs, mais celle-ci n'était pas inintéressante. Pendant ce temps, Danielle lorgnait vers le deuxième gâteau en se demandant si elle parviendrait à s'en emparer sans que je la remarque. Elle n'avait pas une chance. Je suis la reine de la vision périphérique.

— Parce que si son vrai prénom est Danielle et que tu l'appelles toujours comme ça, reprit Willie, comment saura-t-elle quand tu n'es pas contente ?

Force était d'admettre qu'il venait de marquer un point. Je n'avais jamais pensé à cela. Pourtant, même si Bernie et moi aurions aimé pouvoir faire table rase de son passé avec Michelle Crockett, nous ne pouvions pas changer son prénom. Elle ne connaissait pas son père, ne savait pas où elle était née, ne savait probablement même pas où elle avait vécu, étant longtemps restée confinée dans une pièce unique ; mais elle connaissait son prénom. Cependant, une petite retouche ne serait peut-être pas une mauvaise chose. Nous pouvions lui offrir cela. Et si Bernie et moi lui avions déjà légué le nom de « Lierow », pourquoi ne pas imaginer que ce serait là la contribution de Willie pour l'intégrer pleinement à notre famille recomposée ?

— Eh bien, que proposes-tu, William Christian Lierow ?

Il me considéra avec perplexité, ne sachant trop s'il m'agaçait ou si je plaisantais. Je souris et attendis. Je voyais presque les petits engrenages tourner dans sa tête.

— Danny, ça ferait trop garçon ou pas ? demanda-t-il.

— Je ne sais pas. Danny est un prénom de garçon, mais Danielle est le féminin de Daniel, donc ça doit pouvoir aller pour les deux. Comme Samuel et Samantha peuvent donner Sam ou Sammy. Ou Jack et Jacqueline, qui font Jack ou Jackie. Danielle devrait donc pouvoir donner Danny. Comment l'écrirais-tu ?

William eut l'air perdu.

— Je ne sais pas. Comment on écrit Danny pour un garçon ?

— D-A-N-N-Y.

— Alors, il faudrait l'écrire comme pour une fille. Ça serait comment ?

Je sortis une feuille de papier et écrivis Daniel et Danny. Puis, Danielle et Danni. Ou Dannie ? Dani ? Je montrai les mots à Willie et lui demandai son avis.

— Je crois que quand elle apprendra à écrire son nom, ce sera plus facile pour elle d'écrire D-A-N-I.

Cet enfant avait une capacité étonnante de me rendre chèvre par ses incessantes questions, puis, la seconde d'après, de me sidérer par sa pertinence. Quelle excellente façon de voir les choses ! Je lui déclarai que l'idée me semblait bonne, mais que je voulais d'abord la soumettre à son papa.

Ce soir-là, à table, j'encourageai notre fils à aborder le sujet.

— Willie, si tu expliquais à papa l'idée que tu as eue pour le prénom de Danielle ?

Bernie posa sa fourchette. Notre garçon était un peu tendu ; il prit une grande inspiration et se lança, formulant sa proposition en une seule phrase.

— Tu sais qu'on m'appelle Willie alors qu'en vrai c'est William, et toi Bernie alors que c'est Bernd, et je me suis dit que Danielle pourrait être Dani, D-A-N-I, pour que ça soit plus facile à écrire pour elle que Danielle, et comme ça quand maman serait en colère, elle pourrait dire « Danielle Ann Lierow », comme elle dit « William Christian Lierow » des fois, et comme ça Dani saura que maman n'est pas contente et qu'elle ferait mieux de bien se tenir.

J'adressai un clin d'œil à Bernie pour lui signifier mon accord. Il se tourna alors vers notre fils et lui déclara :

— Tout ça me semble très bien pensé, mon grand. Ça me plaît.

Un large sourire aux lèvres, Willie s'adressa à sa sœur.

— Qu'est-ce que tu en penses, Dani ? Tu veux bien qu'on t'appelle Dani ? Ça te plaît, comme prénom ?

Danielle-Dani continua de manger. La nourriture constituait sa seule préoccupation du moment, et la façon dont nous souhaitions l'appeler était bien le cadet de ses soucis.

Le lendemain était le jour d'Halloween, et, à cause du voyage à Tampa, nous n'avions pas eu le temps de trouver un costume pour Dani. Depuis des semaines, Willie préparait avec Paul une version du capitaine Jack Sparrow, qui s'annonçait relativement caricaturale. Sa sœur se devait d'être tout aussi spectaculaire. Après le repas, nous partîmes tous au magasin Disney du centre commercial de Fort Myers, ainsi que des dizaines d'autres familles qui avaient attendu la dernière minute pour trouver un déguisement. Il y avait un monde fou, et je n'avais qu'une envie : attraper un costume d'Ariel et partir. Plus patient, Bernie marchait avec notre fille et lui montrait tous les choix possibles. Willie étant aussi en pleine exploration, je me postai à l'entrée du magasin pour être sûre que personne n'allait embarquer un de nos enfants, même si celui qui aurait l'idée de prendre Dani risquait fort de la ramener illico.

— Papa ! Maman ! Venez ! Regardez celui-là !

Je suivis la voix de mon fils jusqu'au stand Peter Pan, où il était planté à côté d'un mannequin vêtu d'une superbe tunique de satin bordeaux ornée de brocart noir, sur un pantalon de satin bleu-vert. Une ceinture noire lui ornait la taille, et un gilet brodé de fils dorés rehaussait la tunique. Dani tendit la main pour la toucher et sourit. Il n'en fallut pas davantage. Bernie mordit à l'hameçon, et elle remonta la ligne. Je me liquéfiai en découvrant le prix, espérant que notre fille ne verrait pas d'inconvénient à rester une princesse pirate pour tous les autres Halloween de sa vie.

Le lendemain soir, Paul vint nous aider à transformer Willie en capitaine Jack Sparrow, pendant que j'habillais la petite dans notre chambre. Avec tout le temps passé dehors pendant l'été, ses cheveux étaient devenus d'un blond doré qui contrastait joliment avec la tenue. Les couleurs du costume flattaient sa peau bronzée, faisant d'elle une parfaite petite princesse. Lorsque Bernie entra pour voir où nous en étions, sa mâchoire se décrocha. Il amena alors la princesse devant le grand miroir pour qu'elle se contemple ; les yeux de cette dernière s'écarquillèrent.

— Dani, regarde un peu cette jolie princesse ! Qui c'est, cette jolie princesse ? C'est princesse Danielle, c'est ça ? Comme tu es belle !

Tandis que Paul et Willie l'admiraient depuis l'encadrement de la porte, elle avança vers le miroir et embrassa son reflet, comme pour dire : « Oh, oui, qu'est-ce que je suis jolie ! »

Princesse Danielle, dans toute sa splendeur colorée, et le capitaine Willie Sparrow, avec perruque, yeux charbonneux, barbiche et épée de fier-à-bras, firent forte impression dans le voisinage. Tout le monde voulait les prendre en photo. Curieusement, Dani se montra patiente, comme si elle accordait une faveur magnanime à son public en adoration. Elle comprit rapidement qu'elle n'avait qu'à ouvrir son sac une fois que Willie avait prononcé le magique « *Treat or trick !*[1] », et que les gentils voisins ouvrant leur porte allaient y déposer des friandises et la complimenter sur sa beauté.

Bernie et moi les suivions de quelques pas, laissant notre fils ouvrir la marche. Mon mari mit un bras sur mon épaule et m'attira contre lui.

— Ils font une bonne équipe, pas vrai ?

C'était indéniable.

La semaine avant Thanksgiving, nous reçûmes une grande enveloppe en provenance de l'État du Nevada. Elle contenait deux pages. Celle du dessus était très simple : une lettre à en-tête du département sanitaire et social du Nevada, mentionnant : « Ci-joint l'original de l'acte de naissance de Danielle Ann Lierow. Merci de le conserver dans un emplacement sûr, avec les autres documents importants. » Y était joint le nouveau certificat de naissance que nous attendions. Il comportait les mêmes date, hôpital, ville, comté, État de naissance, et le même médecin. Mais, sur cette version, le nom de l'enfant était Danielle Ann Lierow, la mère Diane Lee Lierow, et le père Bernd Lierow.

Je n'étais jamais allée à Las Vegas, pas même dans le Nevada, et maintenant on aurait pu croire que j'y avais accouché. Mais cela aurait aussi bien pu être Mars, Vénus ou Dieu sait où, peu m'importait. Je serrai le document contre moi avec un grand soulagement. Désormais, nous n'avions plus besoin du moindre papier supplémentaire pour attester que Dani était notre fille. Pour la première

1. « Des bonbons ou un mauvais tour. » *(N.d.T.)*

fois depuis que nous l'avions amenée chez nous, à Pâques, je me sentis rassurée d'être enfin légalement sa mère. Nous n'avions plus à craindre que quelqu'un ne nous l'enlève. Je le rangeai avec les certificats de naissance de Bernie, Shawn, Ryan, Paul, Steven, Willie et le mien. Et de huit avec Dani !

21

Premier Noël

Dani tolérait mieux l'école : elle adorait son orthophoniste, Leslie Goldenberg, et s'habituait peu à peu à son institutrice. Mais elle faisait encore de petites crises en voyant les sacs à dos devant la porte, le lundi matin. La maison était son refuge, auprès de la famille et des chiens. L'apprentissage de la propreté avançait : quand elle n'était pas à l'école, elle portait des sous-vêtements normaux jusqu'à l'heure du coucher. Environ une fois par heure, Bernie ou moi l'emmenions ou lui faisions penser à aller aux toilettes. Elle baissait elle-même son pantalon et s'asseyait jusqu'à ce que quelque chose vienne, même juste une petite goutte. Je lui tendais alors du papier toilette ; d'elle-même, elle n'en utilisait pas, ou alors déroulait l'intégralité du rouleau sur le sol.

Dani apprenait aussi à ne pas voler la nourriture dans l'assiette des autres. C'était une tentation à laquelle elle ne résistait pas toujours, mais au moins savait-elle que c'était mal. Nous la forcions à utiliser fourchette et cuillère, ce qui ralentissait considérablement le rythme de ses repas et l'empêchait de mettre plus d'aliments que nécessaire dans sa bouche. Je crois qu'elle avait fini par comprendre qu'elle mangeait à intervalles réguliers, et n'était donc pas obligée de se jeter sur la nourriture.

Même si elle ne pouvait jouer à des jeux de société avec Willie, comme il l'avait espéré, le frère et la sœur s'amusaient souvent ensemble : ils nageaient, faisaient du vélo, sans que Willie cesse de lui rappeler « pédale, Dani, pédale ! », au cas où elle l'oublierait. Il lui faisait tenir la laisse de Bebe lorsque nous promenions les chiens, tout en tenant celle de Cece et en marchant à côté d'elle. Le four magique que nous lui offrîmes à son anniversaire fut une riche idée. Tablier autour de la taille, elle mélangeait, pendant que son frère mesurait et versait les préparations. Je ne cessais de m'étonner de la quantité d'ingrédients qu'elle pouvait répandre ailleurs que dans le récipient. Mais quand le minuteur sonnait, elle savait exactement ce que cela signifiait : gâteau !

Nous fîmes l'acquisition d'une petite Jeep électrique pour Willie, lequel passa presque tout un après-midi à la briquer et à orner sa carrosserie rouge vif d'autocollants divers. Elle était juste assez grande pour qu'ils y tiennent tous les deux. Il prenait le volant et sa sœur la place du passager, en appuyant avec passion sur le klaxon. Lorsque Dorothy les voyait arriver ainsi, elle s'écriait : « Tiens, voilà Willie, le chauffeur de Mlle Dani ! » Si elle l'avait pu, celle-ci aurait été heureuse de se faire promener toute la journée de la sorte, chaque jour. Il ne lui manquait plus qu'une tiare, une étole, et d'agiter la main en passant avec la grâce d'une reine.

Je fus engagée pour quelques heures de travail à temps partiel dans une société de gestion immobilière, un bon moyen de gagner un peu d'argent supplémentaire pour manger à l'extérieur quelques soirs par semaine, ou pour les séances d'orthophonie. Mais je devais aussi me rendre disponible pour y emmener Dani : elles avaient lieu à une demi-heure de route de chez nous. Heureusement, mon patron était très arrangeant, et je pouvais me trouver à la maison avant et après les heures d'école. Le week-end, nous assistions à des événements d'art ou de musique, parcourions les marchés aux puces et faisions du lèche-vitrine dans les communes de la vieille Floride, près de chez nous. Je donnai à Dani quelques-uns de mes vieux sacs à main, qu'elle arbora avec fierté lorsque nous sortions.

En bonne Nordiste, je ne m'étais pas encore habituée à porter des shorts en plein hiver, même si c'était certes préférable aux bottes, aux gants et aux caleçons longs. Mais c'était un peu frustrant au moment de Noël. Quel que soit l'endroit où l'on a grandi, je crois qu'on rêve de neige à cette occasion. C'était donc le seul moment de l'année où je regrettais ma région natale.

Afin de me mettre dans l'ambiance, juste après Thanksgiving, je sortais toutes les décorations des placards et transformais avec Willie la maison en un mélange de Bethléem et de pôle Nord. Cette année-là, je dus faire attention aux petits objets qui risquaient de finir dans la bouche de Dani, qui se rua sur les décorations du sapin. Bernie resta donc assis dans son fauteuil avec elle, et ils nous regardèrent faire en respectant la distance de sécurité.

Notre fils ayant passé l'âge de s'asseoir sur les genoux du Père Noël, il avait sa liste de cadeaux à la main, et je ne savais pas trop comment Dani réagirait à cette rencontre, dans un grand centre commercial bondé. Mais papy Bill possédait un costume de Père Noël, et proposa de l'endosser pour notre fille. Je ne pense pas qu'elle ait vraiment compris ce qui se passait, qui était ce bonhomme en rouge et blanc, ni ce qu'il fabriquait chez les Kenny ; toutefois, cela ne l'empêcha pas d'engloutir les biscuits de Noël de Doris.

La nuit tombait suffisamment tôt pour que toutes les lumières de Noël soient allumées lors de notre promenade du soir avec les chiens. Dani adorait ça, surtout celles qui clignotaient. Elle était irrésistiblement attirée vers les Pères Noël, elfes ou bonshommes de neige gonflables, comme elle l'avait été par le lapin de Pâques, et voulait tous les embrasser. Bernie, Willie et moi étions excités comme des gosses à l'idée du premier Noël de notre fille. Son frère m'aida à choisir et emballer ses cadeaux. Toujours aussi patient, il lui montra comment fabriquer une guirlande avec des bouts de papier rouges et verts.

Décembre était un mois particulièrement rempli dans notre famille, car, en plus de la frénésie ordinaire de Noël, trois de nos fils fêtaient leur anniversaire : Ryan était du 15 décembre, Willie allait avoir dix ans le 16, et Paul était né le 24.

Ce dernier, accompagné de sa petite amie Angela, vint donc dîner pour son anniversaire le soir du réveillon, et nous partageâmes le traditionnel gâteau à la crème des Lierow pour le dessert. Après leur départ, nous regardâmes *Un conte de Noël* version Muppets, puis je lus une histoire de circonstance avant de mettre les enfants au lit. Dani était un peu nerveuse, ce que nous mîmes sur le compte des nombreux biscuits et gâteaux qu'elle avait mangés au cours de la journée. Allez savoir si, avec tout ça, elle ne voyait pas des sucres d'orge danser dans sa tête.

Nous avions l'habitude de déposer tous les cadeaux sous le sapin une fois que les enfants étaient couchés. Pendant que je sortais les paquets des placards et de dessous notre lit, Bernie s'occupa des plus gros, cachés dans le coffre de la voiture ou chez Bill et Doris. Il y avait toujours quelque chose qui allait par deux. Cette année, il s'agissait de deux nouveaux vélos. Dani était désormais trop grande pour celui que le voisin nous avait prêté l'automne précédent. Celui de Willie avait déjà quelques années, et nous lui en avions choisi un qui devait pouvoir suivre sa croissance. Nous disposâmes les montures de chaque côté du sapin et empilâmes les paquets autour d'eux.

Le jour de Noël pointait à peine à l'horizon quand nous entendîmes Dani hurler à pleins poumons. Nous bondîmes hors du lit pour courir en direction du son, bousculant Willie au passage, qui avait fait de même. Elle se tenait dans le salon. Elle avait ôté son pyjama et sa couche. Les cheveux hirsutes, elle pleurait en se mordant le bras et en se frappant les cuisses, tout en marchant sur la pointe des pieds. Elle semblait terrorisée. Lorsque

Bernie s'approcha d'elle, elle traversa la cuisine en criant jusqu'à la salle à manger. Ses yeux étaient ouverts, mais on aurait dit une somnambule. Voyant que mon fils avait peur, je lui demandai d'aller me chercher une des couvertures du lit de sa sœur. Je préparai un verre de jus d'orange pour celle-ci pendant que Bernie la rassurait. Elle commença à se calmer. Willie revint avec sa couverture et la tendit à son père qui en enveloppa Dani et la porta dans ses bras jusqu'à sa chambre en la berçant comme un bébé.

Elle n'était bien entendu pas en mesure de nous expliquer ce qui s'était passé, ou ce qui l'avait tellement effrayée. Nous pensons qu'elle avait dû faire un cauchemar qui l'avait réveillée. Elle avait dû sortir de sa chambre en quête de quelqu'un pour l'aider, et se retrouver alors dans un salon entièrement modifié, avec le sapin, les vélos, les paquets partout. Probablement cela l'avait-elle désorientée et terrifiée. Ce qui l'avait poussée à enlever ses habits demeurait en revanche un mystère total, comme souvent avec Dani.

Je lui enfilai une nouvelle couche et un pyjama propre. Bernie et Willie restèrent ensuite avec elle dans sa chambre, à jouer avec ses animaux en peluche, et je repartis vers la cuisine pour lancer le café et mettre une tournée de petits pains à la cannelle dans le four. J'allumai les guirlandes du sapin et mis un CD de chants de Noël. Le soleil se levait lorsqu'ils revinrent tous trois dans le salon. Le parfum de la cannelle emplissait la pièce, ainsi que les notes de musique. Dani s'assit en tailleur par terre, à côté de Willie. Ses yeux brillaient encore un peu de larmes, mais elle lui adressa tout de même un sourire timide quand il lui tendit un paquet emballé de papier à l'effigie du Père Noël ; il en déchira un coin pour lui montrer comment faire.

Dans tout ce chaos, ni Bernie ni moi ne pensâmes à prendre de photos. Je n'en pris conscience que le soir tombé, une fois que nous fûmes couchés. Je me redressai brusquement dans le lit.

— Nous avons oublié de prendre des photos du premier Noël de Dani ! Elle n'aura plus jamais de premier Noël !

Il me regarda comme si j'étais folle.

— Diane, quelle photo t'intéresse, exactement ? Celle où elle courait toute nue dans la maison, comme une possédée ? Celle où elle avait des plaques rouges partout sur le visage à force d'avoir pleuré ? Celle avec les guirlandes dans sa bouche ? Celle avec le sucre d'orge collé dans ses cheveux ? Ou celle où elle a essayé de manger l'argile de Willie ?

Il avait raison. Ce n'était pas un Noël de carte postale. Juste notre premier Noël avec Dani, et nous n'avions pas besoin de photos pour nous en souvenir. Comme beaucoup d'autres événements en compagnie de notre fille, il serait certainement inoubliable. Je m'allongeai de nouveau et tournai la tête vers Bernie.

— Une petite vidéo, par contre, ça aurait pu être marrant.

Nous éclatâmes de rire à cette idée.

22

Tennessee

La vie était si douce, sous de nombreux aspects, que nous ne remarquâmes guère les nuages qui commençaient à s'accumuler sur le secteur du bâtiment en Floride. La conversion en appartements constituait une grande partie du travail de Bernie ; des investisseurs achetaient un bâtiment, le divisaient en plusieurs appartements en copropriété, puis les revendaient le double de leur mise initiale. Ce boom avait débuté juste avant notre emménagement en Floride, et mon mari avait plus de travail qu'il ne pouvait en prendre. Mais la tendance était si forte, en plus des nouvelles constructions, qu'il finit par y avoir trop d'offre, et ce segment de son activité commença à décliner.

Il n'était pas inquiet, naturellement – ou s'il l'était, il ne me le montrait pas. Bernie est à l'origine artisan charpentier. Il fait du bon travail, et il pouvait toujours compter sur des clients pour le solliciter entre ses gros contrats avec les investisseurs. Grâce à son père, il savait à peu près tout faire dans le domaine du bâtiment, et il était prêt à tout pour nourrir sa famille.

Nous considérions la situation de la même manière que les alertes aux cyclones, chaque saison : si la tempête ne passait pas droit sur nous – ce qui était le cas le plus fréquent –, il suffisait de fermer les écoutilles et d'attendre que ça passe. Bernie et moi avons tous deux le sens des réalités. Quand nous étions parents célibataires, nous avions appris à être spartiates quand la conjoncture l'imposait. Réalisant que le travail n'était pas aussi florissant que par le passé, nous nous sentions prêts à affronter la tempête.

Mais d'autres mauvaises nouvelles arrivèrent avec la nouvelle année : la bulle immobilière en Floride venait d'éclater pour de bon. Même en nous privant de tout le superflu, le simple fait de vivre dans un environnement comme le nôtre devenait au-dessus de nos moyens. Bernie se montrait pragmatique, tandis que je me mettais dans tous mes états chaque fois qu'il abordait l'éventualité d'un déménagement vers le nord. Avec la maturité d'une enfant de cinq ans, j'avais envie de taper du pied en serrant les poings et de crier : « C'est pas juste ! »

Lorsque nous avions emménagé en Floride, mon mari m'avait promis que nous y resterions pour toujours. Nous pensions y prendre notre retraite, et avoir ainsi une longueur d'avance sur les autres têtes chenues du coin, car nous aurions alors presque fini de payer notre maison. Pour la première fois de mon existence, je vivais dans un quartier où je m'étais fait des amis, où j'avais pris mes marques et m'étais attachée aux voisins et à la communauté de l'église.

Nous avions travaillé dur pour en arriver là, et nous ne dépensions pas inconsidérément. Ce n'était certes pas de la faute de Bernie si l'industrie du bâtiment se portait mal, mais cette histoire créait une grande tension entre nous.

La situation ne s'arrangea pas lorsque je lui fis remarquer ce qu'il savait déjà : qu'un déménagement serait dur pour Willie, et peut-être plus encore pour Dani. Pour la première fois de sa vie, elle vivait dans un havre de paix. Comment supporterait-elle le fait d'être déracinée pour se retrouver dans un endroit différent, inconnu ? Elle était déjà inscrite dans sa deuxième école en moins de trois ans. Il n'était nul besoin d'être éducateur professionnel ou psychologue pour savoir qu'un nouveau changement d'établissement pourrait avoir un impact très négatif sur les progrès en cours.

J'étais donc déterminée à trouver un moyen de ne pas déraciner notre famille. Bernie et moi commençâmes par discuter de la possibilité qu'il retourne travailler dans le Tennessee, où l'industrie du bâtiment était toujours florissante. Les immeubles y poussaient comme des champignons, et il avait gardé de bons contacts sur place. Ryan vivait dans cet État avec sa femme Rene ; son père pourrait donc peut-être loger chez eux, tandis que je resterais en Floride avec les enfants jusqu'à ce que l'économie se porte mieux. Je pouvais tenter de travailler davantage dans mon entreprise de gestion immobilière, et nous nous en sortirions. Beaucoup de gens agissaient ainsi. Ce n'était pas inconcevable, et si cela pouvait nous éviter de déménager, le jeu en valait la chandelle. Bernie commença à reprendre des contacts dans le Nord, et nous discutions sans cesse de la façon dont nous pourrions nous débrouiller. Certains soirs, j'allais me coucher avec la certitude que tout allait bien se passer ; d'autres, je me retournais dans mon lit jusqu'à l'aube, ressassant les pires scénarios possibles.

Il n'y avait vraiment plus de travail en Floride, ce qui nous affectait non seulement financièrement, mais également moralement. Bernie a commencé à travailler à l'âge de douze ans, et cela fait partie intégrante de sa personne. Or, cette partie-là n'était pas heureuse. Il se rendit plusieurs fois dans le Tennessee pour évaluer l'état du marché, et constata qu'il y avait indéniablement beaucoup plus d'opportunités qu'en Floride. À chacun de ses déplacements, il accomplissait de brèves missions et ramenait assez d'argent pour nous faire tenir quelques mois de plus, mais ses absences nous pesaient. Élever seule des enfants « normaux » est difficile ; mais élever seule une enfant comme Dani est épuisant. Ses crises augmentaient quand Bernie n'était pas là, et son papa manquait terriblement à Willie. L'idée qu'il travaille dans le Tennessee tandis que nous resterions en Floride n'était qu'un rêve qui partit rapidement en fumée. Quoi que nous fassions, nous devions le faire ensemble, en famille.

Le cœur gros, je dus donc me résoudre à mettre en vente notre maison adorée.

À notre grande surprise, plusieurs acheteurs potentiels se manifestèrent immédiatement, ce qui nous mit un peu de pression pour trouver un logement dans le Tennessee. Connaissant déjà la ville de Lebanon et le comté de Wilson, nous décidâmes d'orienter nos recherches sur ce secteur, et, fin avril, nous fîmes un voyage-éclair de presque mille cinq cents kilomètres vers le nord, puis mille cinq cents vers le sud en un week-end.

J'avais déclaré à Bernie que, si nous revenions dans le Tennessee, je voulais acheter une ferme, afin que nous puissions subvenir nous-mêmes à une bonne partie de nos besoins alimentaires. Si les choses tournaient vraiment mal, au moins aurions-nous toujours à manger. Notre agent immobilier fut informée de nos attentes, mais elle n'avait rien qui pouvait correspondre à notre budget à cette période.

En revanche, elle proposait une maison en bois sur un terrain de plusieurs hectares, situé à l'extrémité d'une grande route à quelques kilomètres de Lebanon. La photo et la description étaient assez prometteuses, mais une fois sur place nous découvrîmes que la construction n'était pas en bon état. Et l'annonce omettait de mentionner que la surface du terrain était entièrement rocheuse : pas vraiment l'idéal pour créer un potager, faire pâturer des animaux ou creuser une piscine.

La maison voisine comportait un panneau « À vendre » ; nous allâmes donc la visiter. Il s'agissait d'un bâtiment en brique relativement récent avec trois chambres, deux salles de bains, un salon de bonne taille et un garage en rez-de-chaussée, qui avait commencé à être aménagé en vaste pièce à vivre. Le vendeur qui la retapait pour la mettre en vente y avait enlevé tous les éléments de cuisine et retiré les moquettes et carrelages, dans l'optique d'en remettre de nouveaux.

Bernie y vit du potentiel. Je n'y vis qu'un désastre. Il considéra le prix comme intéressant. Je le considérai comme un gouffre financier. Nous ne nous disputons pas très souvent, mais là, ce fut le clash. Il était emballé par le garage – un bâtiment séparé – et fit remarquer qu'il était assez grand pour être transformé en atelier de charpenterie. Je lui opposai que, s'il ne rendait pas la maison habitable avant d'avoir décroché un travail, il pourrait y faire sa chambre.

Lorsque la tension redescendit, nous convînmes que, s'il posait du parquet, du carrelage et installait une cuisine aménagée avant de prendre un emploi extérieur, nous l'achèterions. Peu après notre retour en Floride, il retourna dans le Tennessee pour lancer les travaux, appeler certains de ses clients et gagner un peu d'argent pour faire face aux dépenses à venir.

Je commençai donc à faire les cartons. À mesure que leur nombre augmentait, le moral de Willie baissait, comme le mien. Il ne voulait pas déménager. Toute sa vie se trouvait ici, à Fort Myers Beach. Il n'avait que quatre ans lorsque nous étions arrivés en Floride, et n'avait aucun souvenir du Tennessee. Ses amis étaient ici, son école, son église, et bien sûr ses grands-parents de substitution, Dorothy, Paul, Bill et Doris. Il m'assaillait de questions : comment les choses se passaient-elles lorsque Steven, Paul et moi vivions dans une ferme ? Quels animaux aurions-nous ? Pourrions-nous avoir un cheval ? Y aurait-il de la neige ? Où Dani et lui allaient-ils nager ?

En dépit de tous nos efforts pour expliquer à la petite ce que nous faisions et pourquoi, nous n'avions aucun moyen de savoir ce qu'elle comprenait. En tout cas, elle savait que quelque chose se passait, et ça ne lui plaisait pas du tout. Elle ne mangea presque rien lors de notre aller et retour dans le Tennessee. Sur le coup, je pensai qu'elle était peut-être malade à cause du trajet en voiture, mais cela continua un jour ou deux après notre retour. Si Dani ne mangeait pas, il devait y avoir un sérieux problème.

La situation empira quand Bernie s'en alla. J'étais tellement occupée entre mon travail, la gestion du quotidien avec deux enfants, les courses et les préparatifs du déménagement qu'il ne me restait guère de temps pour jouer avec elle. De plus, c'était Bernie le « parent rigolo » – il y en a toujours un dans une famille. Je sais que Dani ressentait cruellement son absence ; ses câlins, ses baisers et ses blagues lui manquaient.

Quelques notes de son institutrice me rapportèrent qu'elle semblait triste et léthargique certains jours, et d'autres, agitée ou en colère. Un jour, Mme Phipps écrivit : « Mieux aujourd'hui, mais un manque de concentration évident. Je pense qu'elle sent le changement en cours, et que la préparation du déménagement ainsi que l'absence de son père lui pèsent. »

Je savais cela, mais ne pouvais rien y faire. La seule bonne nouvelle était que l'école avait enfin trouvé un ergothérapeute pour l'accompagner en classe. Il était important que ce système soit instauré, car cela nous permettrait de bénéficier du même accompagnement lorsque nous serions dans le comté de Wilson. Les journées d'école de notre fille étaient bien remplies, et devaient la distraire du changement en cours. Un peu plus tard, Mme Phipps m'envoya une note mentionnant : « On peut dire qu'elle développe un sacré tempérament ! C'est une bonne chose ! » Je souris en découvrant le smiley, heureuse de constater qu'un comportement négatif pouvait être perçu positivement.

Lorsque Bernie put revenir à la maison pour un long week-end, nous en profitâmes pour faire tout ce que nous aimions en Floride : aller à la plage, nager dans notre piscine et dans celle des Kenny, faire du vélo. Willie conduisit Mlle Dani dans sa petite Jeep rouge. Nous passâmes plus de temps qu'à l'accoutumée à discuter avec les voisins lors de notre promenade du soir, et nous rendîmes aussi souvent que possible chez Dorothy et Paul pour que la petite puisse sauter sur le lit d'Amber et regarder le sport à la télé avec Paul. La perspective de quitter Dorothy m'attristait particulièrement. Je voyais en elle la mère que j'avais toujours voulu avoir. Si je me laissais aller à y penser, je fondais en larmes.

Bernie appela Garet et M. O'Keefe pour les informer que nous déménagions dans le Tennessee. Cela lui fut pénible. De plus, Garet séjournait chez sa famille pour un mois, dans un autre État ; elle regretta amèrement de ne pouvoir venir nous dire au revoir.

Les personnes qui achetaient notre maison acceptèrent un délai supplémentaire de quelques jours afin que Dani et Willie puissent finir leur année scolaire. J'avais fait tous les préparatifs seule quand Bernie rentra pour charger le camion de location avec l'aide des voisins. La veille de notre départ, nous partageâmes un dernier plat de spaghettis chez Dorothy et Paul. Nous partions dès l'aube le lendemain, et dûmes donc nous faire nos adieux ce soir-là. Quelle épreuve... Je me sentais perdue, triste, effrayée. Lorsque Dani me vit pleurer, elle vint vers moi et appuya sa tête sur mon bras, ce qui me fit redoubler de larmes.

En quittant l'île, le lendemain matin, les larmes coulaient encore sur mes joues. Nous laissions tous une part importante de notre vie derrière nous, mais j'essayai de me convaincre que le meilleur restait à venir.

Ce fut le trajet jusque là-bas qui m'acheva. Bernie conduisait le camion, seul. L'espace passager de la cabine était rempli de tous ses outils et de tout ce qui n'entrait pas dans la zone de chargement. Je pris donc le volant de la voiture avec Willie, Dani, les trois chiens et la cage du perroquet de mon fils sur le siège avant, à côté de moi. Si je m'en approchais trop, ou si la cage bougeait de mon côté, cet oiseau de malheur me pinçait. Lorsque mon fils s'endormit sur la banquette arrière, je fus fortement tentée de baisser la vitre et d'ouvrir la porte de la cage.

Le surlendemain, en fin d'après-midi, notre ménagerie arriva enfin saine et sauve dans le Tennessee – y compris le perroquet. Ryan et son beau-père vinrent nous prêter main-forte, et, à nous cinq – Willie participa –, nous déchargeâmes le contenu du camion et de la voiture dans le garage, étant donné que les sols de la maison n'étaient toujours pas posés. Je demandai aux hommes d'installer trois matelas sur le sol du salon, et retrouvai le carton contenant le linge de maison. Si nous devions vivre à la dure, nous le ferions dans la même pièce. Et je ne voulais pas que Dani et Willie aient peur dans leur nouvelle maison. Bernie brancha dans la future cuisine le mini-frigo que nous gardions autrefois à proximité de la piscine. Je disposai nos affaires de toilette dans la salle de bains que nous partagerions, et Willie apporta les quatre petites valises avec lesquelles nous allions vivre jusqu'à ce que les sols soient posés et que nous puissions rentrer les meubles. *Home sweet home* !

L'avantage, c'était qu'en l'absence de cuisine je me trouvais de fait exemptée de la préparation des repas. J'appréciais de m'entendre dire régulièrement : « Où va-t-on manger, Bernie ? »

Les deux semaines suivantes furent difficiles pour nous tous. La piscine manquait à Danielle. En Floride, elle nageait tous les jours, parfois à deux reprises. Je suis sûre qu'elle se demandait pourquoi nous n'allions plus à la plage, où étaient Dorothy, papy Bill, les lamantins et les bananiers. Je craignais aussi que le fait de dormir sur un matelas à même le sol dans une pièce presque vide ne lui rappelle de mauvais souvenirs et ne la fasse régresser. Elle dormait en effet sur le matelas du haut de son lit depuis le soir de son adoption officielle.

Heureusement, cela ne parut pas poser problème ; moins que ses longues journées de désœuvrement pendant lesquelles son papa et sa maman maniaient le marteau en lui disant d'aller jouer plus loin. J'avais mis de côté certains de ses jouets, livres et DVD, mais je savais qu'elle s'ennuyait. Et quand elle s'ennuyait, elle se mettait à gigoter, et pouvait finir par sauter sur les murs avant d'exploser en une crise monumentale.

Espérant éviter cette issue, je faisais de fréquentes pauses pour l'emmener en promenade dans les environs avec Willie et les chiens. Nous ne croisions jamais personne dehors, et l'humidité était écrasante. Dans ce quartier peuplé de cadres d'entreprise, tout le monde partait travailler de bon matin pour ne rentrer que le soir. Il n'y avait pas de piscine où s'amuser, où se rafraîchir. Et la route sur laquelle nous vivions ne ressemblait en rien aux rues plates et pavées de Laguna Shores. Dani avait tellement de mal à y faire du vélo qu'un jour elle s'énerva et l'abandonna en plein milieu de la route, où il dévala la pente pour s'arrêter dans un jardin voisin. Je lui ordonnai d'aller chercher son vélo, mais elle m'ignora. Comment lui en vouloir ? Mon attitude n'était guère meilleure que la sienne. Je passai les laisses des chiens à Willie et allai chercher la bicyclette. Dani retourna alors directement à la maison. La remarque de Mme Phipps me revint alors en mémoire : « On peut dire qu'elle développe un sacré tempérament ! C'est une bonne chose. » Sur le coup, je n'eus pas l'impression que c'était une si bonne chose.

Enfin, Bernie posa tous les sols – sauf celui de la cuisine –, et nous pûmes commencer à rentrer les meubles stockés dans le garage-atelier depuis deux semaines. Nous portâmes l'armoire et le lit de Dani dans sa chambre pendant qu'elle regardait un film avec Willie, sans qu'elle le remarquât. Mon plan était de recréer sa pièce à l'identique de celle de Floride ; je demandai donc ensuite à Bernie de l'emmener faire des courses, et embauchai Willie pour m'aider. Avec sa bonne mémoire, il se souvenait de tous les détails, jusqu'au moindre animal en peluche.

Mon fils travaille vite et bien. En moins d'une heure, la chambre de Dani était la réplique exacte de celle que nous avions laissée en Floride, du carrelage et des tapis jusqu'aux motifs muraux et aux rideaux des fenêtres. La couette Hello Kitty, les coussins et une cinquantaine d'animaux en peluche sortirent des cartons où ils étaient confinés depuis quinze jours et retrouvèrent avec bonheur leur place sur le lit et l'étagère de la bibliothèque, de nouveau remplie de livres.

Debout sous le porche, Willie guettait le retour de son père et de sa sœur dans l'allée. Lorsqu'il vit la voiture, il ouvrit la porte et me cria : « Les voilà ! »

Sachant ce que nous avions réalisé pendant leur absence, Bernie ne tarda pas à faire rentrer notre fille. Je me trouvais déjà dans sa chambre, car je tenais à voir sa tête lorsqu'elle découvrirait la pièce. Après le désarroi de ces dernières semaines, j'avais cruellement besoin de la voir sourire, de me persuader que nous n'avions pas gâché sa vie en la sortant de sa zone de confort.

J'entendis Willie lui annoncer :

— Dani, on a une surprise pour toi. Tiens, donne-moi la main et viens avec moi.

Le bruit de leurs pas résonna dans le salon vide et dans le couloir. Mon fils posa délicatement les mains sur les yeux de sa sœur en la guidant jusqu'à la porte. Là, il les retira. En voyant sa chambre, le visage de Dani s'illumina exactement de la même manière qu'un an auparavant, lorsque nous lui avions montré sa chambre pour la première fois. Comme elle l'avait fait ce jour-là, elle sauta directement sur son lit, serra son oreiller Hello Kitty contre elle et se mit à rire de joie.

C'est alors qu'elle fit une chose qu'elle n'avait jamais faite auparavant. Elle tapota le lit à côté d'elle et articula :

— Li... li... li... li. Li... li... li.

Nous la dévisageâmes tous les trois avant de nous regarder et de répéter ce qu'elle venait de dire :

— Li... li... li... li. Li... li... li ?

Willie fut le premier à s'écrier :

— Livre ? Tu veux un livre ?

Elle sourit et tapota de nouveau le matelas. Son frère se précipita pour dénicher son livre préféré, l'ouvrit, s'assit près d'elle et commença la lecture.

— Ours brun, ours brun, que vois-tu ? Je vois un oiseau rouge qui me regarde.

Quand il prononça « oiseau rouge », Dani posa le doigt sur l'oiseau, et je crus que mon cœur allait exploser.

23

Sous l'œil du public

Alors que nous vivions encore en Floride, Bernie avait un jour reçu un appel inattendu de la part d'une femme du Children's Board du comté de Hillsborough. Cette agence mère regroupe un nombre important de services à l'enfance et de programmes d'éducation parentale. C'était elle qui avait organisé la journée Heart Gallery au Game-Works de Tampa, là où nous avions découvert la photo de Dani pour la première fois.

Leur chargée de communication, Carolyn Eastman, indiqua à mon mari qu'une journaliste du *St. Petersburg Times* cherchait à écrire un article sur les adoptions réussies, et qu'elle aurait aimé savoir si nous souhaitions y participer. Il n'y aurait qu'un ou deux paragraphes sur chaque famille, et ils prévoyaient de le publier aux alentours de la Saint-Valentin, en espérant motiver les lecteurs à opter pour l'adoption.

Bernie lui répondit qu'il devait en discuter avec moi. Ma réponse fut claire et nette : « Non, merci ! » Je n'avais pas envie de me retrouver dans un journal. Aucun de mes mariages n'avait été publié dans la presse, comme cela se fait souvent.

Nous n'étions pas du genre à étaler notre vie privée dans les médias, quels qu'ils soient.

Je précisai ma réponse en expliquant qu'il devait y avoir des centaines de familles prêtes à témoigner en Floride, et que notre participation n'était donc pas indispensable. Nous avions des problèmes d'argent, de travail, et nous battions déjà avec l'école de Dani pour obtenir l'ergothérapeute qu'ils étaient censés lui accorder. Pas besoin d'ajouter une nouvelle contrainte à notre liste.

Il en informa Carolyn Eastman, qui insista et le rappela une semaine plus tard, arguant que notre histoire était émouvante et exemplaire. Personnellement, je ne voyais pas en quoi elle était plus exemplaire qu'une autre, et Bernie non plus. Il me fit toutefois remarquer que sans la Heart Gallery, nous n'aurions jamais connu Dani. Je voyais bien qu'il tentait de me convaincre, mais campai sur mes positions.

Il rappela donc Carolyn Eastman et lui donna mon numéro de portable ; dès le lendemain, un membre de son équipe me téléphona. Merci, mais non merci, répétai-je. Elle m'appela donc elle-même. Cette femme n'est pas chargée de communication pour rien. Elle possède un talent indéniable en la matière. Elle me parla plus en détail du Children's Board, de ses actions et de l'impact d'un événement comme la Heart Gallery pour aider des familles à se constituer. Je l'écoutai en pliant mon linge tout en gardant un œil sur la pendule.

Elle me raconta ensuite que même si elle n'avait rencontré Danielle qu'une fois, celle-ci l'avait profondément émue. Je savais que beaucoup de gens éprouvaient ce sentiment au contact de ma fille. Quelque chose en elle produisait une impression immédiate sur les autres, stimulant leur envie de l'aider.

Puis, Carolyn me parla de son parcours personnel, pourquoi le sujet de l'adoption la passionnait tant, et pourquoi l'histoire de notre famille la touchait tellement.

— J'ai vécu en famille d'accueil moi-même, avant d'être adoptée par cette même famille. En fait, ma mère adoptive a travaillé pour notre agence de St. Petersburg pendant vingt ans, je connais donc bien cet univers. Mes deux filles sont adoptées. J'ai arpenté ce chemin toute ma vie, et y travailler constitue pour moi un moyen de rendre ce que j'ai reçu. Je me souviens bien de l'arrivée de Danielle, parce qu'une de mes bonnes amies m'avait appelée pour me parler de son cas, qui la bouleversait totalement. Garet a vraiment insisté pour qu'elle soit intégrée à la Heart Gallery. Elle a pris les choses en main, comme elle le fait si souvent. Saviez-vous qu'elle avait été adoptée, elle aussi ? demanda Carolyn.

N'entendant pas de réponse de ma part, elle poursuivit :

— La première fois que j'ai vu Danielle sur la photo de la Heart Gallery, je me suis dit qu'elle avait l'air très douce. Mais j'avais aussi conscience de l'ampleur des soins qu'elle nécessiterait, et j'avoue que je n'étais pas aussi optimiste que Garet qui a toujours cru que cette fillette trouverait une famille.

« Mes filles aiment parcourir les photos de la Heart Gallery et choisir un enfant pour lequel elles vont prier afin qu'il trouve un vrai foyer, comme ce fut le cas pour elles. Elles font cela depuis qu'elles sont toutes petites. Parmi toutes les photos, ce jour-là, elles avaient choisi Danielle. Quelque chose en elle leur a parlé, à elles aussi. C'est plus tard seulement que j'ai découvert que leur choix s'était porté sur l'enfant dont j'avais entendu parler. Comme je l'ai dit à votre mari, c'est une histoire vraiment formidable. J'espère qu'elle touchera les gens, et peut-être qu'elle en motivera certains à adopter, à leur tour.

J'avais fini de plier le linge et m'étais assise sur le canapé, abasourdie par tout ce qu'elle venait de me raconter. Je savais que Garet avait été adoptée, mais il me semblait incroyable que Carolyn et ses filles l'eussent également été. Bernie et moi avions toujours eu l'impression que notre rencontre avec Dani et son adoption participait de la volonté de Dieu. Mais, en écoutant Carolyn, je songeai que Sa volonté ne s'arrêtait peut-être pas à cette adoption.

Si tel était le cas, comment pouvais-je refuser ? En outre, pensai-je, il n'y avait pas là de quoi fouetter un chat. Ce ne seraient que quelques paragraphes dans un article qui tomberait aux oubliettes vingt-quatre heures plus tard.

Je précisai donc à mon interlocutrice que l'entrevue devrait avoir lieu un week-end, afin que Bernie n'ait pas à interrompre son travail et que les enfants soient présents. Elle me rappela dans l'heure suivante pour me demander si le week-end suivant nous conviendrait. Ayant sévèrement réduit nos loisirs, nous n'avions aucun projet pour cette date. Elle m'informa que la journaliste dépêchée serait Lane DeGregory, avec qui elle avait souvent collaboré et en qui elle avait toute confiance ; laquelle serait accompagnée de la photographe Melissa Lyttle, tout aussi sérieuse. Carolyn serait aussi présente, et Garet souhaitait également venir nous voir à cette occasion.

Avant l'adoption, cette dernière était venue plusieurs fois à Fort Myers Beach pour voir Dani, en tant que responsable du dossier. Mais son rapport avec notre fille n'était pas uniquement professionnel. Elle l'avait aimée dès qu'elle l'avait vue à l'hôpital de Tampa, et, contre vents et marées, elle s'était promis de lui trouver un foyer.

Mais la première fois qu'elle était passée la voir, Dani en avait été si perturbée qu'elle avait fait une grosse crise de nerfs. Nous étions tous désemparés, car nous pensions que notre fille serait heureuse de revoir cette femme qui l'aimait tant. Ce n'est qu'après son départ que nous avons réalisé qu'elle avait peut-être eu peur qu'on la ramène dans sa famille d'accueil, ce qui s'était passé chaque fois que Garet était venue la voir précédemment.

Avant sa seconde visite, nous prîmes le temps d'expliquer à Dani qu'elle ne venait pas pour l'emmener, et elle fut en effet beaucoup plus calme. Lorsque la visiteuse dut repartir, elles étaient de nouveau les meilleures amies du monde.

Le samedi de l'interview, je levai ma fille de bonne heure afin d'avoir le temps de lui brosser les cheveux et de lui faire une queue-de-cheval avec son élastique rose préféré, assorti à son T-shirt.

Après le petit-déjeuner, je l'envoyai dehors jouer avec son frère pour que la maison reste propre.

Resté dehors à surveiller les enfants, Bernie m'appela quand les quatre femmes arrivèrent.

Garet s'élança vers les enfants et passa un bras sur l'épaule de chacun. Avec son appareil photo, la photographe était facile à repérer, ainsi que la journaliste avec son bloc-notes. Bernie discutait avec la quatrième femme, qui devait donc être Carolyn. Celle-ci me tendit la main et se présenta, nous remercia d'avoir accepté l'interview, et nous présenta ensuite à Lane et Melissa.

— Je disais à Bernie qu'en approchant de votre maison nous avons vu un petit garçon et une petite fille jouer dans l'allée. J'ai supposé que le garçon était Willie, expliqua Carolyn en souriant à mon fils, et j'ai alors dit à Garet que c'était chouette qu'il ait parmi les voisins une petite fille de son âge avec qui jouer. Garet a éclaté de rire et m'a alors précisé : « Mais c'est Dani ! » J'étais sidérée ! C'est incroyable, ce qu'elle a grandi ! La dernière fois que je l'ai vue, elle avait les cheveux châtains, semblait pâle et léthargique. Regardez-la, maintenant, toute blonde ! C'est comme si une lumière s'était allumée en elle. Elle est méconnaissable !

Les adultes prirent place autour de la table de la cuisine pendant que les enfants retournaient jouer dans le jardin. J'indiquai à Melissa que je préférais qu'elle ne prenne pas de photos d'eux sans la présence de Bernie ou la mienne. Je ne connaissais ni la photographe ni la journaliste, et m'inquiétais encore un peu de leur laisser trop de latitude. La perspective de répondre à une interview me stressait déjà suffisamment.

Nous n'avions jamais été confrontés à une telle situation auparavant, et ne savions donc pas à quoi nous attendre, mais la présence de Garet et Carolyn facilitait les choses. Cela nous donnait davantage l'impression d'une discussion entre amis, et Lane fit de son mieux pour nous mettre à l'aise.

Melissa voulait une photo de nous quatre. Je la prévins que Dani n'aimait pas toujours être prise en photo, et qu'il faudrait faire vite.

Bien entendu, ce fut tout l'inverse. Bernie posa une main sur un de ses bras tandis que je lui tenais l'autre afin qu'elle ne détale pas ou ne se tortille pas trop, ce qui était généralement le cas. Je ne sais pas ce que la photographe lui fit comme effet, mais, pendant qu'elle prenait une série de clichés, Dani resta tranquillement debout, sans tout à fait sourire, mais au moins en fixant l'objectif. Je demandai à Melissa si nous pourrions en avoir des exemplaires. Jusqu'ici, toutes nos tentatives de portrait de famille à l'église avaient été anéanties par l'impatience de notre fille.

La photographe prit d'autres photos moins posées tandis que nous discutions dans l'allée. Je commençais à avoir envie que l'interview se termine, et savais que, si nous retournions à la maison, ce serait reparti pour deux heures de plus. J'en étais presque à souhaiter que Dani pique une crise qui pousse tout le monde dehors, mais elle était sage comme une image. Je demandai donc aux femmes si elles souhaitaient une bouteille d'eau pour la route, et elles comprirent le sous-entendu. Garet serra Willie et Dani dans ses bras. Je savais qu'elle regrettait de ne pouvoir voir la petite plus souvent. Depuis le jugement d'adoption, elle n'était plus chargée de notre dossier. Bernie prenait le temps de rester en contact avec elle et avec M. O'Keefe, mais ça ne compensait pas l'absence de rencontre.

La semaine suivante, Lane téléphona pour nous remercier de les avoir reçues, puis nous expliqua que Carolyn, Garet, Melissa et elle avaient discuté de notre histoire sur le chemin du retour. Elle voulait savoir si nous aurions l'obligeance de la recevoir de nouveau la semaine suivante, avec Melissa, afin de discuter davantage. Je n'étais guère emballée par l'idée, mais me dis que si elles faisaient l'effort de conduire deux fois trois heures, aller et retour, pour nous revoir, nous pouvions bien leur accorder une heure de notre temps. Je lui demandai où en était son projet d'article pour la Saint-Valentin ; en fait, elles pensaient plutôt le publier à l'occasion de la fête des Mères.

Nous nous libérâmes donc un autre samedi, discutâmes ensemble autour de la table, puis sortîmes prendre d'autres photos, la plupart de Dani. Curieusement, elle avait développé un certain amour de l'appareil photo ; quant à Willie, qui s'intéressait déjà à la photographie, il suivait Melissa comme un petit chien.

Pendant que celle-ci prenait ses clichés, Lane demanda si elles pourraient revenir un jour de semaine pour voir à quoi ressemblait une journée ordinaire de Dani. Bernie eut l'air sceptique.

— Vous n'avez pas assez de matière pour écrire ces quelques paragraphes ?

La journaliste expliqua alors que, en repensant à son reportage après la première visite, son équipe s'était accordée sur le fait qu'il faudrait bien plus que quelques paragraphes pour rendre justice à notre histoire. Je sentis un drapeau rouge se dresser, et Bernie également.

— Dans ce cas, de quoi s'agit-il, Lane ?

Elle nous avoua qu'elle souhaitait faire un reportage complet sur Dani, avec davantage de photos, pour le sortir au moment de la fête des Mères. Le regard de mon mari croisa le mien, et il lut dans mes pensées.

— Vous savez, Diane et moi avons donné notre accord pour quelques paragraphes, dans le cadre d'un article sur l'adoption. Ce dont vous nous parlez, c'est tout autre chose. Nous allons devoir en discuter à tête reposée. Nous vous rappellerons lundi.

Je vis sur leurs visages que Lane et Melissa étaient déçues, et probablement surprises. Elles devaient plutôt avoir l'habitude de rencontrer des gens avides d'apparaître dans les journaux que l'inverse.

Le lendemain, à l'église, nous demandâmes au pasteur et à sa femme de nous aider à prendre une décision à ce sujet. Nous étions gênés par l'impression de claironner ce que nous avions accompli avec la petite, et de violer ainsi son intimité. Étions-nous justes envers elle ? Cette histoire n'allait-elle pas la faire passer pour une sorte de phénomène de foire ?

Chacun s'exprima à ce sujet, puis nous priâmes. Nous nous demandions : *si notre histoire incite ne serait-ce qu'une seule famille à adopter un enfant, cela en vaut-il la peine ?* En pensant à ce qu'il serait advenu de Dani si nous n'avions pas été guidés vers elle, la réponse était évidente : oui. Cela en valait la peine. Nous priâmes pour que Lane et Melissa fassent honneur à notre confiance, pour que personne ne soit blessé, pour qu'un enfant puisse être adopté, et décidâmes de poursuivre la démarche.

Les deux femmes revinrent deux fois discuter avec nous, prendre des photos et même des vidéos. Nous avions donné l'autorisation à Lane de s'adresser à l'orthophoniste de Dani à l'école, pendant l'une de ses séances, car nous accordions une totale confiance à Leslie. Elle protégeait notre fille presque aussi farouchement que nous.

La journaliste nous informa qu'elle allait rencontrer les autres acteurs de l'histoire à Tampa, comme l'agent Holste, les médecins de l'hôpital et le Dr Armstrong de l'USF. Plus elle nous en disait, plus nous étions stressés. Mais, lorsqu'elle mentionna le nom de Michelle Crockett, Bernie et moi nous figeâmes. L'idée ne nous avait pas effleurés que cette femme pût refaire irruption dans cette histoire, et Bernie en fut particulièrement fâché.

— Pourquoi lui accordez-vous votre attention ? Elle ne mérite rien d'autre que la prison.

Lane resta stupéfaite devant sa réaction, et nous expliqua que son rédacteur en chef souhaitait inclure dans l'article la version des faits de la mère biologique.

— Sa version des faits ? s'insurgea mon mari. Quelle version des faits ? Elle n'en a aucune !

Il était furieux. Je l'avais rarement vu s'emporter, mais le nom de Michelle Crockett était un véritable détonateur pour lui. Lane déclara qu'elle ferait part de notre opposition à son rédacteur en chef.

La fête des Mères arriva et passa sans que notre article fût publié. Mais nous étions tellement préoccupés par la vente de la maison, la recherche d'une autre dans le Tennessee et les préparatifs du déménagement que nous n'avions guère de temps pour y penser. Environ deux mois après notre emménagement dans la maison de Gilbert Valley, Lane appela Bernie un soir, juste avant le dîner ; il mit son téléphone sur haut-parleur afin que nous puissions tous deux participer à la conversation.

Elle nous annonça que l'histoire prenait une autre ampleur, pas seulement dans sa longueur, mais dans sa présentation. Cela allait en fait devenir un « package multimédia ». Je lui demandai ce que cela signifiait. Elle nous expliqua que le récit écrit serait complété par un enregistrement audio, un diaporama, et même de petits films sur le site Internet. Nous savions que nous avions été enregistrés par Lane et filmés par Melissa, mais je n'avais pas imaginé que cela pourrait être utilisé à d'autres fins qu'un article dans le journal. Je n'étais décidément pas calée en nouveaux médias.

Je crois que, au vu de notre réticence initiale, la journaliste essayait de nous préparer à l'ampleur de l'événement. Lorsqu'elle nous annonça qu'elle avait également interviewé Michelle Crockett, et que ce témoignage serait inclus dans le récit, je sentis mon ventre se nouer.

— Nous vous avions demandé de ne pas lui parler, objecta Bernie avec défiance.

Lane expliqua que son équipe avait insisté pour que le compte-rendu de notre histoire soit objectif, et que, si elle n'avait pas donné à la mère l'occasion de s'exprimer, le projet aurait probablement été annulé. Honnêtement, cela ne nous aurait pas dérangés.

Bernie demanda ensuite la date de publication. Lane nous répondit que l'échéance était de quelques jours. Elle m'entendit sûrement m'exclamer au bout de la ligne, et nous assura que nous recevrions une copie par e-mail avant la publication. Elle espérait qu'en la lisant nous serions convaincus que le jeu en valait la chandelle.

En fait, nous ne reçûmes la copie du reportage que la veille de sa sortie. Je pris place devant l'ordinateur tandis que Bernie regardait par-dessus mon épaule. La lecture fut plus éprouvante que je ne l'aurais cru. Il est tellement déconcertant de voir votre vie étalée de la sorte au grand jour… Certains de nos propos paraissaient un peu bêtes à l'écrit, d'autres avaient totalement échappé à mon souvenir, et nous craignions que les passages parlant de Dani lors de notre première rencontre puissent l'embarrasser. Le fait qu'elle ne puisse lire l'article ou même avoir conscience de son existence constituait-il un facteur aggravant de cette atteinte à sa vie privée, ou l'inverse ?

La première phrase que je lus me hérissa : « Première partie : l'enfant sauvage. » Cela me rappela la première fois où nous avions vu la photo de Dani à la Heart Gallery, quand les employés nous avaient incités à laisser tomber. Je sais que ce terme est utilisé pour décrire des enfants comme elle, ou d'autres bien pires qu'elle, comme ce petit garçon élevé dans les bois par des loups, ou cette petite fille par des chiens. Certes, le Dr Perry avait écrit que ces enfants, ayant au moins été nourris et entourés, possèdent un avantage sur ceux qui ont été sévèrement négligés. Mais ces mots me semblaient affreux, et le terme « sauvage » ne correspondait vraiment pas à Dani, même au pire de sa forme. Pourtant, il était là, imprimé en caractères gras pour être bien remarqué. Nous avions l'impression qu'il était utilisé afin de faire du sensationnel, et cela me semblait une offense envers notre fille.

Bernie fut impressionné par le comportement de l'agent Holste. Il déclara qu'il allait appeler le département de police de Plant City pour le remercier du rôle qu'il avait joué dans le sauvetage de Dani.

J'étais heureuse que Lane ait parlé à M. O'Keefe, même si je savais que l'instituteur n'était pas très emballé par cette idée. Le témoignage de Leslie Goldenberg était touchant. Les premières impressions du Dr Armstrong sur Dani nous firent sourire : « J'espérais qu'elle parviendrait à dormir la nuit, à sortir de ses couches, à manger toute seule... Si tout se passait au mieux, Danielle finirait dans une bonne institution spécialisée. » Nous eûmes plaisir à penser que nous avions déjà permis de surpasser ses attentes.

Arriva ensuite Michelle Crockett : « Troisième partie : la mère. » Bernie refusa de lire ce paragraphe. Depuis le début, il affirmait qu'il ne voulait pas entendre parler d'elle, que le passé était le passé, que Dani était maintenant avec nous et que c'était tout ce qui comptait. De mon côté, la curiosité l'emporta, ainsi qu'une profonde interrogation : comment une mère pouvait-elle agir ainsi envers son enfant ? Elle s'était occupée de ses deux garçons ; comment en était-elle venue à ignorer sa fille ?

Cette femme vivait toujours avec ses fils à Plant City, dans un mobile home, non loin de leur maison précédente. D'après le récit, l'endroit était propre, ce qui était étonnant étant donné l'état de crasse du taudis où Dani avait vécu.

Il était cependant impossible de savoir si Michelle Crockett disait la vérité. Elle reconnaissait avoir rencontré un homme dans un casino, dont elle avait oublié le prénom – Ron, ou peut-être Bob –, et être rentrée avec lui dans sa chambre d'hôtel. Elle déclara avoir une fois emmené Dani manger une pizza, au parc, à la bibliothèque, mais ne se souvenait pas de l'emplacement ou du nom des lieux.

Elle avait montré à Lane des exemplaires des rapports de maltraitance établis en 2002, mais seulement parce qu'elle pensait qu'ils ne l'accusaient en rien, puisque le DCF ne lui avait alors pas enlevé sa fille. Elle déclara avoir été « choquée quand la police avait emmené Danielle de la maison, ce jour-là ».

Peut-être sa façon de vivre ainsi dans le déni expliquait-elle sa façon d'agir envers son enfant. Elle refusait d'endosser toute responsabilité pour quoi que ce soit. Tout était de la faute de quelqu'un d'autre, elle était toujours la victime et jamais la responsable. Cela me souleva le cœur, mais pas tant que ce que je lus ensuite : le lendemain de la mise sous tutelle de Dani, Michelle et ses fils s'étaient introduits dans l'hôpital et avaient pris une photo d'elle dans sa blouse de patient. Elle l'avait montrée à Lane. Je ne supporte pas l'idée qu'elle détienne cette photo. C'est un pur scandale que cette femme ne soit pas emprisonnée.

Il y avait par ailleurs quelques imprécisions que je souhaitais voir rectifiées. L'article prétendait que nous souhaitions adopter parce que je ne pouvais plus avoir d'enfants. C'était faux. Nous savions seulement que nous ne ferions jamais mieux que Willie, et avions décidé de nous arrêter là. Nous le lui avions toujours dit quand il était petit et qu'il nous réclamait un petit frère ou une petite sœur. Et c'était vrai. Nous ne pouvions pas faire mieux que notre adorable Willie.

L'autre erreur était plus gênante. Lane avait écrit qu'à l'arrivée de Dani nous avions installé son frère dans la buanderie, en coinçant un petit lit entre la machine à laver et le cheval à bascule de Dani. C'était totalement inexact. Pauvre Willie ! On lui avait en réalité donné la plus grande chambre de la maison, celle que Paul et Steven avaient partagée lors de notre emménagement dans cette maison. La chambre comportait deux lits jumeaux qui leur avaient appartenu, et aucun d'entre eux n'était collé à la machine à laver ! Il était vrai que Willie avait parfois un peu peur, là-bas, mais il avait très vite trouvé l'idée du talkie-walkie et montait dormir à l'étage dès qu'il se sentait inquiet. Nous savions qu'il s'y habituerait, et qu'au bout du compte, quand il serait adolescent, il adorerait avoir cette intimité du rez-de-chaussée, ainsi que l'accès direct à la piscine.

Lorsque nous appelâmes Lane à propos de ces deux détails, elle nous avoua que le récit avait déjà été imprimé. Je lui fis remarquer les deux erreurs commises et elle s'en excusa en m'assurant qu'elles seraient corrigées pour la version Internet. Seulement, en attendant, les lecteurs allaient croire que nous étions des monstres qui reléguaient leur fils effrayé dans une buanderie de sous-sol ! Pour la première fois depuis notre déménagement, j'étais heureuse que nous ne soyons pas en Floride, afin de ne pas avoir à baisser la tête sous des regards réprobateurs au supermarché.

Le récit fut mis en ligne le 31 juillet, et publié dans le journal le 1er août 2008.

Bernie et moi envoyâmes un e-mail aux amis et aux membres de la famille pour les prévenir : « Salut à tous. L'histoire de Dani sera publiée sur le site du *St. Petersburg Times* ce soir. Elle est intitulée « La petite fille à la fenêtre ». Précision : Willie ne dormait PAS dans la buanderie, il avait sa propre chambre ! Je ne sais pas d'où c'est sorti ! Dani continue de progresser. Il y a quelques semaines, elle a dit « liiiii » en me tendant un livre pour que je lui lise. Merci pour toutes vos prières et vos encouragements. Vous nous manquez tous ! »

Carolyn Eastman nous avait précisé que les articles sur la Heart Gallery et les adoptions réussies suscitaient toujours un grand intérêt et beaucoup de retours. Mais rien n'aurait pu nous préparer aux réactions provoquées par la publication de « La petite fille à la fenêtre ».

Dans les quarante-huit heures qui suivirent la mise en ligne de l'article, le site Internet du journal tomba en panne en raison du nombre trop important de connexions. Ils le restaurèrent, mais la panne se reproduisit.

Je n'avais jamais prêté attention aux commentaires des lecteurs auparavant. Je connaissais à peine leur existence, mais là, ils se trouvaient en bas de l'article, et je commençai à les lire. Le premier fut déposé avant même la parution du journal, à 1 h 09 du matin le 1er août. Un anonyme cautionnait l'action du DCF. Cela m'étonna, étant donné que ce département avait laissé Dani avec sa mère trois ans de plus qu'il n'aurait dû.

Cinq commentaires plus loin, un autre anonyme déclarait qu'il était injuste que nous ayons « fait dormir William dans la buanderie, à côté du lave-linge, ce qui ressemble quelque peu à une forme de maltraitance ». L'impossibilité d'avoir pu corriger le récit fit remonter la colère en moi.

Je poursuivis ma lecture. La plupart des gens exprimaient leur indignation envers Michelle, leur émotion vis-à-vis du parcours de Dani, et leur gratitude de savoir qu'elle vivait désormais en lieu sûr. Mais je dus arrêter après la cinquième mention du fait que Willie dormait dans la buanderie. Cela me rendait folle, mais nous ne pouvions rien y faire.

Le journal, ainsi que le bureau de Hillsborough Kids, furent inondés d'appels de gens souhaitant savoir s'ils pouvaient nous aider. Des représentants d'autres médias appelèrent la Heart Gallery pour avoir nos coordonnées. C'était la seconde fois en deux jours que je me sentais heureuse de vivre à bonne distance de toute cette agitation. Si nous avions encore vécu en Floride, probablement n'aurions-nous pas pu quitter notre maison.

Carolyn nous téléphona pour nous demander si elle pouvait nous aider ; j'en pleurai presque de soulagement. Elle voulait savoir si nous accepterions la création d'un site Internet dédié à Dani, ce qui allégerait la fréquentation de ceux du journal, de la Heart Gallery et du Children's Board. Elle prit les choses en main pour nous et trouva un webmaster dans une société de graphisme à Tampa, prêt à donner de son temps pour concevoir et créer le site. Nous discutâmes à plusieurs reprises avec des personnes de cette société, qui obtinrent l'accord de Melissa pour utiliser certaines de ses photos. En quelques jours, le site « L'Histoire de Dani » était prêt. Le patron de la société fut si ému par le récit qu'il décida lui-même d'adopter ; nous lui donnâmes quelques conseils avisés sur le système et la façon de procéder.

Cela nous aida à digérer tous ces événements. Depuis le début, nous souhaitions que notre témoignage incitât ne serait-ce qu'une personne à adopter, et c'était chose faite. Nous avions le sentiment que notre prière avait été exaucée.

Les internautes commencèrent à visiter le site de Dani dès que le lien avec l'article du *St. Petersburg*

Times fût créé. On y trouvait les numéros verts pour l'enfance maltraitée, ainsi que des informations sur la manière de devenir famille d'accueil. Nous demandâmes au webmaster d'insérer le lien vers le site de la Heart Gallery directement sur la page d'accueil. Je pensais aux centaines de personnes qui ne se seraient jamais rendues sur leur site sans notre témoignage, et, peu à peu, l'anecdote de la buanderie prit une proportion toute relative comparée à l'ampleur des retombées de ce récit.

Sur le site de Dani, le concepteur avait donné aux lecteurs la possibilité de nous adresser des e-mails. Cela valait toujours mieux qu'une adresse ou un numéro de téléphone. Nous avions décidé de diriger ce flux vers la boîte e-mail de Bernie, qu'il n'utilise jamais. À l'inverse, la mienne est envahie de messages, qu'il s'agisse de nouvelles de la famille, de l'école ou des prochaines ventes de chèvres.

La première fois que mon mari releva ses messages après l'ouverture du site, il s'écria, médusé :

— Nom d'un chien ! Qu'est-ce que c'est que ça ?

Des dizaines et des dizaines de messages étaient arrivés. D'environ un e-mail professionnel par semaine, Bernie passait d'un coup à plus d'une centaine. Nous avions l'impression de devoir répondre à chacun d'entre eux, et nous sentions totalement dépassés.

Tout s'emballa encore plus lorsque le récit fut repris dans d'autres journaux de Floride, et, je suppose, dans le reste du pays et du monde ; nous recevions en effet des messages en provenance d'endroits dont je n'avais jamais entendu parler de toute ma vie. Certains expéditeurs avaient eux-mêmes un enfant handicapé et voulaient savoir si nous avions certaines choses en commun ; d'autres n'avaient pas d'enfant, mais avaient été émus par notre histoire. Certains promettaient de prier et de brûler un cierge pour nous. Nous eûmes des nouvelles d'amis de connaissances, de connaissances d'amis, d'amis d'amis ; de gens qui possédaient des « remèdes » et proposaient des liens, des livres, des sites Internet ; d'enseignants qui avaient rassemblé des cartes écrites par leurs élèves, qu'ils voulaient envoyer à Willie et Dani ; de professeurs qui voulaient utiliser notre histoire comme cas d'école dans leurs cours ; et de grands-mères qui souhaitaient tricoter des couvertures pour les enfants.

Nous reçûmes même un message d'une jeune femme qui proposait de nous servir gratuitement de baby-sitter – ce qui me donna presque envie de l'embrasser à travers l'ordinateur. Nous n'avions jamais essayé de faire garder les enfants, pensant que toute personne normale partirait ventre à terre en découvrant les détails de sa mission. Lorsque nous étions en Floride, les Kenny et les LaPiccola avaient gardé Dani chez eux de bonne grâce pendant une heure ou deux lorsque j'avais vraiment besoin de m'absenter ; mais ici, sur Gilbert Valley Road, nous ne connaissions pratiquement aucun de nos voisins.

De nombreux étudiants nous contactèrent également ; ils étaient en apprentissage pour devenir éducateurs spécialisés ou travailler dans le social, et demandaient s'ils pourraient nous interviewer au sujet de Dani. Je répondis à tous, par e-mail ou par téléphone. Nous reçûmes aussi des témoignages de jeunes qui expliquaient avoir décidé de changer d'orientation pour travailler auprès des enfants, ce qui était très gratifiant.

Les médias nous adressèrent de nombreuses demandes. Un rédacteur nous proposa une collaboration avec le *Reader's Digest*, que nous acceptâmes, étant nous-mêmes fans de cette revue. Il désirait condenser et réécrire l'article de Lane avec les photos de Melissa, puis faire une brève interview avec nous. L'accent serait mis sur la foi et l'idée d'inciter les gens à ouvrir leur cœur à l'adoption ou au système de famille d'accueil.

Nous fûmes également sollicités par une émission de télévision nationale, célèbre pour ses sinistres confrontations entre invités. Les producteurs voulaient nous mettre sur le même plateau que Michelle Crockett ou bien dans un studio où ils nous diffuseraient son interview. Nous étions abasourdis qu'ils aient pu un instant croire que nous accepterions leur proposition. Ils insistèrent encore et encore, de différentes manières, mais notre réponse fut toujours la même : non.

Ce fut au milieu de toute cette agitation qu'arriva Oprah. L'une des productrices travaillant pour *The Oprah Winfrey Show*[1] contacta Carolyn, qui la connaissait en tant qu'ancienne correspondante locale. Convaincue de sa passion et de son professionnalisme, elle mit cette productrice en contact

---

1. Talk-show américain produit et animé par Oprah Winfrey. Énorme succès d'audience, ce fut l'émission de ce genre la plus suivie entre 1986 et 2011. *(N.d.T.)*

avec nous ; au bout de quelques mois, nous lui accordâmes nous aussi notre confiance.

Personnellement, je n'avais jamais vu l'émission d'Oprah, car je regardais très peu la télévision, et jamais en journée. À l'heure où elle était diffusée, soit je récupérais les enfants à l'école, soit je les emmenais faire une activité ou je surveillais leurs devoirs. Cependant, il aurait fallu vivre sur la planète Mars depuis les vingt dernières années pour ne pas avoir entendu parler de cette célèbre émission. L'étendue de son influence et de son audience était si vaste que cela pouvait avoir un impact considérable sur les sujets que nous défendions.

Mais, depuis la sortie de l'article du *St. Petersburg Times*, nous savions aussi à quel point l'attention des médias pouvait chambouler nos vies, et que cela pouvait représenter une véritable atteinte à notre vie privée. La pression entre les avantages et les inconvénients de cette intervention pesait donc énormément sur nous.

N'ayant plus notre pasteur de Floride avec qui discuter, et ne connaissant réellement personne dans le Tennessee, nous eûmes donc plusieurs conversations à cœur ouvert avec Carolyn, en comptant sur elle pour nous aider à faire le meilleur choix.

Les producteurs avaient plusieurs idées sur la façon de présenter notre histoire, mais nous tenions avant tout à mettre en lumière les souffrances que Dani ou d'autres enfants comme elle endurent dans les cas de négligence sévère ; et pas seulement du fait de leur famille, mais aussi lorsque les services d'aide à l'enfance échouent dans leur mission. Nous ne voulions pas de drame, c'est-à-dire pas d'apparition de Michelle Crockett. Et pas de direct avec Dani.

Nous voulions surtout que les spectateurs voient le parcours qu'elle avait accompli et constatent les changements que l'amour et l'attention avaient occasionnés dans son existence. Qu'ils comprennent aussi l'impact qu'elle avait eu sur nos propres vies. Mais notre objectif premier était de sensibiliser l'opinion aux besoins des enfants en foyer d'accueil aux États-Unis, et de communiquer sur les joies et les mérites de l'adoption.

Les producteurs de l'émission d'Oprah se montrèrent réceptifs à notre préoccupation ; et, lorsqu'ils nous apprirent que le Dr Bruce Perry – un spécialiste de la maltraitance des enfants – serait invité à l'émission, nous donnâmes enfin notre accord. Nous espérions avoir l'occasion, avant ou après l'enregistrement, de parler avec lui de Dani, en privé.

Tout s'enchaîna alors rapidement. Nous passâmes un peu plus de vingt-quatre heures à Chicago, et en profitâmes au maximum. Les limousines retinrent particulièrement l'attention de Willie. C'est en effet dans l'une de ces voitures que nous fîmes tout le trajet entre Lebanon et l'aéroport de Nashville. Nous n'y étions jamais montés auparavant. Naïvement, nous ne laissâmes pas Willie prendre une des bouteilles d'eau qui s'y trouvaient, car nous pensions qu'elle serait payante et préférions garder notre argent pour Chicago, où nous ne savions pas non plus ce que nous aurions à régler.

Le trajet en avion se passa sans encombre. Dani regardait par le hublot, sans paraître s'émouvoir du fait de se promener parmi les nuages. Le verre de jus de fruits et le paquet de bretzels servis la ravirent davantage. Arrivés à l'aéroport de Chicago, une autre voiture vint nous chercher. Le chauffeur était tellement sympathique que, lorsque nous lui expliquâmes que nous venions à Chicago pour la première fois, il nous fit faire le tour de la ville en nous désignant tous les sites intéressants. Je me penchais par la fenêtre, telle une vraie péquenaude, pour prendre des photos des gratte-ciel. Nous nous sentions vraiment comme des campagnards montant à la ville. Je crois bien que Willie ne ferma pas la bouche de tout le trajet.

Une fois que nous fûmes installés dans nos chambres d'hôtel, le Dr Perry appela pour se présenter et nous déclarer combien il avait hâte de nous rencontrer. J'avais tellement entendu parler de ses travaux avec les enfants que j'étais aussi excitée de faire sa connaissance que celle d'Oprah. Le lendemain matin, alors que nous prenions notre petit-déjeuner dans la salle de restaurant de l'hôtel, le médecin nous rejoignit le temps de prendre son café, et put donc observer Dani pendant une vingtaine de minutes. Tout était au mieux : elle utilisait sa fourchette, buvait dans un verre, et se tenait assise calmement auprès de Bernie. Au moment même où le Dr Perry nous faisait part de son admiration pour l'attachement de Dani envers nous et l'aisance qu'elle avait développés, je vis ma fille lorgner vers un couple de personnes âgées assises de l'autre côté de la salle. Puis, elle se leva et marcha vers eux d'un pas décidé, avant de s'asseoir sur la banquette à côté de la femme, en la regardant l'air de dire : « Alors, qu'est-ce que tu me donnes à manger ? » Le Dr Perry s'en amusa et nous demanda si elle faisait souvent cela. Je lui répondis que non, mais qu'il était probable que ce couple lui rappelle nos amis plus âgés de Floride, qui nous manquaient beaucoup. Il parut impressionné à l'idée que Dani se soit ainsi réellement attachée à des gens. Bernie et moi avons toujours soutenu qu'elle ne souffre pas de troubles de l'attachement, comme beaucoup de personnes le croient.

L'enregistrement de l'émission passa à toute vitesse, et six heures après être sortis des studios pour monter dans la voiture qui nous emmenait à l'aéroport, nous étions de retour dans notre modeste maison du Tennessee. J'enlevai mon maquillage, passai un jean et un sweat-shirt, nourris les chiens, et préparai le déjeuner du lendemain pendant que Bernie s'occupait de la douche de Dani, la mettait en pyjama et la couchait avec son ver luisant. Je m'assis sur le lit de Willie pendant qu'il récitait ses prières et lui souhaitai bonne nuit. Je ramassai les vêtements sales jetés sur le sol, m'arrêtai dans la salle de bains pour prendre ceux de Dani et montai à la buanderie. Retour à la vie normale. Dieu merci.

Le jour de la diffusion de l'émission, Willie, Bernie et moi prîmes place devant la télé, sur le canapé du salon. Puisqu'il ne s'agissait ni de *Bob l'éponge*, ni de *1, rue Sésame*, Dani estima que cela n'avait aucun intérêt et partit jouer dans sa chambre.

Il est très étrange, presque irréel de se voir à la télévision. L'émission commençait par des extraits de cas révoltants d'enfants ayant subi des négligences sévères. Puis, Bernie et moi apparûmes sur le plateau, assis en demi-cercle avec le Dr Perry et Oprah. Nous avions tous deux l'air raides comme des piquets.

Entre les questions qu'on nous posait, les producteurs avaient inséré des interviews préenregistrées de l'agent Holste, de Garet White, de Lane DeGregory et une conversation par Skype entre Oprah et le Dr Perry. La star nous posa des questions sur Dani, notre vie quotidienne, nos espoirs pour elle, et ce que nous souhaitions que les gens sachent. Le jour de cette diffusion, j'avais complètement oublié ce qui avait été dit pendant l'enregistrement de l'émission, ce qui la rendit encore plus intéressante. Nous n'avions pas l'air trop bêtes, malgré un petit air de lapins pris dans la lumière des phares !

Je trouvai particulièrement gratifiant d'entendre le Dr Armstrong et le Dr Perry parler de l'instinct avec lequel nous avions su nous occuper de Dani : lui donner le droit d'être un bébé, lui faire sentir qu'elle était aimée et protégée, et l'aider à apprendre et à progresser. Je suppose que le terme « d'instinct » s'opposait tacitement à celui de « professionnel ». Cela ne m'ennuya pas. Ils ne nous jugeaient nullement. En fait, leurs observations étaient même très gentilles et très encourageantes. Quand Oprah demanda au Dr Perry quel conseil il pouvait nous donner, il eut un petit sourire et secoua la tête.

— Continuez seulement à faire ce que vous faites, parce que ça fonctionne.

De la part de quelqu'un doté d'une telle expérience et d'une telle réputation, ces mots me firent monter les larmes aux yeux. Bernie me serra alors la main.

La seule touche humoristique survint à la fin de l'émission, quand Oprah parla du super grand frère que Willie était devenu, du « remarquable jeune homme » qu'il devait être, et qu'elle lui demanda de venir nous rejoindre sur le plateau.

Lorsqu'il arriva sur la scène, il n'arborait pas le même visage effrayé que nous. Il semblait juste totalement paumé, et peut-être un peu stressé, comme s'il redoutait d'avoir des ennuis. Oprah l'attrapa pour l'installer sur ses genoux. Les pieds se balançant dans le vide, ses yeux s'écarquillèrent comme des soucoupes pendant que le rose lui montait aux joues. Et je constatai que de retour à la maison, assis au fond de notre canapé, il rougissait de nouveau !

L'animatrice lui confia qu'elle venait de dire au public – et donc aux millions de téléspectateurs qui, comme nous, regardaient maintenant l'émission – qu'il était un garçon formidable, et combien elle admirait tout ce qu'il avait fait pour Dani. Sous l'œil de la caméra, mon fils parut encore plus perdu et se contenta de hausser les épaules en restant muet. Alors qu'Oprah concluait l'émission, elle se pencha vers lui et lui demanda s'il voulait dire au revoir. « Au revoir ! », couina-t-il.

Trois jours plus tard, Carolyn Eastman nous envoya un e-mail.

« Je voulais juste vous informer de ceci : le site de Dani a reçu plus de 45 000 visites depuis la diffusion de l'émission d'Oprah ! »

— 45 000 visiteurs ? s'exclama Bernie. Espérons qu'ils ne vont pas tous nous écrire !

24

Le grand frère

Si notre famille et nos amis se montrèrent d'abord enthousiastes à l'idée que nous allions adopter un enfant, lorsque le projet d'accueillir une petite fille comme Dani se précisa, avec tous les problèmes et défis qui l'accompagnaient, ils commencèrent à s'inquiéter. Certains avouèrent franchement leur désapprobation. Même notre pasteur nous confia que, si nous avions des doutes, Dieu ne nous en voudrait pas de changer d'avis.

Comme à l'accoutumée, Dorothy fut la plus directe : elle prétendit que les contraintes inhérentes aux soins de Dani allaient non seulement détruire notre vie, mais aussi celle de Willie. Ces propos nous parurent quelque peu exagérés, mais nous appréciâmes sa franchise. Cependant, nous ne voulions pas nous lancer aveuglément dans l'aventure. À partir du jour où nous avons vu pour la première fois la photo de Dani à la Heart Gallery, nous avons passé d'innombrables soirées à discuter des pour et des contre.

Willie était au courant de tout. Nous avons été aussi honnêtes que possible en lui expliquant bien que Dani ne serait pas le genre de petite sœur qu'il avait pu imaginer ; celle avec qui il jouerait au ballon, ferait la course à vélo, se mesurerait pour voir qui courait le plus vite ou sautait le plus haut, qu'il aiderait à faire ses devoirs, celle avec laquelle il partagerait tout – ses secrets, ses blagues, ses farces et ses peurs. Dani ne serait pas cette petite sœur.

Si Willie était venu nous demander de ne pas le faire, à n'importe quel stade du parcours d'adoption, nous aurions tout arrêté. Rien n'aurait valu la peine de faire du mal à notre adorable fils, celui que nous avions fait ensemble. Mais nous étions à peu près sûrs que cela n'arriverait pas, car nous connaissions suffisamment le caractère de notre enfant pour savoir qu'il réagirait exactement comme il le fit : avec un amour inconditionnel.

Cet enfant est né avec le gène du souci de l'autre, qui lui a été légué par Bernie comme par moi, aussi sûrement que ses yeux bleus et sa petite taille. Tous nos garçons en ont hérité, mais cet aspect de leur personnalité est particulièrement évident chez le plus jeune d'entre eux.

Cette empathie est d'ailleurs en grande partie ce qui m'a attirée chez Bernie, particulièrement après mes deux mariages avec des hommes très autocentrés. Un soir, peu de temps après que lui et moi fûmes devenus amis, mais avant que nous sortions ensemble, nous rentrions en voiture sous un temps horrible, glacial et humide. Nous étions littéralement gelés et je n'avais plus qu'une idée en tête : rentrer chez moi et prendre une bonne douche chaude avant de faire à dîner pour Paul, Steven et moi. Comme nous passions devant un parc, Bernie remarqua soudain un homme âgé qui déambulait, l'air un peu perdu, et pas assez couvert pour affronter la température.

Mon mari devrait poser un autocollant à l'arrière de sa voiture, qui préviendrait : « Je freine quand je croise un animal blessé, un enfant ou un vieillard perdu, et toute personne dans la nécessité. » Il fit demi-tour au beau milieu de la route, retourna vers le parc, sortit de notre véhicule et approcha doucement le vieil homme afin de ne pas l'effrayer. De toute évidence, il ne s'agissait pas d'un sans-abri ; il avait dû s'échapper de son lieu de résidence et ne pouvait se souvenir du chemin du retour. Bernie retira sa veste et la posa sur les épaules de l'homme tout en le pressant de monter dans notre voiture. Il lui posa des questions pour essayer de comprendre d'où il venait, mais tout ce que savait cet homme, c'était qu'il s'agissait d'un lieu avec d'autres gens. Nous nous rendîmes dans une station-service pour y consulter un annuaire, à la rubrique des maisons de retraite. Par chance, nous nous trouvions dans le Tennessee et non en Floride ! Sinon, nous aurions pu chercher pendant des jours.

Un centre d'accueil pour personnes âgées se situait non loin de là, et nous y conduisîmes le vieux monsieur. Il ne s'était pas échappé de cet établissement, mais il se trouva que le personnel le connaissait. Les employés supposèrent qu'il avait quitté son domicile à pied pour se diriger vers le centre et qu'il s'était perdu. Ils promirent de le ramener chez lui et nous remercièrent chaudement. Cet incident me montra quel genre d'homme était Bernie Lierow. Il ne l'avait pas fait pour m'impressionner, et ne m'avait pas demandé mon avis. Aider les autres, leur donner littéralement sa chemise, est aussi naturel pour lui que respirer ; je l'admire pour cela, ce qui joua un rôle important dans l'évolution de notre relation.

Quant à moi, j'étais toujours celle qui adoptait le chien aveugle avec une patte cassée abandonné au bord de la route ; celle qui aimait la poupée moche et cassée plus que la belle, dans le coffre à jouets ; celle qui s'asseyait avec les enfants délaissés, à la cantine. Notre besoin de « réparer » s'étendait même jusqu'aux maisons. Bernie et moi étions tous deux attirés par les bâtiments délabrés auxquels nous pensions qu'avec un peu d'amour et beaucoup d'huile de coude, nous pourrions redonner leur dignité.

La personnalité de Willie ne sortait donc pas de la tradition familiale. En fait, c'était tout simplement normal. S'il avait réagi d'une autre manière, nous nous serions plutôt demandé ce qui n'allait pas, ou s'il était bien de nous !

Nous étions très fiers de lui. On entend toujours les parents vanter les talents de leurs enfants, et nous les écoutons la plupart du temps en souriant et en hochant la tête. Willie travaillait dur, mais rencontrait des difficultés en classe en raison de son TDAH et de problèmes de lecture, et son petit gabarit ne lui permettrait jamais d'être un athlète, nous le savions. Mais il est doué de talents qui ont une valeur cruciale à nos yeux, et il a tout ce qu'une petite fille – ou un petit garçon – pourrait attendre d'un grand frère : il est protecteur, patient, gentil, réfléchi, serviable, drôle, fort et affectueux.

La première fois que Willie a rencontré Dani dans sa classe, à Sanders, il avait eu peur d'elle. Nous l'avions vu sur son visage, et il l'avait ensuite reconnu. À elle seule, la salle de classe était déjà impressionnante, surtout pour un petit garçon qui n'avait jamais été en contact avec le genre d'enfants dont s'occupait M. O'Keefe. Cependant, notre fils n'avait pas reculé devant l'obstacle. Il avait passé ces quelques heures à ramasser les jouets que les enfants faisaient tomber, à lire des histoires, et à aider les auxiliaires scolaires. Ce faisant, il gardait un œil sur Dani sans trop l'approcher. Il s'était assis près d'elle pour déjeuner, mais n'avait pas tenté de lui donner à manger. Peut-être avait-il peur qu'elle le morde ! Mais, au moment de lui dire au revoir, il était intervenu, et toute l'empathie qu'il éprouvait pour elle avait été perceptible dans sa voix.

En remontant dans la voiture, c'était Paul qui s'était mis à pleurer. Willie nous avait posé cette simple question : « Quand est-ce qu'elle viendra nous voir ? »

Nous sommes persuadés que notre garçon s'est lié inconsciemment à cette petite fille dès la première minute de notre arrivée dans la classe, lorsqu'elle l'a pris par les avant-bras pour le regarder droit dans les yeux avant de partir en courant. Il lui aura juste fallu quelques heures de plus pour se mettre au diapason de la part de son âme qu'elle avait ainsi touchée. Dès que ce fut chose faite, il n'eut plus jamais à se poser de questions à ce sujet, et son amour pour Dani devint aussi naturel que celui qu'il avait pour nous, pour ses frères, ses chiens, et ce maudit perroquet.

Les lecteurs de l'article paru dans le journal furent particulièrement touchés par la réponse de Willie à une question de Lane, à propos de tout le temps que sa sœur exigeait de nous : « Elle a besoin d'eux plus que moi. » Je ne pense pas que mon fils se soit jamais senti véritablement lésé depuis l'arrivée de Dani. Il ne reçoit pas moins d'amour et d'attention de notre part depuis lors. Comme le sait tout parent qui s'inquiète de trouver suffisamment de temps ou d'amour à l'arrivée d'un deuxième enfant – ou d'un troisième, quatrième, cinquième ou sixième –, ces réserves-là sont inépuisables quand il s'agit de votre famille.

Il me semble que c'est en voyant Willie conduire Dani dans sa petite Jeep rouge, avec toute la fierté et le bonheur qu'il arborait à tenir ce rôle, que Dorothy comprit que tout se passerait bien entre eux.

La seule fois où j'ai vu Willie s'émouvoir de quelque chose à quoi Dani avait droit et non lui fut lorsqu'elle put être inscrite au programme thérapeutique de randonnées à cheval au centre équestre de Naples. Elle bénéficiait d'une séance par semaine, et nous y allions tous ensemble. Je discernai clairement l'envie dans les yeux de mon fils en voyant la petite faire des tours de manège à dos de cheval. Il a toujours adoré ces animaux et avait très envie de monter, lui aussi ; seulement, ce programme était réservé aux enfants handicapés. Les cours d'équitation « normaux » étaient au-dessus de nos moyens, surtout pendant les derniers mois que nous passâmes en Floride. Bernie et moi avions très envie d'offrir cela à Willie, mais c'était tout simplement impossible. Quand nous allions là-bas, il se contentait donc d'escalader les barrières pour caresser les chevaux, d'aider les soigneurs à porter les équipements et de préparer Dani à sa leçon. Jamais il ne pleurnicha pour en avoir autant.

Arrivés dans le Tennessee, nous ne pouvions pas recréer la vie que nous menions en Floride. Ce n'était plus le temps de la piscine, du ponton avec les lamantins, de la plage, des voisins ou des promenades à vélo. Bernie et moi savions qu'il nous faudrait construire une nouvelle existence avec ce que nous avions. Dani et Willie allaient devoir devenir des enfants de la campagne.

Une des premières choses que nous fîmes en arrivant fut d'inscrire notre fils dans un club 4-H[1]. Cela constituait une activité rien que pour lui. Bernie ou moi l'y emmenions, tandis que l'autre restait à la maison avec Dani.

Il se sentit tout de suite des affinités avec le mode de vie paysan, probablement en raison de sa proximité avec les animaux. Dès notre emménagement dans la maison de Gilbert Valley, nous savions que nous n'y resterions pas éternellement. Notre rêve était d'acheter un grand terrain plus retiré à la campagne, et de faire construire. Je proposai cependant à Bernie que nous commencions à vivre au rythme de la ferme dans cette maison provisoire. Puisqu'il était trop tard pour planter un potager et que nous n'avions pas de pré ou de grange pour accueillir un

1. En Amérique du Nord, ces clubs proposent aux enfants des activités de loisir en rapport avec la nature. *(N.d.T.)*

cheval ou un poulailler, je lui suggérai de faire l'acquisition de deux chèvres. Mon mari haussa les sourcils et me décocha un de ses regards signifiant clairement « tu es folle, ou quoi ? », avant de me demander où je pensais les mettre.

— Pas la peine de me regarder comme ça, Bernie ! Il y a plein de gazon clôturé à l'arrière, et on pourrait très bien les installer dans le garage.

Ses sourcils se relevèrent un peu plus encore.

— Quoi ? Dans *mon* garage ? Tu veux transformer mon atelier en abri pour chèvres ?

Je lui rétorquai que l'endroit était suffisamment grand pour être divisé, et que Dani adorerait avoir des chèvres à caresser. Fin de la discussion. J'essayais de ne pas jouer la carte « Dani adorerait... » trop souvent, mais elle était redoutablement efficace.

La foire du comté de Wilson – la plus grande de tout l'État – allait avoir lieu dans une semaine. Elle vaut le déplacement si vous vous intéressez à l'agriculture, aux animaux et aux machines de ferme, sans parler des traditionnels gâteaux, barbe à papa, grandes roues et autres manèges. On y trouvait une vaste grange pour les chèvres, et j'étais persuadée que, quand Bernie les verrait – toutes bien apprêtées pour la circonstance –, il craquerait tellement que ce serait lui qui insisterait pour en avoir.

Par ailleurs, nous découvrîmes que la foire organisait une matinée spéciale à l'attention des enfants handicapés. Il n'est pas facile de sortir de leur fauteuil roulant des adolescents de taille adulte qui n'ont aucun contrôle de leurs muscles, et de leur permettre de faire un tour de manège en toute sécurité. L'expérience nous a appris que tout le monde ne possède pas la patience requise pour s'occuper des personnes handicapées mentalement ou physiquement, moins mobiles ou agiles que les personnes valides ; cette matinée spéciale était donc une belle opportunité pour les familles concernées.

Il peut être légèrement déconcertant de se retrouver dans une foule de trois cents personnes, dont plus de la moitié sont en fauteuil roulant, privées de la parole, de la vue ou de l'audition, ou du contrôle de leurs membres. Une fois encore, je fus frappée par la chance que nous avions, et songeai que les limites de Dani étaient bien mineures comparées à d'autres.

Bernie était emballé à l'idée de détenir un pass gratuit qui l'autorisait à redevenir un gosse de dix ans, et Willie le suivait de peu par l'excitation. Pour une fois, avoir une petite sœur handicapée allait être un avantage ! Personnellement, je n'ai jamais été très attirée par les manèges. Le rôle du parent restant sur le côté pour faire coucou à chaque passage me convenait donc parfaitement. Dani afficha d'abord un air sceptique ; mais, lorsqu'elle monta dans une de ces petites voitures à la mode rétro avec son frère au volant, un sourire illumina son visage et ne le quitta plus de toute la matinée.

Bernie l'accompagna pour les tours plus rapides ou en hauteur, mais elle n'avait peur de rien. Pour elle, il s'agissait juste d'une version plus grande, plus bruyante et plus colorée des aires de jeu qu'elle affectionnait. Pour la première fois depuis notre départ de Floride, une joie intense et sans bornes se lisait sur son visage.

Juste avant que la zone ne rouvre au grand public, nous nous dirigeâmes vers la partie agricole de la foire, qui était ma préférée. J'adorais tout ce qu'on y trouvait : les concours de confitures, de jambons, de tartes ; les granges aux animaux ; les expositions de patchwork, de broderie ; les expositions culturelles sur l'histoire de la vie à la campagne. Bernie et Willie, eux, étaient fascinés par les nouvelles machines rutilantes, du tracteur à la moissonneuse-batteuse. Pour nous, la foire du comté de Wilson, c'était mieux que Disney World !

Seulement, à peine avions-nous fait quelques pas dans le hall d'exposition consacré aux concours de nourriture que nous dûmes rebrousser chemin. Dani croyait que tous ces gâteaux, tartes et biscuits étaient là pour elle, et, comme l'avait fait remarquer sa dernière institutrice en Floride, elle est rapide. Je parvins de justesse à m'interposer entre sa main et un splendide gâteau à la noix de coco. En revenant vers les granges des animaux, nous nous arrêtâmes pour déjeuner et achetâmes à Dani son premier *corn dog*[1]. Cela me fit penser que, si je pouvais trouver le moyen d'embrocher toute sa nourriture sur une pique, je conserverais cette astuce pour nos repas à la maison.

Si les tours de manège avaient enchanté notre fille, les animaux – surtout les chèvres et les moutons – semblèrent lui apporter un apaisement,

---

1. Petit beignet de saucisse à la farine de maïs, le plus souvent présenté sur une pique à brochette. *(N.d.T.)*

un calme et un contentement que je ne lui connaissais pas. Comme nous arpentions les allées en regardant les enfants des fermiers s'occuper des bêtes qu'ils élevaient depuis leur naissance, elle était totalement sous le charme. Nous nous arrêtâmes sur plusieurs stands et demandâmes si elle pouvait les caresser. Elle rit doucement en sentant le contact du pelage d'un mouton, et franchement lorsqu'une chèvre mordilla le bord de son short. Je n'eus même pas à regarder Bernie pour savoir qu'il partagerait bientôt son atelier.

Mon mari a une fascination particulière pour les poules, et les espèces de volaille présentes sur la foire du comté de Wilson sont stupéfiantes. Il souleva Dani pour qu'elle puisse observer les plus étonnantes, comme les Polonaises, dont la tête est parée de plumes aux couleurs exubérantes.

Les cochons nous intéressaient moins, et Dani parut peu impressionnée par les vaches. Il commençait à être tard, mais nous avions promis à Willie que nous irions faire un tour du côté des tracteurs. Sa sœur dut penser qu'il s'agissait d'une version géante de la petite Jeep rouge, car, chaque fois que notre fils se mettait derrière un volant, elle grimpait sur le siège passager et attendait visiblement qu'il démarre. Du coup, elle ne comprenait pas pourquoi ils n'avançaient pas, et commençait à s'énerver. Je décidai de l'emmener une dernière fois aux toilettes ; Bernie m'attendrait près de l'entrée avec Willie en attendant notre retour ; après quoi, nous partirions.

Mais la petite résistait, et je dus la porter pour pouvoir avancer, ce qui n'était pas chose aisée maintenant qu'elle pesait plus de trente kilos – imaginez un sac de grain de ce poids entre vos bras. Cependant, quand elle vit son père et son frère et l'étrange chose qu'ils tenaient chacun entre leurs mains – un énorme cône de barbe à papa bleue pour l'un, et rose pour l'autre –, elle se tortilla pour descendre et courut vers eux à toute vitesse. Elle avait beau ne pas savoir de quoi il s'agissait, elle comprit immédiatement lequel lui était destiné. Ses deux mains s'enfoncèrent à travers le nuage rose que tenait mon mari avant que celui-ci ait le temps de réagir. Puis, elle fourra d'un coup dans sa bouche une main couverte de sucre filé. Bernie, Willie et moi éclatâmes de rire. Elle retira alors sa seconde main de la barbe à papa pour repousser une mèche de cheveux de son visage, avec le résultat auquel on pouvait s'attendre. Elle essuya ensuite ses deux mains sur son T-shirt, puis les replongea dans le nuage rose.

Elle se retrouva bientôt couverte de sucre filé de pied en cap, ce qui lui plaisait beaucoup, surtout quand elle parvenait à en mettre dans sa bouche. Il eut été inutile de la nettoyer avant que tout ne fût fini ; quand ce fut enfin le cas, nous trouvâmes un robinet pour lui faire un brin de toilette.

Malgré l'overdose de sucre, Willie comme Dani s'écroulèrent rapidement sur la banquette arrière. Nous avions passé une excellente journée, et, pour la première fois, je retrouvai un certain optimisme quant à notre retour dans le Tennessee. Je procédai à un rapide calcul du nombre de chèvres que notre jardin pourrait accueillir, et réfléchis à la manière dont nous pourrions leur aménager un espace dans le garage.

Arrivés à la maison, je débarrassai la petite de ses vêtements pleins de moutarde, de gras et de sucre, et la mis sous la douche. L'air absent, elle regarda le fond de la baignoire se teinter d'une couleur légèrement brunâtre à mesure que l'eau emportait la saleté de ses jambes et de ses bras. Je lui tendis ensuite une serviette ; elle s'essuya vaguement, avant que je ne prenne conscience qu'elle était trop fatiguée pour le faire elle-même. Je l'enveloppai alors dans le drap de bain pour la frictionner, puis l'emmenai dans sa chambre. Là, je l'aidai à enfiler son pyjama et la bordai de sa couette Hello Kitty. Je trouvai son ver luisant musical sous le lit, mais le temps que je le lui mette dans les bras, elle dormait déjà.

25

Chez nous

Pendant les longues vacances scolaires qui débutaient la semaine avant Noël et se terminaient la première semaine de janvier, j'eus l'occasion de me rappeler pourquoi j'avais tellement détesté les hivers passés dans le Tennessee. La saison était interminable et totalement sinistre : froide, humide et grise. On n'y bénéficiait pas des belles tempêtes de neige que j'avais connues, enfant, dans le Michigan ; celles qui déposaient un manteau blanc sur le paysage, dans un silence feutré, et nous laissaient un parfait terrain de jeu pour faire de la luge, des batailles de boules de neige et autres bonshommes tout blancs.

Là où nous vivions, dans la région de Cumberland Valley, les précipitations hivernales étaient constituées de bruine, de pluie ou de neige fondue. Et puisque nous nous trouvions dans une vallée, ce charmant programme avait tendance à s'éterniser. Il ne neigeait que rarement, et, quand cela arrivait, il y avait à peine de quoi faire un bonhomme de neige ou de la luge, mais juste assez pour que tout le monde se précipite à l'épicerie la plus proche dans un mouvement de panique. En cas de pluie verglaçante – ce qui était plus fréquent –, les écoles restaient fermées jusqu'à ce que la dernière plaque de verglas du comté de Wilson eût fondu. Le ciel restait plombé pendant des jours entiers. Le froid y était humide, et une fois qu'il vous était parvenu jusqu'aux os, il ne vous quittait plus, même après un bon bain chaud. Mais il ne faisait jamais assez froid pour geler un étang et pouvoir y faire du patin à glace. Lorsque j'étais petite, j'avais passé de nombreux hivers à glisser avec bonheur sur ces patinoires extérieures, jusqu'à ce que mes orteils frôlent la gelure, et que ma mère envoie mon père me chercher pour dîner.

La plupart des jours, de novembre à février, le mauvais temps nous contraignait à rester à l'intérieur. Après plus de cinq ans passés sous le soleil de Floride, nous étions habitués à vivre tout le temps dehors, et avions donc du mal à nous retrouver ainsi cloîtrés dans notre petite maison.

Heureusement, j'avais pu acheter mes chèvres : Salem et Derby pour les mâles, Precious et Peaches pour les femelles. Elles nous donnaient une raison de sortir et nous occuper dehors, puisqu'il fallait les nourrir, les entretenir… et les poursuivre à travers le jardin, ce qui nous procurait une distraction bienvenue. Lorsque Bernie travaillait dans son atelier – c'est-à-dire tout le temps –, il allumait un gros radiateur industriel et nous allions tous lui tenir compagnie, ainsi qu'aux chèvres. Willie aidait son père, comme mon mari avait aidé le sien. Je crois que cela réconforta beaucoup Bernie, qui venait justement de perdre son papa en novembre, cette année-là. Dani harcelait les chèvres, surtout

Peaches qui était sa préférée. Nous prîmes aussi un chiot pyrénées que nous appelâmes Chances, ce qui donna à notre fille un nouvel animal à chérir, et à Willie un nouveau projet. Sur l'une de ses deux séances hebdomadaires au 4-H, il s'inscrivit en effet à un cours de dressage de chiens avec Chances. Je songeai à inscrire également Dani à un cours de ce type, mais me ravisai en pensant qu'ils ne goûteraient peut-être pas mon humour.

Elle était sur la liste d'attente du centre équestre thérapeutique près de chez nous. Le mercredi, après l'école, elle bénéficiait de séances individuelles d'orthophonie et d'activités de développement. Notre emploi du temps avait beau être chargé, nous supportions mal la promiscuité de la vie à la maison. J'avais hâte que les dernières gelées soient passées, et que nous puissions enfin élaborer un vrai jardin. Cela nous donnerait à tous l'occasion de nous occuper de nouveau ensemble, mais dehors.

Notre agent immobilier continuait de nous envoyer des listes de fermes dans la région, mais rien ne correspondait à notre budget, assez limité depuis notre dernière année en Floride. Le 14 février, nous reçûmes un nouvel e-mail de sa part, avec pour titre « Joyeuse Saint-Valentin ! ». Je trouvai l'attention gentille, mais, en l'ouvrant, je découvris un message où elle expliquait avoir trouvé « un endroit que vous allez ADORER ! ». Elle oublia juste de mentionner que nous seuls, pauvres fous que nous étions, pouvions l'adorer !

Ce fut donc par cette journée grise, froide et humide de février que nous nous retrouvâmes dans le camion de Bernie, à suivre la voiture de notre agent immobilier sur une route tortueuse des confins du comté de Wilson. Certes, nous lui avions indiqué que nous souhaitions trouver un bien à la campagne, mais nous avions déjà quitté la départementale depuis plus de six kilomètres, et tout ce que nous avions vu depuis sur cette route sinueuse, c'étaient deux églises, un cimetière, plusieurs granges, des vaches, quelques chevaux et une maison qui faisait institut de beauté et salon de bronzage. Je souffrais d'une légère nausée à force de monter et descendre les collines, et Dani commençait à se balancer sur la banquette arrière.

Enfin, la voiture de notre agent ralentit. Sur notre gauche se trouvait une belle maison d'avant-guerre en bois blanc avec de larges porches sur toute la largeur du rez-de-chaussée et du premier étage, de hautes fenêtres à volets verts, de jolies colonnes porteuses et des cheminées de brique émergeant du toit. Je vis une charmante petite dépendance de bois jaune derrière le bâtiment principal, ainsi qu'un troupeau de chèvres de taille respectable au sein d'un large enclos. Même par une journée aussi triste, le lieu était paradisiaque. Je me sentais comme Scarlett O'Hara rentrant enfin chez elle ; si tout cela s'était déroulé dans un film, la musique d'*Autant en emporte le vent* aurait soudain surgi de notre autoradio, comme par magie.

Mais, à mon grand regret, notre agent immobilier ne s'engagea pas dans cette allée. Elle parcourut quelques mètres de plus avant de faire halte devant un portail métallique, sur la droite. J'espérais que nous allions faire demi-tour et revenir sur nos pas, mais elle sortit de son véhicule pour ouvrir la grille, puis nous cria de la refermer derrière nous.

Nous empruntâmes un chemin de gravier semé d'ornières, qui descendait puis remontait, et découvrîmes bientôt, derrière une étendue d'herbes folles, un bâtiment qui tenait plus de la ruine que de la maison. Je sortis de la voiture à reculons, en me disant qu'elle devait vraiment nous prendre pour des fous patentés. De son côté, Bernie était déjà sorti et gravissait avec fougue les escaliers croulants.

L'agent commença son petit discours en nous expliquant que « ce charmant bungalow de style *Arts and Crafts* a été construit en 1923 ». Apparemment, il n'avait pas été entretenu depuis cette date. La toiture était trouée par endroits, sauf au-dessus du porche, où elle se contentait de s'affaisser. Il manquait de larges portions de briques dans les cheminées, plusieurs des avant-toits étaient dans un état de pourriture visible, la plupart des vitres étaient cassées, et la porte d'entrée penchait sous un angle suspect. Les marches de pierre menant au porche étaient fissurées et ne touchaient même pas le plancher. Il n'y avait aucune couleur en vue : le ciel était gris, l'herbe brune, la maison d'un blanc sale, et même les deux larges granges que l'on apercevait derrière la maison, autrefois peintes en vert, présentaient le même état de délabrement.

L'agent immobilier tira avec force sur la poignée de la porte d'entrée et nous invita joyeusement à entrer. J'étais sûre de pénétrer dans un véritable repaire d'araignées, de serpents et autres rongeurs.

L'électricité ayant été coupée depuis longtemps, il faisait un froid de canard à l'intérieur et aucune ampoule ne s'allumait. Toutefois, malgré la tristesse de la faible lumière du jour, il était évident que cette maison avait un jour été belle. La pièce principale comportait des meubles d'artisans intégrés aux murs, typiques du style *Arts and Crafts* ; je vis une étincelle s'allumer dans les yeux de Bernie en les regardant. Sur un autre mur se dressait une immense cheminée de pierre, et sur le mur voisin, des portes-fenêtres qui devaient donner sur la salle à manger. Un long couloir desservait un côté de la demeure, avec trois grandes chambres sur la gauche, puis un large escalier menait à l'étage. Les planchers se trouvaient dans un état calamiteux, tout comme les cloisons de plâtre. De toute évidence, il y avait eu de nombreuses fuites en provenance du toit, et des taches d'eau maculaient les hauts plafonds. Des gravats et divers débris encombraient le sol, ainsi que des déjections de pigeons ayant profité des ouvertures des fenêtres cassées.

Nous montâmes prudemment à l'étage, que nous trouvâmes à peu près dans le même état. Tandis que je contemplais avec consternation la soi-disant salle de bains – qui ne comportait ni douche ni baignoire, mais juste un affreux lavabo et une commode –, Bernie avança dans la pièce située au bout du couloir, Dani campée sur ses épaules. Ils s'arrêtèrent pour regarder par les quatre fenêtres qui donnaient sur l'avant de la maison. J'enjambai précautionneusement les feuilles mortes, branches et ce qui ressemblait çà et là à des ossements d'animaux, pour découvrir ce qui retenait ainsi leur attention.

Là, devant nous, s'étendaient à perte de vue des collines verdoyantes parsemées de granges rouges, d'arbres centenaires aux troncs massifs et aux branches noueuses, des prairies en jachère attendant les semis du printemps, entre les quelques taches blanches des corps de ferme environnants. Nous étions au cœur de l'hiver, mais d'ici un mois ou deux les prés se couvriraient d'une couverture vert tendre ; les chênes et les micocouliers feraient des bourgeons ; poiriers et cornouillers s'illumineraient de fleurs blanches, les cerisiers de fleurs roses, et de jeunes plants sortiraient partout de terre. En cet instant, je me rappelai soudain de tout ce que j'aimais au printemps dans le Tennessee, et combien les changements de saison m'avaient en fait manqué en Floride. Ces vieilles fenêtres déglinguées, avec leurs carreaux crasseux et cassés, constitueraient un cadre merveilleux pour assister à la renaissance du paysage, au retour formidable de la vie dans un endroit qui semblait sinistre et mort. Je le voyais en pensée aussi clairement que si cela s'était déroulé sous mes yeux.

Willie vint se joindre à nous et lança un grand « wouah ! » devant la vue panoramique de cet idéal bucolique. Bernie me prit la main et la serra.

— Diane…

Oh, je connais mon homme, et je savais déjà ce qui allait suivre : il allait me ressortir les arguments que j'avais émis au sujet de Dani, la première fois que nous avions vu sa photo.

— Diane, cette maison a besoin de nous. Cette terre a besoin de nous. Et Willie et Dani ont besoin de cet endroit. Toute notre famille en a besoin.

Et donc, puisque la banque qui en était propriétaire et voulait s'en débarrasser nous proposa un prix qui parut confirmer qu'elle nous était destinée, nous achetâmes cette maison. Dix hectares, cinq dépendances et un bungalow *Arts and Crafts* en ruine, de 1923. Sans cuisine.

Certains travaux étant au-delà de notre domaine de compétence, nous dûmes embaucher des artisans pour refaire tous les câblages de la maison, installer le chauffage central et la climatisation, et refaire le toit. Pendant ce temps, et lorsque les enfants étaient à l'école, Bernie et moi débarrassions l'intérieur, élevant ainsi plusieurs montagnes de gravats dans le jardin avant de les faire enlever par des professionnels. L'homme qui habitait de l'autre côté de la route proposa ensuite de labourer l'avant de notre terrain, ce que nous acceptâmes avec empressement et reconnaissance. Je promis de lui offrir un gâteau dès que nous aurions une cuisine.

Lorsque le temps devint plus clément et la maison plus sûre pour les enfants, nous y apportâmes le grand trampoline sécurisé et le grand ensemble de jeux en bois pour extérieur. Le premier fut installé devant la maison et le second à l'arrière, afin que nous puissions surveiller Dani depuis n'importe quel endroit où nous travaillions. Willie considérait les lieux comme dix hectares de terrain inexploré, et se lança tout heureux à leur conquête, muni de son détecteur de métaux et d'un sac en tissu pour récolter les trésors ainsi exhumés. Certains après-midi, nous le laissions partir seul ; d'autres fois, il emmenait avec lui Dani, son « assistante ».

Precious et Peaches avaient eu des petits ; nous les gardions dans le garage de l'ancienne maison, car nous n'avions pas encore dégagé d'espace adapté pour eux. En revanche, nous amenâmes bientôt Salem et Derby dans l'une des granges. Et puisque les enfants seraient affectés à une nouvelle école dès que notre déménagement serait officiel, nous restâmes dans la maison de Gilbert Valley Road jusqu'à la fin de l'année, tout en œuvrant à rendre la nouvelle habitable.

Une petite assurance vie léguée par le père de Bernie nous aida beaucoup à faire face à nos dépenses, mais nous fîmes le maximum de travaux nous-mêmes : réhabilitation et peinture des murs, restauration des planchers, carrelage dans la salle de bains, pose des lavabos, baignoires, douches, installation des nouveaux meubles, remplacement des fenêtres et réparation des marches.

À mesure que notre « charmant » bungalow *Arts and Crafts* sortait de son cocon, tel un papillon, nos deux enfants commençaient également à se métamorphoser pour entamer une nouvelle phase de leur existence. Willie prenait confiance en lui et devenait plus indépendant, tout en assumant davantage de responsabilités envers sa sœur, palliant ainsi notre manque de disponibilité en raison des travaux que nous menions.

Son visage poupin commençait à perdre de sa rondeur enfantine, et je devinais déjà le jeune homme bientôt adulte qui rentrerait dans ma cuisine, un beau matin. Il demanda même que nous cessions de l'appeler Willie, parce que « ça fait un peu bébé ». Il voulait que nous l'appelions désormais William. « Bien sûr », lui répondis-je en détournant la tête pour qu'il ne voie pas les larmes qui me montaient aux yeux. J'étais fière de lui, mais un brusque accès de mélancolie me saisit en songeant que le petit garçon qu'il avait été s'éloignait un peu plus chaque jour.

Dani s'habituait joyeusement à la nouvelle maison – probablement parce qu'elle y avait été associée dès le début. Elle avait choisi sa chambre dès la première visite, comme si son nom avait été inscrit sur la porte. Lorsque nous déménageâmes enfin les meubles de Gilbert Valley Road, nous disposâmes son lit de façon à ce qu'elle profite de cette vue exceptionnelle dès qu'elle ouvrirait les yeux.

Les animaux finirent eux aussi par y être rapatriés : Precious, Peaches et leurs chevreaux, l'insupportable perroquet qui parle et qui pince, les loulous de Poméranie et Chances. La chienne pyrénées d'un voisin avait eu des chiots qu'il ne pouvait pas garder, et nous les adoptâmes tous les trois – trois femelles – pour que Chances ait des camarades de jeu.

Le jour où la cuisine fut terminée, nous fêtâmes cela en prenant notre premier repas fait maison depuis des mois. Même faire le ménage ne me semblait pas une corvée quand je regardais par la fenêtre, au-dessus de l'évier, et que je voyais Chances batifoler dans les prés avec Shy-Anne, Dori et Spicy, ses petites sœurs adorées.

Dani m'aida à constituer un potager à l'arrière de la maison. Quand il avait besoin d'être arrosé, elle tenait pour moi le tuyau, même si elle était facilement distraite par l'un des animaux qui ne manquaient pas de se promener ici ou là. Notre quatuor de chèvres se transforma rapidement en une chorale de plus de deux douzaines de têtes, dont une bonne moitié semblaient pleines à leur tour.

La commande de poussins de Bernie nous arriva fin mars, au grand ravissement des enfants. Personne ne peut résister à la vue d'une grande boîte s'ouvrant sur une centaine d'adorables petites boules duveteuses. Dani adora les prendre délicatement entre ses mains pour les poser par terre un à un. Les futures pondeuses restèrent sous des lampes chauffantes dans l'entrée, le temps que nous aménagions l'une des dépendances en poulailler, et qu'elles soient assez grandes pour repousser les chiens. Pendant tout ce temps, je pris un malin plaisir à imaginer combien leurs pépiements incessants devaient agacer le perroquet.

Un jour où je me rendais à la maison vide de Gilbert Valley Road pour y donner un dernier coup de balai avant la mise en vente, je passai devant un petit chien couché sur le bord de la route. Je pensai qu'il avait dû être percuté par une voiture, et laissé pour mort. Son pelage blanc était taché de sang frais ; il glapit lorsque je le pris dans mes bras, mais se laissa installer sur une couverture à l'arrière de ma voiture. Je l'emmenai d'abord au refuge le plus proche, où l'on m'expliqua qu'il serait euthanasié en raison de la gravité de ses blessures. Il ne me restait donc plus qu'à l'emmener chez notre vétérinaire pour le faire soigner. Il prit ensuite ses quartiers dans notre buanderie, le temps de sa convalescence, jusqu'à ce qu'il puisse trotter tout seul. William le baptisa Frosty, et ce fut le seul de nos chiens qui eut le privilège de circuler librement dans et hors de la maison, grâce à une petite ouverture que Bernie lui installa sur une porte.

Notre maison se trouvait toujours en cours de réparation ou de modification. Même si elle était passée de l'état de ruine à celui de résidence bien entretenue, elle était et sera probablement toujours plus ou moins en chantier. Les employés du magasin de bricolage le plus proche nous connaissent maintenant très bien, et cachent toujours une ou deux sucettes pour Dani ou William dans leur tablier.

À la fin de notre premier été dans la ferme, nous allâmes acheter du bois de charpente dont Bernie avait besoin pour construire une nouvelle nurserie dans la grange où logeait le troupeau de chèvres. Je le harcelais pour qu'il se renseigne au sujet d'éventuels soldes sur les piscines hors-sol. Je savais qu'un modèle de ce type ne pourrait égaler notre piscine de Floride, mais cela motiverait Dani et William à attendre le prochain printemps.

La petite tendit les bras vers son père pour qu'il la dépose dans le caddie du magasin, et bien sûr celui-ci s'exécuta, même si elle avait déjà dépassé la taille limite pour ce type de siège. Pour lui, les désirs de sa petite fille chérie sont des ordres. William et moi marchions derrière eux. Il m'asticotait au sujet d'un poney qu'il avait vu à vendre quelque part, sur une annonce.

— William Christian Lierow ! Nous n'avons vraiment pas besoin d'un cheval !

— Mais maman, c'est un cheval miniature !

— Écoute, les chevaux ont un appétit démesuré ! Y compris les poneys. L'hiver approchant, il ne pourra pas paître dehors et devra être nourri. Et cela nous coûtera cher !

— Maman, je m'en occuperai moi-même, promis ! Si tu me laisses avoir un couple de lapins, je ferais de l'élevage pour les vendre, et ça fera de l'argent pour la nourriture du poney. Tu sais que Dani adorerait en avoir un, pas vrai ?

Waouh. Mon propre fils jouait la carte « Dani adorerait », maintenant.

— Et maman, tu sais quoi ? Il s'appelle Hope[1] !

Nous avions pratiquement rejoint Bernie qui s'était arrêté au beau milieu de l'allée. Il faisait des gestes à Dani, assise en tailleur dans le caddie, qui regardait son père droit dans les yeux en répétant calmement quelque chose, encore et encore. Mon fils et moi cessâmes de nous disputer pour écouter.

— Ma pelle… ma pelle… ma pelle…

Pelle ? Avait-elle entendu quelqu'un parler d'acheter une pelle dans le magasin ?

Bernie la poussa gentiment à répéter.

— Qu'est-ce que tu dis, ma puce ? Vas-y, dis-le encore.

Nous nous rapprochâmes tous d'elle.

— Ma pelle.

Bernie était décontenancé.

— Ta pelle ? La pelle de Dani ? Ma pelle, à moi ?

1. Espoir, en anglais. *(N.d.T.)*

Elle nous sourit à tous les trois, se tapota alors la poitrine, et articula :

— Moi belle.

Par un après-midi ordinaire, dans le rayon charpente du magasin de bricolage de Lebanon, quelque chose d'extraordinaire venait de se produire. Tandis que sa famille poussait des cris de joie, une petite fille au visage d'ange et dotée de la foi indestructible d'une survivante mit la main sur son cœur et répéta clairement :

— Moi, belle.

Épilogue

Bernie et moi sommes des gens ordinaires, menant des existences ordinaires. Comme des millions de personnes dans le monde, nous travaillons, nous nous occupons de nos enfants, nous essayons d'être un bon partenaire pour l'autre. Nous faisons tout notre possible pour que nos enfants soient bien élevés, fassent leurs devoirs, mangent une nourriture saine, prennent le grand air, respectent les autres, prennent les bonnes décisions, aient bon cœur et disent leurs prières avant d'aller se coucher. Pour nous, ce qui compte, c'est qu'ils soient gentils, généreux et réfléchis.

Les rares fois où nous sortons, cela se passe en famille, mais nous préférons généralement rester chez nous. Les membres de l'église et nos amis proches nous procurent toute l'amitié et le soutien dont nous avons besoin.

En aucune manière nous ne recherchons les feux de la rampe. Nous avons adopté Dani parce que nous nous sentions appelés à le faire, et parce que nous l'avons aimée avant même de l'avoir rencontrée. Nous nous sentons privilégiés d'avoir été ainsi placés sur son chemin, et d'avoir pu surmonter tous les obstacles afin qu'elle devienne notre fille.

L'attention dont nous avons bénéficié après la publication de l'article du journal, puis la diffusion de l'émission d'Oprah, nous a sidérés. Non seulement par l'ampleur des réponses, mais par le fait que les gens pensaient que nous avions accompli quelque chose d'admirable, de remarquable ; que nous étions des héros, comme l'affirmaient beaucoup d'entre eux.

Pourtant, nous n'avons fait que ce que font des milliers d'Américains chaque année : nous avons accueilli chez nous un enfant que nous n'avons pas conçu, mais qui est un membre de notre famille au même titre que nos enfants naturels. Nous ne sommes pas meilleurs que tous ceux qui effectuent la même démarche.

Mais l'histoire de Dani est fascinante, et cette enfant marque les gens qui croisent son chemin d'une façon difficile à comprendre quand on ne l'a pas rencontrée. Aussi peu naturel que fût pour nous le fait d'ouvrir notre maison à une journaliste et à une photographe, de créer un site Internet, de nous trouver sur un plateau de télé aux côtés d'Oprah Winfrey, et, finalement, d'écrire ce livre, nous l'avons fait pour deux raisons.

D'abord, nous espérons qu'en lisant notre histoire les gens s'intéresseront au sujet de l'adoption, des familles d'accueil, ou de toute forme de bénévolat auprès de l'enfance dans leur région.

Ensuite, nous avions le sentiment que si nous racontions l'histoire de Dani et que cela encourageait des gens à appeler les services d'adoption, rencontrer les enfants en quête de famille et se lancer dans l'aventure, alors tout ce que notre fille avait enduré pendant ses sept années d'enfer n'aurait pas été vain. Quand bien même cette lecture permettrait à un seul d'entre vous de prendre son téléphone pour parler de ce qui vous inquiète dans la maison d'à côté, au sujet de la petite fille à l'arrêt de bus ou du petit garçon de la crèche, cela en aura valu la peine.

Si nous n'avions pas témoigné de l'histoire de Dani, alors toutes ses souffrances, tous ses combats, et toute la force qu'elle a miraculeusement su mobiliser pour survivre auraient été perdus. Si le récit de son parcours peut aider d'autres enfants pris en charge par l'assistance à trouver un foyer, ses épreuves auront eu une issue positive.

Lorsque les gens entendent notre histoire, ils nous posent tous la même question : « Quel est le pronostic ? Jusqu'où ira-t-elle ? Saura-t-elle un jour parler ? »

Ce à quoi nous répondons toujours : « Nous ne savons pas. » Aussi surprenant que cela puisse paraître, de nombreux enfants subissent des négligences aussi sévères que ce que Dani a traversé. Cependant, il est extrêmement rare que l'un d'entre eux demeure ainsi caché et survive aussi longtemps dans des conditions aussi abominables. Comme nous l'a fait remarquer le Dr Armstrong, les médecins et autres scientifiques ne peuvent évidemment pas mener des expériences sur les enfants comme ils le font avec les animaux. Il n'existe donc aucun moyen de savoir réellement quelle sera son évolution, même si la science se révèle pessimiste.

Nous savons aujourd'hui que 80 % du cerveau est développé quand un enfant atteint sa cinquième année, et que les années cruciales concernant le langage se situent entre la deuxième et la troisième année. En outre, certains sens sont bien plus développés que d'autres à la naissance. L'audition, par exemple, est alors proche de la perfection. La vision, elle, est bien moins développée chez les nourrissons, et il faudra tout un faisceau de conditions pour que l'enfant développe peu à peu ses compétences visuelles.

Votre cerveau est né avec tous les neurones que vous posséderez jamais ; au cours du processus de développement, vous ne faites qu'établir des connexions – les synapses – entre eux, ou vous débarrasser de certains d'entre eux. On appelle cela l'élagage neuronal, comme on élaguerait un arbre. Tout ce qui n'est pas utilisé est détruit. *A contrario*, ce qui est utilisé se développe et s'organise en construisant de nouvelles connexions.

Les bébés naissent munis de tout un matériel d'apprentissage, mais ils ont besoin de relations interpersonnelles, de stimulation et d'un environnement stable. Dani est née avec tous les neurones qu'elle possédera jamais, prêts à apprendre. Le drame, c'est que personne dans son entourage ne lui a fourni les relations, la stimulation et l'environnement nécessaires à l'établissement des connexions dont elle avait besoin pour réaliser son potentiel, quel qu'il fût. Faute d'utilisation, elle a donc dû perdre de nombreux neurones... Irrémédiablement ? La science affirme aujourd'hui que non.

Certaines formes de retard mental sont génétiques, comme la trisomie 2 ou le syndrome de l'X fragile. Les tests génétiques effectués sur Dani au moment de sa mise sous tutelle n'ont rien révélé de tel. L'exposition du fœtus à l'alcool peut également provoquer un retard mental, mais sa mère biologique déclare ne pas avoir bu pendant sa grossesse. Et notre fille n'a jamais été diagnostiquée comme autiste.

Le Dr Kathleen Armstrong lui a fait passer trois tests. Elle prétend qu'en trente ans de carrière de psychologue elle n'avait jamais vu un enfant de l'âge de Dani dans un tel état de négligence. D'après elle, si cette fillette avait été enlevée de son foyer à l'âge de trois ou quatre ans, lors des premières alertes au DCF, son pronostic aurait sûrement été bien différent.

Les études menées par le Dr Bruce Perry concluent que plus la négligence est précoce et sévère, plus les effets sont dévastateurs sur le développement. Plus vite un enfant est retiré de cet environnement délétère, plus son pronostic s'améliore, même s'il est indéniable qu'il ne deviendra jamais l'adulte qu'il aurait été sans une telle négligence lors de ces années capitales pour son développement.

Bernie et moi savons tout cela. Et nous savons aussi ceci : après avoir effectué ses tests, le Dr Armstrong envisageait, au mieux, que notre fille finirait ses jours dans une institution spécialisée. Nous savons également qu'à part Garet

White personne au sein du DCF ne croyait que Danielle pourrait être adoptée. Ils ont même essayé de nous en décourager lorsque nous avons manifesté notre intérêt.

Nous savons encore que, lors de notre première rencontre avec Dani, en janvier 2007, elle oscillait entre le comportement de ce que l'on appelle un enfant sauvage, se frappant de ses poings et poussant des cris d'animaux, et celui d'un enfant léthargique, renfermé, bavant continuellement, ne possédant guère plus de compétences développementales qu'un bébé de quelques mois. Il était alors impossible de prédire dans quel état elle allait basculer le moment suivant.

Il y a trois ans, lorsque nous l'amenâmes pour la première fois chez nous, elle s'oubliait totalement sur la banquette arrière de notre voiture, mouillant sa couche et ses vêtements sans même s'en rendre compte, comme un bébé.

Tout récemment, après un tour à cheval, Dani partit comme une fusée dès qu'elle eut mis pied à terre. Bernie la suivit pour voir où elle allait et la découvrit sur le siège des toilettes mobiles du centre équestre, le pantalon sur les chevilles, le casque relevé sur la tête, et une expression d'intense soulagement sur le visage. Lorsqu'ils avaient quitté la maison, j'avais prévenu mon mari que notre fille avait bu trois sodas lors d'une fête de l'école, pendant l'après-midi. Je n'arrive pas à croire qu'elle soit parvenue à un tel self-control pendant une heure entière de cours ! Elle aime tellement monter à cheval qu'elle fait tout pour ne pas avoir à en descendre, et elle sait donc se contrôler pour rester au sec. Nul n'aurait pu imaginer cela lorsqu'elle fut mise sous tutelle en 2005.

Lors de son arrivée chez nous, elle mangeait tellement, en se remplissant la bouche à pleines mains, qu'elle se rendait malade. Elle ne savait pas s'arrêter, ayant peur de manquer de nourriture. Désormais, elle prépare son goûter et se verse à boire ; lors des repas, elle cesse de manger quand elle n'a plus faim.

Lors de son arrivée chez nous, elle flottait sans s'orienter dans la piscine avec son gilet de sauvetage, telle une bouée humaine. Désormais, elle nage comme un poisson au fond de l'eau en retenant son souffle, telle une sirène.

Lors de son arrivée chez nous, elle ne nous aidait pas du tout à l'habiller ou à la déshabiller. Désormais, elle essaie. L'hiver dernier, j'ai attrapé la grippe pendant les vacances scolaires. Bernie travaillait alors à Nashville, ce qui ne me laissait pas le luxe de m'enfouir sous les couvertures jusqu'à ce que ça aille mieux. Chèvres, poules, chevaux et chiens ne se nourrissent pas seuls, et cela représente trop de travail pour William. Un matin, après le départ de Bernie, je m'extirpai donc de mon lit pour effectuer ces tâches. Dani dormait encore dans sa chambre. Lorsque je revins à la maison, elle se tenait au rez-de-chaussée, tout habillée. J'appelai mon mari sur son portable pour lui demander pourquoi il l'avait couchée avec ses vêtements, la veille. Il m'assura qu'il n'avait rien fait de tel. Je montai à l'étage pour mener ma petite enquête, et trouvai alors le pyjama et la couche-culotte qu'elle met parfois la nuit sur le sol de la salle de bains. Elle s'était déshabillée, avait récupéré dans la salle de bains les vêtements laissés là par Bernie, et les avait endossés.

Lors de son arrivée chez nous, elle ne savait pas non plus ce qu'était un livre, ou à quoi cela servait. Désormais, quand elle me voit m'asseoir sur le canapé avec un air disponible, elle prend un ou cinq livres dans sa chambre et me les apporte avant de se blottir contre moi pour que je lui fasse la lecture.

C'est une petite fille très occupée. Parfois, elle allume le petit synthétiseur de la salle de jeux et s'amuse à appuyer sur les touches ou à s'asseoir dessus pour faire des sons rigolos. Parfois, elle vide l'intégralité du réfrigérateur le temps que je prenne ma douche. Un jour, elle a sorti tous les verres du placard et les a tous remplis d'eau avant de les aligner sur le plan de travail.

Elle connaît la différence entre ce qui est bien ou mal. Elle sait très bien quelle bêtise elle vient de faire lorsque nous la sermonnons. Elle adore nous faire de petites blagues, et possède un vrai sens de l'humour.

Nous savons qu'elle apprend, qu'elle progresse. Certes, le chemin est plus long et plus compliqué pour elle que pour d'autres, mais elle le parcourt, à son rythme. Elle a du mal à restituer ce qu'elle intègre, mais nous sommes persuadés qu'elle comprend.

Alors, quel est son pronostic ? Jusqu'où ira-t-elle ? Saura-t-elle un jour parler ?

Nous ne le savons pas. Mais je me souviens que lors de nos premiers mois avec Dani à Fort Myers

Beach, une anecdote m'avait humblement rappelé qu'il n'est pas si grave de ne pas savoir.

Lorsqu'elle arriva à l'école primaire de Spring Creek, elle fut placée dans la classe la plus faible. Nous nous battions avec l'école pour qu'ils la fassent passer au niveau supérieur. Un jour, alors que j'allais la chercher à l'école, la maman d'un jeune garçon handicapé physique et mental de cette même classe vint vers moi en souriant, tout en poussant le fauteuil de son fils. Elle félicita Dani pour sa gentillesse et sa bonne mine, puis me déclara :

— Vous avez tellement de chance ! Vous ne vous en rendez peut-être pas compte actuellement, mais vous avez de la chance. Vous ne savez pas ce que Danielle pourra accomplir. Moi, je sais que mon fils n'ira jamais mieux. Mais votre fille possède tant de potentiel, tant de capacités…

Bien entendu, elle avait raison. J'aime aussi me souvenir d'une conversation que Bernie eut avec M. O'Keefe, après l'émission d'Oprah, me semble-t-il. L'instituteur avoua à mon mari qu'il n'était pas étonné des progrès réalisés par Dani.

— Parfois, les gens jugent un handicap comme un manque d'intelligence. Mais je suis convaincu qu'il y a là au contraire une vraie intelligence. Quand j'ai vu la rapidité avec laquelle elle avait compris comment monter les escaliers, j'ai pensé qu'elle en avait beaucoup plus dans la cervelle qu'on aurait pu le croire à première vue.

Puis, cet homme qui s'occupe des cas d'enfants les plus désespérés que j'aie jamais vus ajouta :

— J'essaie de demeurer optimiste. J'ai entendu parler de miracles, et j'en ai vu se produire. Je crois que ce genre de choses arrive. J'ai l'espoir, j'ai la foi, et je sais que vous aussi. Ne perdez jamais espoir. Ni votre foi.

Nous ne pouvons donc pas répondre à la question « jusqu'où ira Dani ? », non seulement parce que nous l'ignorons, mais également parce que cela nous est égal. C'est notre fille, c'est la petite sœur de William, et nous l'aimons autant quand elle fait une crise et se met à arpenter la maison en poussant son cri d'ambulance, que quand elle nous regarde dans les yeux et se tape gentiment sur la poitrine en disant : « Moi, gentille ».

Pour nous, chaque étape qu'elle franchit est un miracle. Chaque jour se vit dans l'espoir, la foi et la gratitude.

Nous finîmes par vendre quelques chèvres pour acheter le fameux poney dont William m'avait parlé. C'est une femelle, qui s'appelle Hope. Nous comprîmes rapidement qu'elle se sentirait mieux parmi quelques congénères, et fîmes l'acquisition de deux autres poneys pour lui tenir compagnie : Izzy et Oreo.

Mais Hope est avant tout le poney de Dani. Notre fille adore marcher à côté d'elle, la caresser et s'étendre sur son dos, mais l'animal est un peu trop petit pour que Dani puisse le monter. En outre, peu de temps après que nous l'ayons achetée, nous découvrîmes que Hope n'était pas grasse, comme nous le croyions, mais qu'elle était enceinte. Aux premiers jours du printemps 2010, tandis que la terre revenait à la vie autour de nous,

nous nous retrouvâmes dans la grange, au milieu des chèvres, pour regarder Hope donner naissance à un minuscule poulain. Au milieu des rires – et de mes larmes –, la petite créature se hissa péniblement sur ses fines pattes tremblantes, et nous lui souhaitâmes la bienvenue dans ce monde de fous.

Nous décidâmes de l'appeler Joy.

Remerciements

Diane et Bernie Lierow, ainsi que Kay West, aimeraient remercier l'équipe qui a permis à ce livre de voir le jour : Sarah Lazin et Manuela Jessel, de Sarah Lazin Books ; Stephen Power, Richard DeLorenzo et Ellen Wright, de Wiley ; et Robert K. Œrmann, pour avoir joué les marieurs.

Toute notre gratitude aux premiers anges gardiens de Dani, et tout particulièrement à Garet White, pour avoir soulevé des montagnes ; à l'agent de police de Plant City, Mark Holste ; à Kevin O'Keefe et Marisa Perez, de l'école de Sanders Memorial ; et à Casey Foote et Leslie Goldenberg, du School District du comté de Lee. Merci à la Heart Gallery et à Carolyn Eastman, du Children's Board du comté de Hillsborough ; à Lane DeGregory et à Melissa Lyttle, du *St. Petersburg Times* ; et à tout le personnel du *Oprah Winfrey Show*, en particulier à Staci Strazis et à Oprah elle-même pour sa gentillesse.

Diane et Bernie Lierow tiennent à remercier tous les bénévoles du club équestre de Naples et du camp Empower Me ; nos chers amis de Fort Myers Beach : Dorothy et Paul LaPiccola, Doris et Bill Kenny, et Mike et Evie Barnes, pour avoir permis à Diane d'avoir un emploi du temps flexible lorsque nous avons eu Danielle ; nos enfants Paul et Steven Willhite, et Shawn et Ryan Lierow ; Rachel Willhite ; et tous ceux qui ont croisé le chemin de Danielle pendant ce parcours.

Kay West remercie les Lierow de leur confiance et de leur amitié ; mes enfants Joy et Harry West pour leur patience, leur compréhension, leur soutien et leur amour ; ma famille, pour ses encouragements ; et mon armée d'amis pour leur humour, leur réconfort, et tous ces bons moments. Toute ma gratitude à Sarah Lazin pour m'avoir tirée d'affaire plus d'une fois.

Si vous pensez qu'un enfant est victime de négligence ou de maltraitance, merci de contacter :

Par téléphone : le 119

http://www.allo119.gouv.fr

Pour plus d'informations sur l'adoption en France :

http://www.adoption.gouv.fr/

Table

COLLECTION « TÉMOIGNAGES »

Nura ABDI, *Larmes de sable*, 2008.
Sameem ALI, *Le Voile de la douleur*, 2013.
Sean BOYNE, *Mon père m'a vendue*, 2014.
Candice COHEN-AHNINE, *Rendez-moi ma fille*, 2014.
Choga Regina EGBEME, *Je suis née au harem*, 2007.
Amale EL ATRASSI, *Louve musulmane*, 2014.
Cathy GLASS, *Violentée*, 2013.
Cathy GLASS, *Ne dis rien !*, 2014.
Doris GLÜCK, *Niqab*, 2011.
Julie GREGORY, *Ma mère, mon bourreau*, 2011.
Kathy HARRISON, *Les Larmes de Daisy*, 2014.
Sharon MCGOVERN, *Terrifiée*, 2014.
Senait MEHARI, *Cœur de feu*, 2009.
Mende NAZER, *Ma vie d'esclave*, 2008.
Ouarda SAILLO, *J'avais 5 ans*, 2010.
Raluca STERIAN-NATHAN, *L'Âme tatouée*, 2013.
Jacky TREVANE, *Fatwa*, 2008.
Judy WESTWATER, *Abandonnée*, 2011.

Cet ouvrage a été composé
par Facompo
à Lisieux (Calvados)

Imprimé à Barcelone par

CPI

pour le compte des Éditions Archipoche
en janvier 2015

Imprimé en Espagne
N° d'édition : 335
Dépôt légal : février 2015